Muuß-Merholz
Barcamps & Co.

Jöran Muuß-Merholz

Barcamps & Co.

Peer-to-Peer-Methoden für Fortbildungen

Jöran Muuß-Merholz ist seit 2002 ein freiberuflicher Diplom-Pädagoge. Seine besondere Leidenschaft: Menschen so zusammenzubringen, dass sie gut und gerne miteinander und voneinander lernen. Mit seiner Agentur *J&K – Jöran und Konsorten* konzipiert und organisiert er Bildungsveranstaltungen von kleinen Workshops bis zu großen Tagungen. Eine Spezialität sind offene Veranstaltungsformate, in denen die traditionellen Trennlinien zwischen lehrenden Experten einerseits und lernenden Zuhörern andererseits aufgebrochen werden. Sein erstes Barcamp war das politcamp 2009. Von 2015 bis 2018 war er Vorstandsmitglied des EduCamps e.V.

Das Werk einschließlich aller seiner Texte ist urheberrechtlich geschützt.
Unbenommen davon gilt für das Gesamtwerk eine *Creative Commons Namensgebung – Weitergabe unter gleichen Bedingungen 4.0 International Lizenz*.
Als Namensnennung ist »Jöran Muuß-Merholz/OERcamp bei Beltz in der Verlagsgruppe Beltz« vorgesehen.
Details dazu und zu abweichenden Lizenzen für Einzelteile finden sich auf S. 237 f. und bei Einzelteilen im Buch.

Dieses Buch ist als:
ISBN 978-3-407-36699-3 Print
ISBN 978-3-407-36708-2 E-Book (PDF)

1. Auflage 2019

© 2019 Beltz Verlag
in der Verlagsgruppe Beltz · Weinheim Basel
Werderstraße 10, 69469 Weinheim
Einige Rechte vorbehalten

Lektorat: Julia Zubcic
Umschlagbild: Jöran Muuß-Merholz
Herstellung: Victoria Larson
Satz: paginamedia GmbH, Hemsbach
Druck und Bindung, Gesamtherstellung: Beltz Bad Langensalza GmbH, Bad Langensalza
Printed in Germany

Weitere Informationen zu unseren Autoren und Titeln finden Sie unter: www.beltz.de

Inhaltsverzeichnis

Einführung: Open Educational Resources (OER) und das OERcamp	7
↗ Teil I, Einstieg: Was sind Selbstfortbildungen?	**13**
Die Revolution der Fortbildung	14
Selbstfortbildungen und Peer-to-Peer-Lernen	19
Hinweise und Hintergründe	23
↗ Teil II: Barcamps und Unkonferenzen	**25**
Steckbrief	26
Wie Helene zum OERcamp kam – ein konkretes Beispiel zum Einstieg	29
10 Goldene Regeln für ein gutes Barcamp	38
Die Themen eines Barcamps	42
Die Formen eines Barcamps	47
Wie sehen konkrete Beispiele aus?	58
Barcamps selbst veranstalten – Phase I: Im Trockendock	62
Barcamps selbst veranstalten – Phase II: Der Stapellauf	79
Barcamps selbst veranstalten – Phase III: Auf großer Fahrt!	92
Barcamps selbst veranstalten – Phase IV: Zurück im Hafen	119
Variationen des Barcamp-Formats	124
↗ Teil II+: Bonusmaterialien zum Barcamp	**131**
Bonusmaterial: Barcamp'isch ↔ Deutsch. Glossar der Barcamp-Fachbegriffe	132
Bonusmaterial: Meine erste eigene Session	134
Bonusmaterial: Moderation und Planungsteam für die Sessionplanung	137

↗ Teil III: 10 weitere Formate für P2P-Fortbildungen — 141

Vorbemerkungen — 142

Karussell-Fortbildung – »Jeder ist reihum dran.« — 143

Hackathon & Booksprint – »Die gemeinsame Hauruck-Aktion« — 148

Newsletter & Wissensblog – »Wissen mit Kolleg*innen teilen« — 156

Speed-Geeking & Date-an-Expert – »Lernen wie beim Speed-Dating« — 162

Lightning Talks & Pecha Kucha – »Kurzvorträge mit Unterhaltungswert« — 168

Stammtische & Meetups – »Treffen mit Gleichgesinnten« — 175

Marktplatz & Ausstellung –
»Stöbern, Entdecken, Austauschen« — 182

MOOCs & Learning Circles – »Onlinekurse gemeinsam bewältigen« — 188

Offene Küchen-Sprechstunde – »Sag mal, du kennst dich doch aus …« — 197

Twitter & Blogs – »Öffentlicher Erfahrungsaustausch« — 204

↗ Teil IV: Ergänzende P2P-Methoden — 215

Welche Methode für welchen Zweck? — 216

Drei Schlagworte (und mehr) auf dem Namensschild — 217

Kennenlern-Bingo — 219

Gesprächsanbahner-Karten — 221

Gallery Walk — 222

Kreative Kühlschrankmagnete — 224

Chaosinterview — 226

↗ Teil V: Zusatzmaterialien — 233

Lizenzhinweise — 237

⇄ **Die Icons bedeuten:**

 Tipp    Achtung   Checkliste

Einführung: Open Educational Resources (OER) und das OERcamp

Dieses Buch ist eine Open Educational Resource (OER) – was bedeutet das?

Was sind Open Educational Resources (OER)?

Hinter OER steht ein urheberrechtlicher Kniff: Rechteinhaber, in der Regel also Urheber und Autoren, versehen die von ihnen erstellten Materialien mit einer freien Lizenz. Verbreitet sind die Lizenzmodelle, die die gemeinnützige Organisation Creative Commons (CC) rechtssicher entwickelt hat. Mit einer solchen Lizenz verzichten die Urheber nicht auf ihre Ansprüche, können aber allen Menschen pauschale Erlaubnisse geben. Dazu gehören im OER-Konzept die Erlaubnisse, dass jedermann die Materialien frei nutzen und kopieren, bearbeiten und verändern, sowie auch überarbeitete Materialien weitergeben darf. Die Wikipedia wäre beispielsweise ohne eine solche Lizenz nicht denkbar. Wenn die Materialien dann auch noch in einem bearbeitbaren Format bereitgestellt werden, dann wird aus einem traditionellen Lernmaterial ein freies Lernmaterial, eben eine *Open Educational Resource (OER)*.

Das Thema OER hat in den letzten Jahren in Deutschland in der Bildungspolitik und in Graswurzel-Initiativen schnell an Bedeutung gewonnen. Viele politische Akteure von der Bundesregierung bis zur UNESCO haben sich dem Thema verpflichtet, während gleichzeitig viele Lehrende über das Internet ihre Materialien freigeben und sich bei Veranstaltungen wie den *OERcamps* treffen und vernetzen.

Tipp: Ein Buch über OER

Das Buch »Freie Unterrichtsmaterialien« | Buchcover von Beltz | nicht unter freier Lizenz

Das Buch »Freie Unterrichtsmaterialien finden, rechtssicher einsetzen, selbst machen und teilen« von Jöran Muuß-Merholz ist 2018 bei Beltz erschienen und im Buchhandel erhältlich. Das Buch ist selbst OER, sodass es auf der Website zum Buch heruntergeladen werden kann: www.was-ist-oer.de

Was ist das OERcamp?

Seit 2012 ist das OERcamp *das* Treffen der Praktiker*innen zu digitalen und offenen Lehr-Lern-Materialien im deutschsprachigen Raum. Thema der OERcamps sind Open Educational Resources (OER), verstanden als Lehr-Lern-Materialien unter freien und offenen Lizenzen.

Von 2012 bis 2016 hat das OERcamp jährlich stattgefunden. 2017 und 2018 gab es dank einer Förderung durch das BMBF jeweils OERcamps in vier Regionen Deutschlands (Nord, Ost, Süd und West). Auch für 2019 und 2020 sind OERcamps geplant. Die Website www.oercamps.de informiert über Details.

Viele Erfahrungen, Beispiele und Materialien in dem Buch, das Sie gerade vor sich sehen, sind aus der Konzeption, Organisation und Durchführung der OERcamps entstanden.

Das Logo des OERcamps
| von Ralf Appelt / OERcamp | CC BY 3.0

Auch dieses Buch ist OER!

Das Buch steht im Sinne von Open Educational Resources (OER) unter freier Lizenz. Diese Lizenz erleichtert das Kopieren, Weitergeben, Verändern und Nutzen. Im Abschnitt → Lizenzhinweise (S. 237) finden sich die formalen Hinweise dazu. Praktisch und konkret heißt das zum Beispiel:

- Sie können das Buch einfach kopieren, weitergeben und veröffentlichen, solange es sich um das Gesamtwerk handelt. (Denn im Gesamtwerk sind automatisch alle notwendigen urheberrechtlichen Hinweise enthalten.)
- Sie können Teile davon oder die Zusatzmaterialien weitergeben. Achten Sie in dem Fall darauf, dass Sie auch die Lizenzhinweise »mitliefern«.
- Sie können Änderungen vornehmen und die veränderten Materialien weitergeben. Wenn Sie Änderungen vornehmen, müssen Sie die für diese Teile geltenden Lizenzen beachten.
- In den Materialien, Textvorlagen etc. sind entsprechende Lizenzvermerke schon enthalten. (Hinweis für Lizenz-Spezialisten: Die Auflage der CC-Lizenz (Abschnitt 3, a.1.A.ii), dass ein Copyright-Vermerk übernommen werden muss, wird von uns als Lizenzgebern so interpretiert, dass der Vermerk in einer angemessenen Art und Weise erfolgen kann und nicht zwingend unverändert übernommen werden muss. Falls Sie diese Anmerkung nicht verstehen, betrifft Sie das Thema sehr wahrscheinlich nicht und braucht Sie nicht zu verunsichern.)

Danke!

Das Buch basiert auf den gemeinsamen Überlegungen und Erfahrungen aus der Vorbereitung von vielen Barcamps. Auch wenn ein Autorenname vorne auf dem Titel steht, stecken die Ideen und Arbeiten vieler Menschen dahinter:

Blanche Fabri, Melanie Kolkmann und Sonja Borski haben die wesentliche Arbeit für die Zusatzmaterialien übernommen. Viele Beiträge kommen aus dem Team der OERcamps, zu dem zusätzlich auch Christoph Friedhoff, Christopher Dies, Hannah Birr und Simon Hrubesch gehör(t)en.

Ich habe für das Manuskript einen großartigen Review und viel hilfreiche Kritik bekommen von André Hermes, Anja Lorenz, Bettina Waffner, Gabi Fahrenkrog, Kai Obermüller, Karin Driesen, Nele Hirsch, Rüdiger Fries und Sonja Borski.

Die meisten und schönsten Erfahrungen mit Barcamps habe ich auf den Educamps gesammelt. Viele Überlegungen in diesem Buch sind in der Community der *Educamps* entstanden. Namentlich danken möchte ich Felix Schaumburg-Blum, Guido Brombach, Kristin Narr, Ralf Appelt und Thomas Bernhardt. 2018 hat die Arbeit mit dem Team der *edunautika* frischen Wind in meine Überlegungen rund um Barcamps gebracht – danke dafür! Überhaupt muss man allen Teilnehmenden und Teilgebenden der Barcamps danken, die ich vielleicht nicht mehr namentlich erinnere, die aber im gemeinsamen Diskutieren, laut Denken und Herausfinden mein Lernen über Barcamps vorangetrieben haben.

Beim Beltz Verlag danke ich Frank Engelhardt und Julia Zubcic für die herzliche, professionelle und konstruktive Zusammenarbeit.

Das Buch ist fertig, aber das Lernen über Barcamps und andere Formen des P2P-Lernens geht weiter. Insofern danke ich vorab schon allen, die Rückmeldungen und Ergänzungen, Überarbeitungen und Weiterentwicklungen zum Buch in die Welt bringen werden!

Jöran Muuß-Merholz auf Fehmarn im Dezember 2018

Förderung

Dieses Buch ist ein Ergebnis aus dem Projekt *OERcamp 2017 – Open Educational Resources in die Breite bringen* der Zentralstelle für Lehren und Lernen im 21. Jahrhundert – ZLL21 e.V., ermöglicht durch eine Förderung durch das BMBF im Rahmen der OERinfo-Förderlinie.

Hallo du!

Bei Barcamps duzen sich alle Menschen. Ich kann nicht ein Buch über Barcamps schreiben und die Leserinnen und Leser siezen. Also, hallo du! Ich bin Jöran.

Im Buch wird häufig die Ich-Form und gelegentlich die Wir-Form genutzt, in Sätzen wie: »Wir haben gute Erfahrungen damit gemacht, dass …« Der Hintergrund dazu: Ich schreibe dieses Buch aus eigenen Erfahrungen mit der Konzeption und Organisation vieler Barcamps. Fast immer steht dahinter aber nicht eine Person, sondern ein Team mit mehreren Personen. Deswegen kommt mir das »Ich« oft zu anmaßend vor und ich wechsle in das »Wir«.

Teil I, Einstieg: Was sind Selbstfortbildungen?

- **Die Revolution der Fortbildung** — 14
- **Selbstfortbildungen und Peer-to-Peer-Lernen** — 19
- **Hinweise und Hintergründe** — 23

Die Revolution der Fortbildung

Lernende Lehrende

Jöran im T-Shirt der P2PU
| Foto von Jöran Muuß-Merholz unter CC BY 4.0

Hallo, ich bin Jöran, ein Lehrender! Ich bin ein Diplom-Pädagoge auf dem Papier und ein Lehrender in der Praxis. Im Englischen könnte ich mich »teacher« nennen (aber im Deutschen nicht »Lehrer«, weil ich nicht in einer Schule arbeite, sondern mit Erwachsenen).

Hallo, ich bin Jöran, ein Lernender! Ich lerne seit ungefähr 25 Jahren, wie Lernen und Bildung und digitale Medien und Gesellschaft so ticken.

Hallo, ich bin Jöran, ein lernender Lehrender. Klingt komisch. Aber wenn du das hier liest, dann gehörst du wahrscheinlich auch zu den lernenden Lehrenden. Und du willst lernen, wie man Fortbildungen anders gestalten kann. »Anders gestalten«, das heißt, dass Menschen nicht *fortgebildet werden*, sondern *sich selbst fortbilden* – es geht also um *Selbstfortbildungen*.

Mit »Selbstfortbildung« ist nicht autodidaktisches Lernen gemeint. Es geht nicht darum, dass jemand sich alleine hinsetzt und sich selbst etwas beibringt. Deswegen steht neben »Selbstfortbildung« der Schwesterbegriff »P2P-Lernen«. »P2P« steht für »*Peer to Peer*« und meint, dass es nicht immer den allwissenden Fortbildner braucht, sondern die entscheidenden Ressourcen unter Kolleg*innen vorhanden sind und mit den richtigen Formen gemeinsam erarbeitet und geteilt werden können.

Das ist nichts weniger als eine Revolution. P2P-Lern-Formate wie das Barcamp stellen die alte Welt der Fortbildung auf den Kopf.

Die neue Welt der Fortbildung

Die folgende Tabelle ist eine Zuspitzung. Sie zeigt auf der linken Seite die Welt der alten Fortbildung, wie sie im 20. Jahrhundert perfektioniert wurde und heute vorherrscht. Auf der rechten Seite steht die neue Welt der Fortbildung, wie sie im Format Barcamp in Reinform zu beobachten ist und an immer mehr Orten zur Praxis wird.

alte Welt der Fortbildung		neue Welt der Fortbildung
Es gibt Teilnehmende einerseits und Referenten andererseits.	Rollen	Alle können Teilgebende sein.
Programm wird vorab von einem Programmteam erstellt.	Planung	Programm wird vor Ort gemeinsam erstellt.
Input dominiert, Austausch ist ergänzend.	Formen	Austausch dominiert, Input ist möglich.
Man erwartet Fertiges und Allgemeines. Es geht um Antworten.	Erwartungen	Man erwartet Offenes und Konkretes. Es geht um Fragen.
Siezen ist der Standard.	Atmosphäre	Duzen ist der Standard.
Ein Experte ist durch Abschlüsse und Titel als Experte legitimiert.	Expertise	Expertise ist aus (reflektierter) Praxis heraus begründet.
Auf das Lehren kommt es an! (Das Lernen folgt automatisch.)	Leitbild	Auf das Lernen kommt es an. (Das Lehren kann helfen.)
Übernahme von fertigem Wissen, festgelegte Ergebnisse.	Ergebnisse	Rausfinden von Wissen, offene Ergebnisse.
Qualifizierte Menschen, die eine bekannte Aufgabe bewältigen können.	Ziele	Kompetente Menschen, die auch noch unbekannte Aufgaben angehen können.
Ausgehend von abstrakter Systematik, illustriert mit Beispielen.	Inhalte	Ausgehend von Problemen, im jeweiligen Kontext, ggf. abstrahierend auf Systematik.
Lernen erfolgt alleine, im Kopf.	Sozialform	Lernen erfolgt im Austausch, zwischen den Köpfen.
Lernen erfolgt punktuell als je abgeschlossene Prozesse.	Modus	Lernen erfolgt immer, auch vor und nach einer Fortbildung.
Gemacht wird, was die formal für das Fortbilden verantwortliche Person sagt.	Autorität	Gemacht wird, was den Lernenden für sie sinnvoll erscheint.

alte Welt der Fortbildung		neue Welt der Fortbildung
Die Lernenden warten, dass die richtige Fortbildung zu ihnen kommt. Sie werden bedient.	Entscheidungshoheit	Die Lernenden nehmen ihre Fortbildung in die eigenen Hände. Sie machen es SELBST.
Die Lernenden als Objekt: Der Lehrende bildet die Lernenden fort.	Subjekt und Objekt	Reflexivpronomen: Die Lernenden bilden sich fort. Reziprokpronomen: Die Lernenden bilden einander fort.

Das Barcamp ist radikal an den Lernenden orientiert und von ihnen verantwortet und stellt in seiner Reinform tatsächlich alle Grundannahmen der alten Welt der Fortbildungen in Frage und auf den Kopf. Insofern können wir von einer Revolution der Fortbildung sprechen.

Die Tabelle oben ist eine Gegenüberstellung von Zuspitzungen. Die Praxis ist nicht schwarz oder weiß, sondern grau und bunt. Es ist nicht so, dass es in der neuen Welt nichts mehr vom Alten gäbe. Auch bei einem Barcamp kann es um Qualifikation gehen, auch bei einem Barcamp gibt es Vorträge von Berufsexperten. Noch bunter wird es bei anderen Formen der Selbstfortbildung, die später im Buch beschrieben werden.

Entscheidend für die Revolution ist der Wechsel der Entscheidungshoheit: Die Lernenden sind nicht mehr auf Autoritäten, Materialien und Gelegenheiten angewiesen. Ihre Fortbildung ist nicht mehr abhängig vom Angebot Dritter. Sie nehmen ihre Fortbildung in die eigenen Hände. Sie machen selbst Fortbildung. Sie machen Selbstfortbildung.

Selbstbedienung beim Lernen

Karlheinz Pape beschrieb im April 2018 in einem Artikel »Arbeit 4.0 und Selbstbedienung beim Lernen« die neuen Herausforderungen für Unternehmen im Bildungskontext. Seine Metapher: Wir sind Selbstbedienung in vielen Bereichen gewohnt – und genießen sie dort auch. Nur beim Lernen verharren wir häufig noch in der alten Tradition, dass wir auf die »Bedienung« durch eine Lehrperson oder ein Lehrangebot warten. Angesichts der Grundideen von Arbeitswelt 4.0 braucht es eine größere Eigenverantwortung der Menschen hinsichtlich ihres eigenen Lernprozesses. Die Überlegungen von Karlheinz Pape lassen sich gut von Unternehmen auf die verschiedenen Organisationen in allen Bildungsbereichen übertragen.

Selbstgesteuertes Lernen stellt für Menschen und Organisationen eine nicht zu unterschätzende Herausforderung dar, gerade weil es nicht nur um technisches Know-how und die passenden Materialien geht, sondern auch um einen Wandel von professionellen Haltungen und Unternehmenskulturen. Glücklicherweise kann die Digitalisierung einen entsprechenden Paradigmenwechsel begünstigen. Denn die Bereitstellung und das Auffinden von passgenauen und vielfältigen Lernressourcen ist im digitalen Raum viel einfacher als vorher. Digitale Plattformen und Werkzeuge ermächtigen uns dazu, effizient und selbstgesteuert zu lernen. Einfachere Kommunikation und Zusammenarbeit unterstützen den Austausch in Communities of Practice bzw. Communities of Learners.

Der Wandel hin zum »Selbstbedienungsladen« beim Lernen (Karlheinz Pape) ist nicht weniger als eine Emanzipation in Sachen Fortbildung. Die Lernenden nehmen ihre Fortbildung in die eigenen Hände und bilden sich selbst fort.

Digitalisierung ist nicht die Lösung

Die Diskussion um ein neues Lernen, das selbstgesteuert und bedarfsgerecht stattfinden soll, wird bisher vor allem im Kontext der Digitalisierung geführt. Sie hat ein überwältigendes Versprechen, aber auch eine riesige Leerstelle – weswegen sich die Praxis auch nur langsam ändert. In der Debatte werden Lerngelegenheiten im Internet damit gleichgesetzt, dass das Lernen vor Ort, von Menschen untereinander und miteinander, jetzt einfach nur vom Tagungs- und Seminarraum an den Computer verlagert würde. Dabei wird ignoriert, dass Menschen besonders gut lernen, wenn sie sich dafür zusammentun, miteinander und voneinander lernen.

Die große Verheißung, Digitalisierung ermögliche »Bildung für alle«, suggeriert, dass ich nur meinen Kopf irgendwie mit dem Internet verbinde müsse, dann würde die Bildung schon fließen. Aber so funktioniert Lernen nicht. Erstens ist das Miteinander mit anderen Menschen für unser Lernen wichtig. Wir lernen offenbar gerne und gut mit anderen zusammen, voneinander, miteinander und manchmal auch einfach nur nebeneinander. Zweitens überfordert das Lernen mit dem Internet viele von uns in Sachen Eigenmotivation und Selbststeuerung. Das können wir nicht richtig gut. Die Bildungsinstitutionen haben es uns ausgetrieben. Dort wurden wir ja immer bedient und mussten nicht lernen, mit Selbstbedienung zurecht zu kommen.

Formate für Selbstlernen als fehlendes Bindeglied

Die Formate und Methoden, die in diesem Buch beschrieben werden, bilden das fehlende Bindeglied zwischen den neuen Möglichkeiten der digitalen Bildungswelt und den Anforderungen der Arbeitswelt. Tolle digitale Lerngelegenheiten *alleine* reichen nicht. Es geht darum, dass wir uns nicht *trotz*, sondern *gerade* angesichts unendlicher digitaler Lernmöglichkeiten treffen und in neuen Formen lernen können. Wir brauchen dafür keine Fortbildungsinstitution und keine Fortbildner, die das Wissen haben und an uns »ausrollen«. Aber das Selbstlernen kommt auch nicht »von alleine« – es braucht Formate, in denen es gut stattfinden kann. Das sind Formate für Selbstfortbildungen und Peer-to-Peer-Lernen.

Selbstfortbildungen und Peer-to-Peer-Lernen

Was sind P2P-Selbstfortbildungen?

P2P-Formate für Selbstlerner und Selbstlernerinnen – was soll das überhaupt heißen? Ich kann ja immer nur *selbst* lernen, oder etwa nicht? Ja, lernen ist immer *selbst* lernen. Niemand kann mir das Lernen abnehmen. Doch so selbstverständlich alle zu dieser Grundannahme ihre Zustimmung geben würden, so selbstverständlich wird sie doch in den gängigen Fortbildungsformaten ignoriert.

Wir denken in der alten Welt der Fortbildung »lehrseits« und nicht »lernseits« (Michael Schratz):

- Wir unterscheiden die beteiligten Personen in *Lernende* einerseits und *Lehrende/Lehrkräfte* andererseits. (Man kann sogar ein *Lehramt* dafür erhalten.)
- Wir gestalten Orte als *Lehrräume*, die nicht immer identisch mit *Lernräumen*, aber auch nicht mit dem *Lehrerzimmer* sind. Es gibt sogar *Lehranstalten*, in denen der *Lehrbetrieb* stattfindet.
- *Lernende* können (nicht immer) aus einem *Lehrangebot* wählen, wenn sie einen *Lehrgang* oder andere *Lehrveranstaltungen* besuchen. Auch eine Schule, eine Hochschule oder andere Lernorte *besucht* man übrigens. Es ist irgendwie nicht der eigene Ort, man ist ja nur zu Besuch.

Nun darf man das Spiel mit den Worten nicht übertreiben. Aber gerade im letzten Beispiel versteckt sich eine Offenbarung für die Frage, inwieweit wir das *Lernen* wirklich zuerst als *Selbst Lernen* betrachten. Solange wir die Lernenden nur als »Besucher« von Lehrangeboten und Lehrorten sehen, ist unser Verständnis vom *Selbst Lernen* noch nicht ausgeprägt genug.

In diesem Buch geht es um Formate und Methoden, in denen das *Selbst Lernen* gegenüber dem *Belehrt Werden* im Vordergrund steht. Soll damit die Existenzberechtigung von Lehre und allem, was mit ihr zusammenhängt, in Zweifel gestellt werden? Nein. Es geht nicht um ein Entweder-oder, sondern um eine Erweiterung unserer Möglichkeiten als Lehrende und als Lernende.

P2P-Selbstfortbildungen sind Formen des gemeinsamen Lernens, in denen die starre Trennung in Lehrende und Lernende aufgehoben wird. Der Begriff »P2P« oder »Peer-to-Peer« baut auf das englische Wort »peer« (ausgesprochen wie das deutsche Wort »Pier«) auf, was so viel wie »Gleichrangige« oder »Ebenbürtige« meint. Es geht also um Formen, in denen Menschen »ebenbürtig« voneinander und miteinander lernen. Manchmal übernehmen einige (oder alle) Beteiligte dabei auch die Aufgaben von *Lehrenden* – aber nicht auf Dauer, sondern immer in Bezug auf ein konkretes Thema oder eine bestimmte Aufgabe.

Die gemeinsamen Eigenschaften von P2P-Selbstfortbildungen sind:

- Es sind Formen, in denen Lernende sich zusammenschließen, um miteinander und voneinander zu lernen.
- Es sind Formen, in denen die starre Trennung in Lehrende einerseits und Lernende andererseits aufgehoben wird.
- Es sind Formen, in denen hohe Flexibilität für Inhalt und Vorgehen besteht.
- Es sind Formen, in denen Austausch und Aushandeln einen höheren Stellenwert haben, und in denen unterschiedliche Herangehensweisen und Perspektiven willkommen sind.
- Es sind Formen, die besonderen Wert auf die Prozesshaftigkeit des Lernens legen.
- Es sind Formen, die ein hohes Maß an Kommunikation versprechen und verlangen.
- Es sind Formen, die viel Aktivität der Teilnehmenden ermöglichen und erfordern.

Warum sind P2P-Selbstfortbildungen notwendig?

Es gibt vier Anforderungen, mit denen das traditionelle Fortbildungssystem schlecht umgehen kann und zu denen P2P-Formate hilfreiche Antworten geben können.

Anforderung 1: ungeduldig und aktuell (»Es eilt!«)
Traditionelle Fortbildungsformate brauchen zeitlichen Vorlauf. Das kann in zentral gesteuerten Systemen wie der Aus- und -fortbildungsbranche Jahre und Jahrzehnte dauern, aber auch Unternehmen und andere Organisationen sind nicht immer die schnellsten. Entsprechend schwierig wird es, wenn ein Fortbildungsbedarf mit Eile verbunden ist. Ähnliches gilt, wenn eine Fortbildung an aktuelle Entwicklungen angepasst werden muss.

Angesichts von rasanten Entwicklungen in vielen Feldern, beispielsweise im technischen Bereich, sind das keine guten Voraussetzungen. P2P-Selbstfortbildungen können helfen, wenn der Fortbildungsbedarf zeitlich drängt und/oder auf aktuelle Entwicklungen eingegangen werden muss.

Anforderung 2: unsicher und dynamisch (»Es ist unklar!«)

Im traditionellen System muss ein Fortbildungsbedarf im ersten Schritt überhaupt erst offiziell festgestellt werden. Es müssen entsprechende Ressourcen darauf angesetzt werden. Dann muss die Frage präzise definiert werden. Danach müssen klare Antworten entwickelt und mit entsprechenden Formen verbunden konzipiert werden. Anschließend geht es an die Umsetzung. Möglicherweise braucht es zunächst einen Pilotversuch, Begleitforschung und die entsprechende Auswertung, damit das Fortbildungsangebot auf gesicherten Erkenntnissen aufbaut.

Nun leben wir in einer Welt im Wandel. Sowohl auf gesamtgesellschaftlicher Ebene wie auch mit Blick auf die pädagogische Profession sind viele Bereiche durch Unbeständigkeit, Unsicherheit und Unvorhersehbarkeit geprägt. Und genau in diesen Bereichen ist der Fortbildungsbedarf besonders hoch! P2P-Selbstfortbildungen können helfen, wenn der Fortbildungsbedarf sich nicht mit Exaktheit beschreiben und statisch abgrenzen lässt, sondern Raum für Flexibilität und Anpassung braucht.

Anforderung 3: ungenau und multiperspektivisch (»Es ist kompliziert!«)

Ein weiteres Merkmal vieler Probleme, die einem Fortbildungsbedarf zugrunde liegen können: Sie sind komplex und mehrdeutig. Es gibt weder einfache noch eindeutige Antworten. Für das traditionelle Fortbildungsformat ist das eine schwierige Situation. Denn gerade im Bildungsbereich hängt noch viel an der Idee, dass es »die eine« richtige Lösung geben müsse, die von einer wissenden Institution oder Person in die Breite getragen wird. Häufig handelt man lieber gar nicht als mit halb-fertigen Antworten.

Aber genau das braucht es bei vielen aktuellen Herausforderungen: halbfertige Antworten, an denen gemeinsam weitergearbeitet wird. Denn Halbfertiges hat den Vorteil, dass es über Austausch, Aushandeln, Ausdiskutieren ausgeformt werden kann. Dieser Ansatz erkennt an, dass es nicht die Einheitslösung für alle gibt, sondern Lösungen vor Ort entwickelt werden müssen, angepasst an die jeweilige Situation. Dazu gehört auch, dass nicht eine Lehrperson die Antworten auf alles hat, sondern dass unterschiedliche

Perspektiven helfen, den Gegenstand zu verstehen, zu beschreiben und zu bearbeiten. P2P-Selbstfortbildungen können helfen, wenn der Fortbildungsbedarf an konkrete Gegebenheiten anpassbar ist und durch unterschiedliche Perspektiven beleuchtet werden kann.

Anforderung 4: unabgeschlossen und prozessorientiert (»Es ist offen!«)

Zugespitzt formuliert: Traditionelle Fortbildungen setzen meist punktuell an. Es gibt zu einem bestimmten Zeitpunkt eine entsprechende Maßnahme, manchmal auch mehrere. Danach wechselt bei den Lernenden der Status auf »fortgebildet« und man kann das Thema abhaken.

Für manche Fortbildung mag dieses Vorgehen noch passen. Aber wir haben es immer häufiger mit Herausforderungen zu tun, zu denen wir kontinuierlich lernen und unser Vorgehen auf dem Weg anpassen müssen. P2P-Selbstfortbildungen können helfen, wenn der Fortbildungsbedarf nicht nur punktuell anfällt, sondern als andauernder Prozess verstanden werden kann. Dazu gehört auch: Viele Lösungen auf komplexe Probleme sind noch gar nicht da. Sie müssen in Fortbildung nicht *gefunden*, sondern *erfunden* werden. Standardlösungen funktionieren nicht. Es braucht kein Standardrezept, sondern individuelle Lösungen für die eigene Situation.

Das bedeutet auch, dass bei vielen Fortbildungen nicht nur die Frage »Wie funktioniert das?« beantwortet werden muss, sondern hintergründig auch die Frage »Wie wollen wir arbeiten?« oder »Wie wollen wir leben?« stetig neu ausgehandelt werden muss. Positiv formuliert: Wir lernen selbst und gleichzeitig gestalten dabei wir dabei ein Stück unsere Zukunft selbst.

Fazit

In vielen gesellschaftlichen Bereichen haben wir es mit 1. rasanten Veränderungen bei Anforderungen und Praktiken zu tun, für die 2. selten fertige Konzepte vorliegen, die nur »transferiert« werden müssen, sondern zu denen 3. noch Bedarf an Austausch, Aushandlungen und Ausformung besteht, wofür unterschiedliche Perspektiven hilfreich sind und die 4. eine kontinuierliche Beschäftigung und Gestaltung erfordern.

Das geht schlecht in den etablierten Formen der Aus- und Weiterbildung. Es braucht neue Formen der Fortbildung. P2P-Selbstfortbildungen sind Formate und Methoden, die dabei helfen.

Hinweise und Hintergründe

Auswahl und Ursprung

Ich als Autor des Buches habe wenig von dem, was ich in diesem Buch beschreibe, selbst erfunden. Ich habe die Formate teils als Teilnehmer an Veranstaltungen kennengelernt, teils über Erzählungen und Besuche davon erfahren, teils über Recherchen gefunden. Einige sind bewährte und bekannte Formate, andere sind in der Breite noch eher unbekannt. Viele Formen existieren in unterschiedlichen Varianten, von denen du hier im Buch exemplarisch eine kennenlernst.

Digital und international

Viele Formate und Methoden kenne ich aus dem internationalen Raum und/oder internet-affinen Communities: Das Barcamp aus Kalifornien, Pecha Kucha aus Japan, Café Scientifique aus Frankreich. Außerdem ist die Welt digital affiner Menschen eine große Quelle für solche Formen. Warum findet man bei »den Leuten aus dem Internet« so viele interessante Beispiele? Würde es nicht eher dem Vorurteil entsprechen, wenn die gerade nicht mehr so viel Wert auf »echte Treffen« legen? Die Antwort darauf hat Martin Lindner in seinem grandiosen Buch »Die Bildung und das Netz« (2017, S. 289) auf den Punkt gebracht:

> »Gerade die Geeks (also die Computerfans und Hacker) legen großen Wert auf Treffen in der Kohlenstoffwelt. Sie haben inzwischen eigene Formate wie Barcamps oder Hackathons entwickelt, um die kostbare Zeit besonders intensiv zu nützen, in der viele Leute wirklich zusammen in einem Raum sind. Im herkömmlichen Unterricht ist dieses Zusammensein ganz normal, aber dass das regelmäßig zu solch intensiven Erfahrungen führt, wird kaum jemand behaupten.«

Sprache

An keiner Stelle in diesem Buch geht es um Angehörige eines bestimmten Geschlechts. Zur Abwechslung werden manchmal weibliche, manchmal männliche und manchmal übergreifende Begrifflichkeiten genutzt.

Rund um die Formate, die in diesem Buch vorgestellt werden, wimmelt es von englischsprachigen Namen und Begriffen. Die Ursache dafür liegt darin, dass ich die Ideen häufig aus dem internationalen Raum und der Welt digital affiner Menschen übernommen habe, wo die englische Sprache vorherrscht. Wenn Methoden und Formate feststehende englische Titel haben, so wurden diese einfach übernommen.

Variationen

Die Revolution der neuen Fortbildungswelt fegt nicht die alte Fortbildungswelt hinweg (vermute ich). In bestimmten Bereichen braucht es die alten Modelle. Überlegungen zu geeigneten und ungeeigneten Themen folgen im Barcamp-Kapitel. Und häufig hilft auch ein Sowohl-als-auch-Ansatz besser als ein Alles-neu-Ansatz. Das Buch versteht sich als undogmatische Erklärung von Möglichkeiten, nicht als Mission, die alle und alles bekehren soll. Vor diesem Hintergrund sind Leserinnen und Leser aufgefordert, das Buch nicht als Rezeptsammlung zu verstehen, die es »nachzukochen« gilt, sondern eigene Variationen und neue Formen zu entwickeln.

Teil II: Barcamps und Unkonferenzen

- **Steckbrief** — 26
- **Wie Helene zum OERcamp kam – ein konkretes Beispiel zum Einstieg** — 29
- **10 Goldene Regeln für ein gutes Barcamp** — 38
- **Die Themen eines Barcamps** — 42
- **Die Formen eines Barcamps** — 47
- **Wie sehen konkrete Beispiele aus?** — 58
- **Barcamps selbst veranstalten**
  - Phase I: Im Trockendock — 62
  - Phase II: Der Stapellauf — 79
  - Phase III: Auf großer Fahrt! — 92
  - Phase IV: Zurück im Hafen — 119
- **Variationen des Barcamp-Formats** — 124

Steckbrief

Reichweite	✓ Team ✓ inhouse ✓ regional ✓ überregional
Größe	☐ 3 bis 9 Personen ☐ 10 bis 29 Personen ✓ 30 bis 250 Personen
Rhythmus	☐ täglich/mehrmals pro Woche ☐ wöchentlich/monatlich ✓ halbjährlich/jährlich ✓ einmalig/punktuell
Dauer	☐ 5 bis 20 Minuten ☐ 20 bis 60 Minuten ✓ mehrere Stunden ✓ mehrere Tage
Voraussetzungen	✓ min. 3 Stunden, besser 1 Tag Zeit ✓ ein großer Raum und viele weitere Räume ✓ Erfahrungen zum Thema bei zumindest einem Teil der Teilnehmenden ✓ Bereitschaft der Teilnehmenden, sich selbst als Experten zu sehen und das Programm zu gestalten
Besonders geeignet	✓ ein Thema, das viele unterschiedliche Aspekte hat, aber nicht zwingend einen roten Faden braucht ✓ unterschiedliche Vorkenntnisse in der Gruppe ✓ Austausch von Erfahrungen und Perspektiven ✓ Eigeninitiative, Kreativität, Zusammenarbeit ✓ Öffnen und Erkunden eines Themenfeldes
ähnlich zu	✓ Open Space ✓ World Café

Kurzbeschreibung

Bei einem Barcamp stehen Programm und Referent*innen nicht vorab fest. Vor Ort findet zu Beginn eine Einführung in die Methode und die gemeinsame Programmplanung statt. Alle, die ein Thema vorstellen oder diskutieren möchten, können dies im Rahmen eigener Workshops, sogenannter *Sessi-*

ons, tun. Ausgangspunkt kann ein Input, eine Frage oder ein Diskussionsbedarf sein – ganz am Interesse der Teilnehmenden orientiert.

Die Themen werden in einen Zeit- und Raumplan eingetragen, sodass die Teilnehmenden unmittelbar vor Ort entscheiden, an welchen Programmteilen sie teilnehmen möchten. In klarer Abgrenzung zu traditionellen Tagungsformaten wird das Format auch *Unkonferenz* genannt.

Wachsender Sessionplan auf dem OERcamp Ost 2018 | Foto von Gabi Fahrenkrog | CC BY 4.0

Tipp: Barcamp-Fachbegriffe

Die Barcamp-Welt hat für viele Elemente eigene Begriffe geprägt. Im Bonusmaterial → Barcamp'isch ↔ Deutsch – Glossar der Barcamp-Fachbegriffe sind (S. 132) die wichtigsten Bedeutungen erklärt.

Das Setting für ein Barcamp

Barcamps gibt es in unterschiedlichen Settings, von 3 Stunden bis 3 Tagen, von 20 bis 300 Personen, von öffentlich bis intern, von Freizeitthemen über themenoffene Barcamps bis zu Corporate Barcamps, von Internet-Communities über Schulen bis zu kommerziellen Anbietern.

Das Format wurde ursprünglich von und für »Leute aus dem Internet« entwickelt, sodass Kommunikation über Twitter oder Dokumentation über kollaborative Textdokumente häufig anzutreffen sind. Im Zuge der Ausbreitung des Formats Barcamp in alle Bereiche findet man heute genauso Barcamps, die komplett offline arbeiten.

Typisch für Barcamps ist eine große Offenheit der Themen. Das Format lässt sich aber auch einsetzen, um verschiedene Ideen und Antworten auf eine konkrete Frage zusammenzutragen.

> **Achtung: Gibt es »echte« und »falsche« Barcamps?**
>
> Das Barcamp-Format lässt sich pur und unverdünnt anwenden oder mit anderen Formaten kombinieren. Gelegentlich hört man in der Diskussion rund um Barcamps Stimmen, die von einer »falschen« Anwendung des Formats sprechen. Lass dich davon nicht irritieren. Du lernst auf den folgenden Seiten eine Perspektive auf Barcamps mit vielen Stellschrauben kennen. Letztlich kannst du alleine entscheiden, wie das Format für deine Zielsetzung und Zielgruppe richtig und sinnvoll ist. Barcamps sind keine monotheistische Angelegenheit, bei denen eine »Barcamp-Inquisition« die richtige Ausführung kontrolliert.

Wie Helene zum OERcamp kam – ein konkretes Beispiel zum Einstieg

Gestatten, Helene!

Helene Appelt ist 42 Jahre alt. Sie hat einst BWL mit Schwerpunkt Personal studiert und war zuletzt bei einer Genossenschaftsbank angestellt. Seit drei Wochen arbeitet sie am hochschuldidaktischen Zentrum der TH Köln. Gleich in der ersten Woche hatte ihr Chef sie gebeten, sich für eine Fortbildung anzumelden: das OERcamp in Lübeck. Helenes Chef hat ihr noch mit auf den Weg gegeben, dass sie auch ein waches Auge auf das Veranstaltungsformat haben soll. »Barcamps sind ziemlich im Kommen. Vielleicht müssen wir sowas auch mal machen.«, hat er ihr mit auf den Weg gegeben. Dabei war nicht zu erkennen, ob er das für eine gute Entwicklung oder für ein notwendige Übel hält. »Schaun' wir mal«, sagt sich Helene und macht sich auf den Weg nach Lübeck.

Vorbereitung

Im Zug nach Lübeck kommt Helene dazu, alles zu sortieren, was sie über das OERcamp weiß und was sie erwartet. Das »OER« in »OERcamp« steht für »Open Educational Resources«, also Lehr-Lern-Materialien mit einer freien Lizenz. Davon hat Helene schon einmal gelesen, aber wirklich viel weiß sie nicht über das Thema. Das »camp« in »OERcamp« steht wohl für »Barcamp«, wenn Helene das richtig verstanden hat. Mit »Camping« scheint das Ganze aber nichts zu tun zu haben, denn auf der Website waren einige Hotels in der Nähe empfohlen worden. (Außerdem gab es eine »Schlafplatzbörse«, aber das war Helene eher suspekt.) Auf der Website gab es zwar auch einen Text und ein Video »So funktioniert ein Barcamp«, allerdings hatte Helene noch nicht die Zeit, sich das in Ruhe anzuschauen. Und was ist das überhaupt für eine Fortbildung, bei der man sich vorher eine Anleitung durchlesen soll?

Die Veranstaltung findet an einem Freitag und Samstag statt. Der Veranstaltungsort ist eine Berufsschule. Das hat Helene kurz verunsichert, dass eine Fortbildung für sie als jemanden aus einer Hochschule in einer Schule stattfindet. Aber wenn sie es richtig verstanden hat, dann kommen zum OERcamp Menschen aus ganze verschiedenen Bildungsbereichen. Das kommt Helene seltsam vor. Ein Lehrer, jemand von der Volkshochschule und Helene aus der Hochschule, die haben es ja alle mit ziemlichen unterschiedlichen Berufsfeldern zu tun. Offenbar scheint es dieses OERcamp häufiger zu geben. Wäre es da nicht sinnvoller, wenn man je eine Veranstaltung speziell für jeden Bildungsbereich macht?

Die größte Irritation bei Helene kommt aber daher, dass es offenbar gar kein Programm für die Fortbildung gibt. Sie hat zwar eine E-Mail bekommen, in der

Anfangs- und Abschlusszeiten standen, aber nichts darüber, was genau wann passiert. In den Mails standen auch noch viele weitere Dinge, aber das hat Helene eher davon abgeschreckt, sich tiefergehend damit zu beschäftigen. Sie hatte in den letzten Tagen wirklich genug zu tun, und sie kann nicht erst eine Fortbildung machen, die sie auf diese Fortbildung vorbereitet. Helene wird heute Abend in Lübeck in ihrem Hotel einchecken und dann morgen früh vor Ort lernen, wie ein OERcamp funktioniert. Das »Warm Up« am Vorabend, auf das noch eine gesonderte Mail hingewiesen hatte, scheint in einer Kneipe stattzufinden. Das ist vielleicht eher etwas für Leute, die auch eine Schlafplatzbörse gut finden …

Ankommen

Am nächsten Morgen isst Helene ein mittelmäßiges Hotelfrühstück und macht sich dann auf den Weg zum Veranstaltungsort. Schon an der Bushaltestelle findet sie Kreidepfeile und Luftballons, die den Weg zum OERcamp weisen. Helene folgt den Pfeilen und betritt die Schule, in der heute offenbar keine Schüler sind. Sind in Lübeck Schulferien?

Helene folgt noch zwei weiteren Pfeilen und findet zu einem Tisch, an dem einfach nur »Anmeldung« steht. Keine Aufteilung in alphabetische Gruppen, kein Extra-Tisch für Referenten. Ein freundlicher Mensch neben dem Tisch spricht Helene an: »Hallo und willkommen beim OERcamp! Am Stehtisch gegenüber kannst du dein Namensschild ausfüllen. Außerdem findest du dort auch einen Raumplan zum Abfotografieren oder Mitnehmen. Hinter der Ecke gibt es Frühstück, und dort startet um 10.00 Uhr auch das Programm.« Helene fragt nach, ob sie denn gar keine weiteren Unterlagen bekommen würde. Der freundliche Mensch dreht sich zu einer Kollegin um und gibt die Frage weiter. »Nein, das wäre erstmal alles«, lautet deren Antwort. Helene wundert sich. Es gibt keine weiteren Unterlagen? Und offenbar gehört die Person hier an der Anmeldung gar nicht richtig zum Team der Veranstalter?

Helene geht zum nächsten Tisch, auf dem ein Stapel von Namensschildern liegt, dazu grüne und rote Bänder, mit denen man sich die Schilder um den Hals hängen kann. Daneben liegen einige Filzstifte. Auf dem Namensschild gibt es ein Feld für den Namen, ein Feld mit einem @-Zeichen am Anfang, drei Felder mit einer Raute am Anfang. Das @-Zeichen könnte für einen Twitternamen gut sein. Sowas hat Helene nicht. Die Rauten sind ihr ein Rätsel. Vielleicht auch etwas mit Twitter. Helene beschließt, erstmal nur ihren Namen einzutragen.

Hinter der nächsten Ecke geht es weiter. Viele Menschen stehen in kleinen Gruppen herum, unterhalten sich und trinken Kaffee. Soweit, so normal. Viele Leute löffeln Müsli aus kleinen Bechern. Helene hat im Hotel gefrühstückt. Sie wundert sich, dass schon so viele Leute vor Ort sind. Sie hatte erwartet, dass sie zu den ersten gehören würde. Im Programm hatte »ab 9.00 Uhr Ankommen. 10.00 Uhr

Auftakt« gestanden. Jetzt ist es 9.10 Uhr, aber offenbar haben sich viele für das frühe Ankommen entschieden.

In einer Ecke sitzen einige Leute an einem Tisch mit Bastelmaterialien und einer Maschine, mit der man sich Ansteckbuttons bauen kann. Hier werden offenbar Verzierungen für das Namensschild und irgendwelche Anstecker gebastelt. Helene fragt sich kurz, ob das nicht etwas kindisch sei. Aber in diesem Moment wird sie von einer Frau aus ihren Gedanken gerissen, die sie anspricht: »Hallo, ich bin Gabi! Könntest du kurz mit anfassen? Wir müssen noch einige Hocker hier ins Plenum holen.« Die Hocker sind aus Pappe und ziemlich leicht. Helene hilft gerne, ist aber doch irritiert, dass sie hier Sachen tragen soll. Nun, die Veranstaltung hat keinen Teilnahmebeitrag gekostet, vielleicht konnte man sich daher nicht ausreichend Helfer leisten.

Die Papphocker stehen ziemlich wild durcheinander in einem großen Raum mit einer kleinen Bühne. Kein Rednerpult, fällt Helene auf. Hinten gibt es viele Stehtische und ein Buffet mit Obst, Müsli und Getränken. Helene stellt sich an einen Stehtisch und kommt mit zwei Leuten ins Gespräch, die Kaffee aus offenbar mitgebrachten Thermobechern trinken. Die beiden diskutieren untereinander über »Sessions« und »H5P« und »3D-Druck«, das klingt alles etwas abgefahren. Dann stellen die beiden sich ihr vor. Sie heißen Kai und Anja und kommen beide aus Lübeck. Anja macht Onlinekurse für eine Hochschule, Kai ist Lehrer. Beide sind offenbar alte Hasen in Sachen OERcamp und wollen selbst gleich mehrere »Sessions« anbieten, wenn Helene das richtig versteht. Helene erzählt kurz von ihrer neuen Arbeit an der Hochschule. Gerade will sie fragen, was es mit den Begriffen auf sich hat, die die beiden auf ihrem Namensschild hinter den Rautezeichen aufgeschrieben haben, da unterbricht ein Gong ihre Unterhaltung. »Sorry«, verabschiedet sich Kai, »ich will schon meine Sessionzettel ausfüllen.« »Streber!", ruft Anja hinterher, aber auch sie verabschiedet sich in Richtung erste Reihe.

Auftakt

Inzwischen sind bestimmt 100 Teilnehmende im Raum, die sich auf die Papphocker verteilen. Vorne nimmt eine junge Frau ein Mikrofon, stellt sich als »die Chris« vor, wünscht allen einen guten Morgen und erklärt einige organisatorische Dinge. Dann fragt sie, wer das erste Mal ein Barcamp besuche. Überrascht stellt Helene fest, dass ungefähr die Hälfte der Anwesenden zusammen mit ihr den Arm heben. Chris erklärt: »Ich freue mich sehr, dass Ihr da seid! Ich werde Euch gleich erklären, wie ein Barcamp funktioniert und wie wir heute vorgehen.«

Helene findet das forsche Duzen etwas ungewohnt. Vielleicht liegt es daran, dass viele Pädagogen hier sind? Was ihr aber gut gefällt: Es gibt offenbar keine Grußworte oder ähnliches. (Auf der letzten Tagung, die sie besuchte, hatte Helene nicht weniger als fünf Grußworte gezählt, die allesamt nicht wirklich etwas zum Thema beigetragen hatten.) Außerdem gibt es für Helenes Empfinden deutlich mehr Kinder im Raum als sie es sonst von Konferenzen und Fortbildungen kennt. Offenbar sind in Lübeck gerade Schulferien. Stand nicht irgendwo etwas von Kinderbetreuung? Fällt die aus?

Vorstellungsrunde

Jetzt kündigt Chris eine Vorstellungsrunde an. Jeder möge bitte aufstehen, wenn das Mikrofon bei ihm ankommt, und sich selbst mit drei Schlagworten vorstellen. Helene glaubt erst, sich verhört zu haben. Über 100 Leute stellen sich jetzt einzeln vor? Das dauert doch Stunden! Außerdem fragt sie sich, ob die Zeit nicht irgendwie verschenkt wird. Andererseits, schon zu Beginn der Vorstellungsrunde hat sie einige interessante Schlagworte gehört, zu denen sie sich auch gerne austauschen würde. Und tatsächlich läuft die Runde wie am Schnürchen. Wer das Mikrofon bekommt, nennt tatsächlich nicht mehr als seinen Namen, manchmal den Arbeitsort und drei Schlagworte. Viele lesen davon von ihrem Namensschild ab. Bei den Rautezeichen muss man offenbar die Schlagworte aufschreiben. Helene trägt schnell etwas auf ihrem Namensschild nach. Sie entscheidet sich für »Hochschuldidaktik, Lernvideos und klassische Musik«.

Ungefähr nach 5 Minuten passiert es dann doch: Ein Mann nennt seine drei Schlagworte und beginnt dann, eines seiner Schlagworte zu erläutern. Nachdem er offenbar nach zwei Sätzen noch nicht fertig ist, rufen ihm gleiche mehrere Teilnehmende etwas zu, z.B.: »Danke!« und »Nur drei Worte!« und »Mach eine Session dazu!« Tatsächlich gibt der Herr das Mikrofon weiter. Und nach nicht einmal 20 Minuten sind tatsächlich alle Teilnehmenden zu Wort gekommen. Helene ist positiv überrascht, dass es noch zwei weitere Teilnehmende gibt, der sich auch für das Thema Lernvideos interessieren. Sie hat sich die Gesichter gemerkt, vielleicht kommt man in der Pause ja ins Gespräch.

10 Goldene Regeln; Erklärung zum Vorgehen

Nun übernimmt wieder »die Chris« das Mikrofon. Sie zeigt eine kurze Präsentation mit »10 Goldenen Regeln für ein gutes Barcamp«. Helene fragt sich, ob jemand auf die Einhaltung dieser Regeln achtet. Ob da eine Barcamp-Polizei rum geht? Gleich die erste Regel lautet: »Was aus einem Barcamp wird, bestimmen die Teilgeber*innen.« Die »Teilgeber«, erklärt Chris, das sind diejenigen, die bei anderen Veranstaltungen »Teilnehmer« genannt werden. Bei einem Barcamp könne man aber nicht nur teil-nehmen, sondern müsse auch teil-geben. Es werde kein Programm geben, das nicht aus dem Kreis der Anwesenden komme. Chris warnt: »Niemand darf sich heute Abend beschweren, dass ihm ein Thema zu kurz gekommen sei. Er hätte das Thema ja selbst einbringen können.« Für Helene klingt das ein Stück nach: »Ihr seid halt selbst schuld, wenn es schlecht wird!«

Schnell bewahrheitet sich Helenes Verdacht, dass tatsächlich das komplette Programm von den Teilnehmenden selbst gestaltet werden muss. Sie kennt das

Verfahren so ähnlich von der Open Space-Methode. Jede*r kann einen Workshop, »Session« genannt, anbieten und für eine Stunde einen Raum beanspruchen. Zu diesen Sessions kommen dann alle, die sich auch für dieses Thema interessieren. Chris ermutigt alle, die das erste Mal bei einem Barcamp sind, selbst eine Session anzubieten. Es brauche nicht mehr als eine Frage und die Bereitschaft, sich mit anderen auszutauschen. Nach der 7. Goldenen Regel (»Nichts auf morgen schieben!«) ist erst einmal Schluss mit Regeln. Stattdessen wird erklärt, wie die Sessionplanung genau abläuft. Das Verfahren ist ziemlich detailliert festgelegt, erst anstellen, dann Zettel ausfüllen, dann ins Mikro sprechen...

Sessionplanung

Zum Ende ihrer Erklärung fordert Chris nun alle auf, nach vorne zu kommen, die einen eigenen Sessionvorschlag machen wollen. Für einen Moment fragt Helene sich, ob überhaupt jemand aufsteht – und dann staunt sie, als mindestens zwei Dutzend Leute sich erheben. Sie stellen sich entlang der Seite des Raums in eine Schlange. Vorne füllen sie einen Zettel aus (einige haben das vorher schon getan) und gehen dann nacheinander zum Mikrofon, das Chris für sie hält. Dann passiert für Helene das Wunder der Sessionplanung: Die Leute fassen sich tatsächlich kurz! Sie sagen je einen Satz zu ihrer Person, einen zu ihrem Thema und noch etwas zum geplanten Vorgehen in der Session.

Die Sessionvorschläge sind ganz unterschiedlich:
- Eine Juristin bietet eine »Einführung in freie Lizenzen für Newbies« an.
- Zwei Leute von einem Unternehmen aus Leipzig wollen ihren Arbeitsblatt-Editor vorstellen und Feedback einsammeln.
- Eine Norwegerin erklärt in gebrochenem Deutsch, sie habe ein Start-Up im Bereich Bildung und suche Ideen für OER-Geschäftsmodelle.
- Ein Verleger aus Stuttgart sucht Leute, die sich mit ihm grundsätzlich über Sinn und Unsinn von OER streiten wollen.
- Eine Studentin möchte ihre Pläne für eine »Open Education Cloud« in einem westafrikanischen Staat vorstellen.
- Jemand interessiert für »Barrierefreie Lernmaterialien«, behauptet aber, selbst wenig darüber zu wissen.
- Andere wollen über »Qualitätssicherung von OER-Inhalten« diskutieren.

Außerdem gibt es sehr viele generelle Einführungen ins Thema und gefühlt ein halbes Dutzend Sessions zu freien Lizenzen. Dann stehen zwei der Kinder in der Schlange. Auch sie bekommen das Mikrofon. »Hallo, wir sind Aylin, 14 Jahre, und Daryoush, 11 Jahre. Wir möchten gerne eine Session dazu machen, ob Wikipedia gefährlich ist, weil unsere Lehrer uns immer Wikipedia verbieten. Wir würden gerne wissen, ob das wirklich so ist.«

Dann kommt ein dynamischer junger Mann an die Reihe: »Hallo, ich bin Alex vom Bildungswerk des Landessportbundes. Meine Session dauert nur 15 Minuten und soll am Ende der Mittagspause stattfinden. Wir machen ein paar Übungen gegen Verspannungen und Rückenschmerzen. Ich habe ein paar Videos mitgebracht, die wir als OER produziert haben.« Jetzt sind nur noch drei Personen in der Schlange. »Die Chris« macht einen letzten Aufruf. Wer jetzt keine Session mehr vorstelle, könne das erst morgen früh wieder tun. Tatsächlich springen noch zwei Personen auf und füllen Zettel aus.

Nachdem alle Sessions vorgestellt sind, kündigt Chris an, dass das Planungsteam noch ein paar Minuten brauche, um den Sessionplan fertigzustellen. In der Zwischenzeit erklärt sie die Goldenen Regeln 8 bis 10. Dann hebt jemand vom Tisch des Planungsteams den Daumen und Chris zeigt auf der Leinwand hinter ihr eine große Tabelle. Dort sind alle Sessions jetzt nach Zeiten und Räumen einsortiert. Chris liest alle Sessions im Schnelldurchlauf vor und fragt, ob jemand die eigene Session vermisse. Aber offenbar sind alle da, sodass Chris den Sessionplan für »geschlossen« erklärt. Sie kündigt an, dass der Plan ab sofort über die Homepage der Veranstaltung zu finden sei, dass es ihn auch auf einer Pinnwand gebe und am Ende der Pause auch noch auf Papier. Nicht schlecht, wenn das klappt, denkt Helene. Dann gibt es wieder Kaffee.

Sessions

Zehn Minuten später hat Helene nicht nur einen Kaffee, sondern auch einen ausgedruckten Sessionplan in der Hand. Sie kreuzt sich diejenigen Themen an, die sie besonders interessieren. Das sind allerdings meist zwei oder drei gleichzeitig. Helene hat die Qual der Wahl und hofft, dass die Sessions, die sie nicht besucht, gut dokumentiert werden. Die Sache mit der Dokumentation wurde vorhin erklärt. In jedem Raum gibt es ein Poster, auf das Felder wie »Thema« und »Fragen« und »Antworten« abgedruckt sind. Bei jeder Session sollen die Poster für die Dokumentation genutzt werden. Außerdem gibt es so etwas wie gemeinsame Protokolle, allerdings wird das so kurz erklärt, dass Helene es nicht versteht.

Helene erschrickt, als hinter ihr ein lauter Gong ertönt. Sie dreht sich um und erblickt ein Mädchen von etwa zehn oder elf Jahren, die mit einem riesigen Gong durch die Leute läuft. Das ist offenbar die Erinnerung, dass es gleich losgeht. Helene macht sich zusammen mit vielen anderen auf die Suche nach den Räumen, in denen jetzt sieben Sessions gleichzeitig stattfinden.

Die allererste Session in Helenes Leben heißt »Die Grundlagen von OER« und wird von einem älteren Herrn angeboten. Gut ein Dutzend Teilnehmende sitzen im Stuhlkreis und hören zu, was es mit Freiheit und Offenheit, Lizenzen und Dateiformaten auf sich hat. Es ist ziemlich grundsätzlich und technisch, aber es hilft Helene bei einem ersten Überblick. Nach einem ausführlichen Input gibt es eine Fragerunde. Und es gibt wirklich viele Fragen. Als nach 40 Minuten der Gong, dieses Mal mit einem erwachsenen Mann, an der offenen Tür ertönt, erklärt der Sessionanbieter, dass nur noch 5 Minuten Zeit sei. Er würde aber beim Kaffee noch für Fragen zur Verfügung stehen. Und er könnte anbieten, am nächsten Tag noch eine Session »Offene Fragestunde zu OER« anzubieten.

Nach der Session gibt es 15 Minuten Pause, in denen Helene zu ihrer nächsten Session geht. Dieses Mal ist es der Professor aus Bremen, der berichtet, dass er seinen Studierenden die Möglichkeit gegeben hat, Lernvideos zu machen und diese als OER zu veröffentlichen. Es gibt zwei Leute in der Gruppe, die etwas Ähnliches gemacht haben. Der Erfahrungsaustausch ist für Helene spannend, aber etwas unstrukturiert. Sie findet es ermutigend, dass sie selbst auch etwas aus ihren eigenen Erfahrungen beitragen konnte, was andere Teilnehmer interessiert hat.

Es folgt die Mittagspause, dann wieder Sessions, Kaffee, nochmal eine Session. Von den drei Sessions, die Helene noch besucht, ist eine besonders spannend. Eine Martina macht eine »Virtually Connecting«-Session. Dabei schaltet sie über Skype eine Frau aus Ägypten und einen Mann aus England mit ihnen in Lübeck zusammen. Es geht darum, dass OER in den unterschiedlichen Ländern politisch ganz unterschiedlich gesehen wird. Die nächste Session hat ein ganz anderes Thema, als Helene es verstanden hatte. Es geht nur um Sachen aus der Schule, die sie eigentlich gar nicht interessieren. Sie sitzt die 45 Minuten ab und ärgert sich ein bisschen. In den Regeln hatte Chris zwar eigentlich erklärt, dass man auch jederzeit aufstehen und gehen kann, wenn man in einer Session nichts mehr beitragen kann oder sie doch nicht passend findet. Aber das traut sich Helene dann doch nicht.

Dafür ist die letzte Session wieder richtig gut. Es geht um »10 Gründe gegen OER«, die zwei Mitglieder vom »Bündnis freie Bildung« vorstellen. Gemeinsam werden in der Session die 10 Gründe und jeweils Gegenargumente diskutiert. Die Session ist ziemlich überfüllt, weswegen die Gastgeber die 10 Gründe auf 10 Tische verteilen und jeder dorthin geht, wo er diskutieren möchte. Helene denkt: »Quasi ein Mini-Barcamp in einem Barcamp.«

Abschluss

Nach der letzten Session des Tages treffen sich alle wieder im großen Raum. Helene fällt auf, dass inzwischen bestimmt 150 Personen vor Ort sind. Zwischendurch war ihr die Veranstaltung irgendwie kleiner vorgekommen, zumal keine Session mehr als 20 Teilnehmende hatte. Aber die Leute waren einfach nur im Haus verteilt.

Am Mikrofon ist wieder Chris mit einigen organisatorischen Ansagen. Dann sollen alle Teilnehmenden sich für 10 Minuten in Dreier-Gruppen zusammenfinden. Jeder soll den anderen drei Dinge mitteilen: 1. ein Aha-Erlebnis aus den heutigen Sessions, 2. eine neu entstandene Frage und 3. eine Idee bzw. ein Wunsch für die morgige Sessionplanung. Sessionwünsche, die man nicht selbst als Session vorschlagen möchte, kann man eine Sessionwunsch-Wand anpinnen. Andere Teilnehmer können sich dann dort inspirieren lassen, ob sie nicht ein Thema »adoptieren« würden. (»›Sessionwunsch-Wand‹ und ›Adoptieren‹ – die haben echt eine eigene Sprache hier«, denkt sich Helene.)

Anschließend kündigt Chris an, dass die Doku-Poster aus den Sessions im langen Flur hängen und man dort gerne stöbern solle. Man dürfe sogar etwas dazu schreiben oder Klebezettel ergänzen. Dieses Vorgehen gefällt Helene ganz gut. Sie hatte befürchtet, dass es aus jeder Session noch einen Bericht geben würde.

Damit ist das Programm offenbar beendet. Aber keiner geht. Die meisten diskutieren in kleinen Gruppen. Einige Leute sammeln leere Flaschen ein und stapeln Papphocker aufeinander. Helene stöbert ein bisschen an der Sessionwunsch-Wand. Sie findet einen Zettel »Wie sichert man gute Qualität bei Ausschreibungsverfahren, wenn die Leistung ja auf jeden Fall bezahlt wird?« Tatsächlich, das könnte sie anbieten. Eigentlich. Andererseits weiß man ja nicht genau, was die Person, die den Zettel geschrieben hat, sich darunter vorstellt.

Ausklang/Abendprogramm

Es gibt schon wieder etwas zu essen, nämlich Pizza, die einfach in riesigen Kartons zusammen mit vielen Servietten angeboten wird. Für den Abend ist ein Get-Together mit Pecha Kucha-Vorträgen angekündigt. Und offenbar kann man an einer improvisierten Bar Longdrinks und Cocktails kaufen? Das kann ja heiter werden. Im Hintergrund läuft Musik, die nicht gerade Helenes Geschmack trifft. Aber egal, Helene will eh los. Morgen früh geht es ja weiter.

Als sie sich gerade auf den Weg machen will, spricht sie ein Mann an: »Hey, sag mal, bist du nicht diejenige, die sich heute Morgen mit dem Schlagwort ›Lernvideos‹ vorgestellt hat? Ich bin Randolf!« Helene erinnert sich an Randolf. Auch er hatte in der Vorstellungsrunde Lernvideos als Interesse genannt. Sie kommt mit Randolf ins Gespräch, nicht nur über Lernvideos, sondern auch zu ihren Erfahrungen mit Barcamps. Helene erzählt, dass vieles an dieser Veranstaltungsformat neu für sie ist. Sie ist positiv überrascht, wie leicht man mit fremden Leuten ins Gespräch kommt. Am meisten hat es sie gewundert, dass es tatsächlich funktioniert, dass in den Sessions gemeinsam die Dokumentation erarbeitet wird. Ein Link zu einem Programm, den sie in einer Diskussion genannt hatte, hat sie später in der Dokumentation wiedergefunden. Nach einer halben Stunde verabschiedet sich Helene von Randolf. Sie muss jetzt aber doch los.

Tag 2

An Tag 2 beginnt alles so, wie Helene es schon kennengelernt hat: Ankommen, Namensschild umhängen, Kaffee trinken, Müsli essen. Helene trifft Martina, die gestern die Session »Virtually Connecting« angeboten hatte. Helene ist etwas überrascht, als Martina sie anspricht, ob Helene heute an einer Session von ihr mitwirken würde. Sie hat mitbekommen, dass Helene sich für Lernvideos interessiert und würde gerne zu dem Thema Leute zusammenbringen, die solche Videos im Netz gemeinsam in verschiedene Sprachen übersetzen. Helene findet das zwar tendenziell interessant, möchte aber keine Verbindlichkeiten eingehen. Wer weiß, was es noch an weiteren Sessions gibt.

Es folgt die Sessionplanung, dieses Mal ohne lange Erklärung vorab. Helene überlegt, ob sie tatsächlich eine Session zum Thema Ausschreibung anbieten soll. Einerseits findet sie das Thema wirklich spannend, und die Moderatorin vorne hat gerade schon wieder gesagt, dass es für eine Session keinen Input geben müsse. Aber irgendwie hätte Helene doch gerne etwas mehr Vorbereitung, bevor sie ihre erste Session anbietet. Also bleibt sie sitzen und hofft, dass jemand anders die Session anbietet.

Anschließend folgt das gleiche Spiel wie gestern: Sessionplan abschließend, Kaffee trinken, Sessions besuchen, Leute sprechen. Heute besucht Helene nur drei Sessions, weil sie schon frühzeitig los will.

Nachbereitung

In der Bahn nach Hause schaut Helene in ihre E-Mails. Sie überrascht, dass sie schon eine E-Mail vom OERcamp-Team hat. Darin wird noch einmal auf die Dokumentation hingewiesen, die man auch in den nächsten Tagen noch erweitern können. Außerdem wird sie um ihre Rückmeldung über einen digitalen Feedbackbogen gebeten. Und dann ist da schon wieder von Twitter die Rede. Angeblich habe es in den letzten zwei Tagen dort mehr als 500 Nachrichten zur Veranstaltung gegeben. Vielleicht muss Helene sich doch mal mit Twitter beschäftigen. Sie hofft auf eine Session »Twitter für Anfänger« bei ihrem nächsten Barcamp.

So bzw. so ähnlich sehen die Geschichten von Tausenden von Menschen aus, die in den letzten Jahren ihr erstes Barcamp besucht haben. Im Folgenden werden die einzelnen Aspekte, die Helene aus Sicht einer Teilnehmerin kennengelernt hat, systematisch beschrieben.

10 Goldene Regeln für ein gutes Barcamp

Teil einer typischen Einführung in die Methode Barcamp sind Regeln für die Ausgestaltung des Formats. Diese Regeln haben keinen Anspruch auf Allgemeingültigkeit. Es gibt zahlreiche unterschiedliche Fassungen für solche Richtlinien, die sich in einzelnen Punkten unterscheiden.* Es gibt weder ein offizielles Regelwerk, noch eine »Barcamp-Polizei«, die vor Ort die Einhaltung bewacht. Im Folgenden ist unsere Version »10 Goldene Regeln« vorgestellt, die sich in unserer Praxis gut bewährt haben.

#1. Was aus einem Barcamp wird, bestimmen die Teilgeber*innen.

Das Programm eines Barcamps wird von den Menschen gemacht, die zu einem Barcamp kommen. Sie sind nicht nur Teilnehmerinnen und Teilnehmer, sondern auch Teilgeberinnen und Teilgeber. Es gibt kein Programm, das nicht von ihnen eingebracht wird. Es gibt keine Themen, die nicht aus ihren Reihen kommen. Es gibt niemanden außer ihnen, der über die Arbeitsformen entscheidet. Das bedeutet: Wer am Abend nach einem Barcamp nach Hause geht und sagt: »Mir hat dieses und jedes Thema gefehlt.« oder »Ich hätte gerne mehr Diskussionen geführt.«, der kann sich nicht bei Veranstaltern oder Referenten beschweren. Er muss sich an die eigene Nase fassen, denn er selbst hätte das Thema einbringen und über die Arbeitsformen entscheiden können.

#2. Es muss keinen Input geben. Eine Frage reicht.

Ausführliche PowerPoint-Vorträge sind bei einem Barcamp nicht verboten. Lange Inputs sind zwar eher untypisch, aber durchaus möglich, denn die Sessionanbieterin ist frei in der Ausgestaltung der Arbeitsform. Aber der entgegengesetzte Fall ist viel wichtiger: Um eine Session anzubieten, reicht es aus, eine Frage formulieren zu können, zu der man sich mit anderen austauschen möchte. Eine solche Ausgangssituation ist typisch für Barcamps, bei denen es um den Austausch untereinander und das Lernen voneinander geht.

---

* Als »Mutter aller Barcamp-Regeln« kann man die »The Rules of BarCamp« von Tantek Çelik ansehen, der sie 2008 als Parodie auf die Regeln des Fight Club aus dem gleichnamigen Kinofilm entwickelte. barcamp.org/w/page/405173/TheRulesOfBarCamp (Englisch).

#3. Formuliere deinen Sessionvorschlag kurz und präzise.

In der Vorstellung der Sessions sind nur ein Satz zum Thema und ein Satz zur Form vorgesehen. Diese beiden Sätze wollen gut überlegt sein, denn sie bilden die Grundlage dafür, wer sich für (und gegen) die Teilnahme an der Session entscheidet. Um eine gute Session zu ermöglichen und Missverständnisse zu vermeiden, ist es von entscheidender Bedeutung, dass die Menschen wissen, was die Sessionanbieterin vorhat und worauf sie sich einlassen. Der Zettel mit dem Sessiontitel sollte einen klaren Wiedererkennungswert zur mündlichen Vorstellung bieten. Im Zweifelsfall gilt: eine konkrete, phantasielose Beschreibung des Sessioninhalts ist besser als ein phantasievoller Slogan. Das gilt für das Thema, aber auch für die Form. Die Teilnehmenden möchten vorab wissen, ob Input, Diskussion oder Werbung im Mittelpunkt stehen.

#4. Es kann so viele Sessions geben, wie Räume vorhanden sind.

Es gibt keine Begrenzung für die Anzahl der Sessions, die nicht durch die Rahmenbedingungen zu begründen ist. Diese Regel müsste also genauer heißen: Es kann so viele Sessions geben, wie Anzahl der Zeitslots mal Anzahl der Räume ergeben. Wenn es beispielsweise 5 Sessionslots nacheinander und 6 Räume gibt, sind 30 Sessions möglich. Selbst wenn es noch mehr Sessionvorschläge gibt, sollten deren Durchführung ermöglicht werden. Ein gutes Planungsteam kann zusätzliche Räume (er-)finden, denn für die kleinsten Sessions reicht ggf. auch eine Sitzecke oder ein Stehtisch.

#5. Eine Session kann stattfinden, wenn sie mindestens zwei Personen interessiert.

Die Mindestanzahl von Interessenten für eine Session lautet zwei: die Sessionanbieterin und eine Person, die sich dafür interessiert. Allerdings darf die Sessionanbieterin selbst auch eine höhere Grenze festlegen, wenn dies beispielsweise für die Methode notwendig ist oder wenn sie den Austausch mit Einzelpersonen lieber in die Kaffeepause verlegen will.

#6. Eine Person kann mehrere Sessions anbieten.

Bei einem Barcamp ist es willkommen, dass eine Person mehrere Sessions anbietet. Theoretisch ist es möglich, so viele Sessions anzubieten, wie es Zeitslots gibt.

#7. Nichts auf morgen schieben!

Diese Regel basiert auf der Eigenschaft vieler Barcamps, dass sie zwei oder sogar drei Tage dauern und zu Beginn jedes Tages eine Sessionplanung für den aktuellen Tag stattfindet. Dieses Vorgehen hat sich bewährt, weil in Sessions häufig zusätzlicher Diskussionsbedarf oder Ideen für weitere Sessions entstehen. Entsprechend werden an einem zweiten Tag häufig Ergänzungen, Vertiefungen oder auch Wiederholungen von bisherigen Sessions angeboten. Damit diese Möglichkeiten weitgehend zum Tragen kommen, empfiehlt es sich, dass man eine Session möglichst früh anbietet, also nicht auf morgen schiebt.

Bei Barcamps, die nur einen Tag und damit nur eine Sessionplanung haben, ist diese Regel metaphorisch zu verstehen: Nicht zögern! Die Chance für dein Thema und einen Austausch mit interessierten Menschen besteht nur hier und heute!

#8. Jede Session wird dokumentiert.

Bei einem Barcamp finden viele Sessions parallel statt, sodass man als Teilnehmer wahrscheinlich auch viele für sich interessante Angebote nicht wahrnehmen kann. Ferner interessieren sich auch Menschen für das Barcamp, die nicht vor Ort dabei sein können. Eine Dokumentation der Sessions hilft dabei, Diskussionen und Ergebnisse entweder öffentlich oder zumindest für alle Teilnehmenden festzuhalten.

#9. Es ist okay, eine Session mittendrin zu verlassen.

Bei Barcamps gilt das Prinzip der offenen Tür. Das bedeutet: Die Tür zu Sessionräumen soll geöffnet bleiben, solange das Akustik und Luftzug erlauben. Im Gegensatz zu traditionellen Konferenzen sollen Teilnehmende bei einem Barcamp nicht bis zum Ende passiv sitzenbleiben, wenn sie nichts zur Session beizutragen haben. Es gilt also nicht als unhöflich, wenn man eine laufende Session verlässt und in eine andere Session wechselt, in der man mehr beitragen und lernen kann. Um den Wechsel in eine neue Session zu erleichtern, hilft eine offene Tür, durch die man eine Ahnung bekommen kann, was gerade passiert und ob sich ein Quereinstieg anbietet.

Das bedeutet im Umkehrschluss nicht, dass alle zu den Sessions kommen sollen, wann es ihnen passt. Zu Beginn jeder Session ist es eine Frage von Höflichkeit und Respekt vor der Sessionanbieterin und anderen Teilnehmenden, dass man pünktlich vor Ort ist.

#10. Eine Session dauert nicht länger als 45 Minuten.

Auch wenn am Ende einer Session häufig noch interessante Themen oder spannende Diskussionen unabgeschlossen bleiben, sind dennoch alle Beteiligten aufgerufen, eine Session nach 45 Minuten zu beenden. Das gebietet die Rücksicht auf diejenigen Teilnehmenden, die gerne den Raum verlassen, oder Sessionanbieterinnen, die den Raum für eine nächste Session vorbereiten wollen. In einer entsprechenden Situation sollte kurz vor Ende der 45 Minuten thematisiert werden, ob Interessierte ihre Diskussion zu einem Kaffee verlagern oder eine andere Form der Fortsetzung vereinbaren.

Die Themen eines Barcamps

Die drei Stufen der Barcamp-Entwicklung

Für das grundsätzliche Verständnis von Barcamps hilft es, die Entwicklung in den letzten 15 Jahren zu kennen. Stark vereinfachend kann man eine Ausweitung in drei Stufen ausmachen.

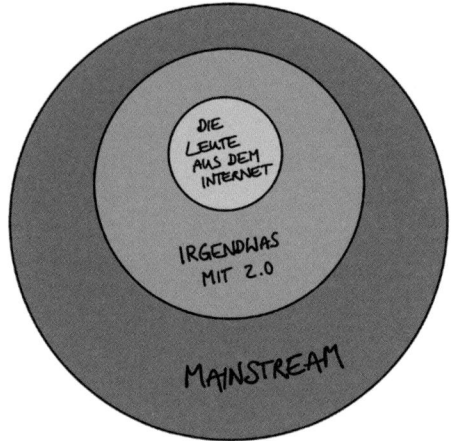

Die drei Entwicklungsstufen von Barcamps, von innen nach außen
| Zeichnung von Hannah Birr | CC BY 4.0

Erste Stufe der Barcamps: »Die Leute aus dem Internet«

Ausgangspunkt des Formats waren Treffen von Mitgliedern aus Digital- und Tech-Communities. Entsprechend lagen die Themen der Barcamps der ersten Jahre stark auf digitalen Themen wie Softwareentwicklung. In diesem Umfeld entstanden in Deutschland mehrere offene Barcamps, die einfach nach ihrem Ort benannt und offen für alle Themen waren. Auch hier dominierten »Digitalthemen« von »den Leuten aus dem Internet«. Viele dieser Barcamps gibt es bis heute.

Zweite Stufe der Barcamps: »Irgendwas mit 2.0«

Schnell entstanden neue Barcamps, die einen Themenbereich aus der Perspektive »Was macht der digitale Wandel mit diesem Feld?« beleuchteten. In Deutschland gab es beispielsweise 2008 das erste Educamp (zu Lernen und Bildung im digitalen Wandel) und 2009 das politcamp (zu Politik und Demokratie im digitalen Wandel). Häufig wurde dafür einfach der Zusatz »2.0« an ein Thema angehängt, so gab es zum Beispiel die Barcamps zu Kirche 2.0, Science 2.0, Literatur 2.0 etc. Typisch für diese Barcamps war und ist es, dass hier sowohl »die Leute aus dem Internet« als auch »ganz normale Leute« zusammenkommen.

Dritte Stufe der Barcamps: »Mainstream«

In den letzten Jahren hat das Format Barcamp immer stärker Einzug in Themenbereiche und Communities gehalten, die wenig oder gar keinen expliziten Bezug zu digitalen Themen haben. Beispiele dafür sind das BiolebensmittelCamp, das Literaturcamp, das Handwerkscamp oder das Barcamp Frauen. Gleichzeitig wird die Methode Barcamp häufiger für interne Fortbildungen und Wissensmanagement eingesetzt, von großen Firmen wie Audi bis zu schulinternen Fortbildungen.

Ausweitung der Formen

Wiederum sehr vereinfacht kann man beobachten, dass sich mit dieser Ausdehnung der Themen auch die Formen differenziert haben. Die Urform der Barcamps wird häufiger angepasst und mit vorgeplanten Programmteilen kombiniert. Es gibt mehr nicht-öffentliche Barcamps, über die entsprechend nichts im Internet berichtet wird. Und es gibt inzwischen einige kommerzielle Anbieter, die teils erhebliche Eintrittsgelder verlangen. Ein Beispiel: Das SpaCamp richtet sich an die Hotel-, Gesundheits- und Spa-Branche, kostet 379 Euro Teilnahmebeitrag und verlangt, dass Sessions bis eine Woche vor der Veranstaltung eingereicht werden.

Barcamp-Puristen nehmen solche Veränderungen als Aufweichen oder gar Pervertieren der Barcamp-Idee wahr, Barcamp-Pragmatiker eher als Differenzierung und Adaption.

> **Tipp: Stöbern in der Barcamp Liste**
>
> Auf der Website www.barcamp-liste.de werden öffentliche Barcamps im deutschsprachigen Raum gesammelt. Es lohnt sich, hier einmal durch die Einträge zu stöbern, um eine Idee von der Vielfalt der Barcamp-Landschaft zu bekommen.

Für welche Themen eignet sich das? Und für welche nicht?

Grundsätzlich sind Barcamps zu allen Themen denkbar. Die Entscheidung für oder gegen das Format muss von Zielsetzung und Vorwissen abhängig gemacht werden.

Themen mit Vorwissen

Für das Vorwissen gilt: Es braucht eine kritische Masse an Erfahrungen und Expertise zum Thema innerhalb der Gruppe. Wenn die Hälfte der Teilnehmenden vor dem Barcamp vom Thema noch nie etwas gehört hat, dann wird es schwierig mit einem reinen Barcamp. In diesem Fall kann man das Format durch Varianten und Kombinationen entsprechend verändern. Wenn aber 90% der Teilnehmenden noch vollkommen neu im Thema sind, dann braucht es andere Formate.

Tipp: Was bedeutet Expertise?

Für Lernen im Allgemeinen und für ein Barcamp im Besonderen hilft es, keinen zu engen Begriff von »Expertise« oder von »Experten« zu verwenden. Expertise ist nicht darauf begrenzt, ein systematisches, umfassendes, akademisches Wissen zu einem Thema zu haben. Den Expertenstatus kann nicht nur jemand beanspruchen, bei dem »Experte« auf der Visitenkarte steht. Vielmehr haben wir alle für diejenigen Themen Expertise, zu denen wir über viel Erfahrung, am besten reflektierte Erfahrungen verfügen.

Die Peer-to-Peer-University hat diesen Umstand auf einem T-Shirt auf den Punkt gebracht, auf dem steht: »I am the worldwide expert on my own life experience.«, zu Deutsch also: »Ich bin der weltweite Experte für meine eigene Lebenserfahrung.«

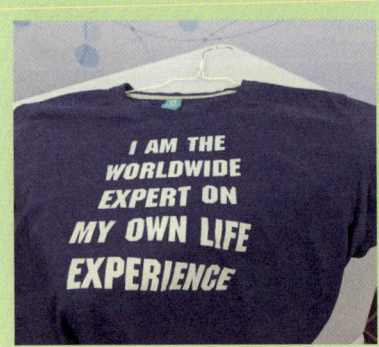

T-Shirt der P2PU
| von Jöran Muuß-Merholz | CC0

Themen mit Initiative und Motivation

Darüber hinaus setzt die Entscheidung für das Format Barcamp voraus, dass ein gewisses Maß an Initiative und Motivation für das Thema im Kreis der Teilnehmenden vorhanden ist. Ein Barcamp kann nur so gut werden, wie die Teilnehmenden es machen. Sie setzen die Themen, bestimmen die Formen, entscheiden über die Teilnahme an Sessions. Insofern ist ein Barcamp dann schwierig, wenn im Kreis der Teilnehmenden die Meinung dominiert, dass das Thema eigentlich nicht relevant ist oder schon ausreichend bearbeitet wurde.

Zielsetzung Austausch und Weiterentwicklung

Wie bei allen Bildungsangeboten ist die Frage nach dem Format von der Zielsetzung der Veranstaltung abhängig. Ein Barcamp ist eine gute Wahl, wenn es darum geht, den Austausch von Erfahrungen, den Austausch von Ideen, den Austausch von Perspektiven zu fördern. Dafür sind Themenbereiche besonders gut geeignet, die für alle Teilnehmenden relevant sind und zu denen alle unterschiedliches Vorwissen, unterschiedliche Erfahrungen und eigene Perspektiven mitbringen.

Ein Barcamp ist auch gut für die Exploration von Themenfeldern geeignet. Was gehört (für uns) eigentlich dazu? Was gibt es dazu bei uns schon? Wer kann bei uns was von wem lernen? Wo liegen Gemeinsamkeiten und Unterschiede?

Barcamps sind außerdem Katalysatoren dafür, Gleichgesinnte zu finden und neue Initiativen zu starten. Nicht selten starten Sessionvorstellungen in etwa so: »Mich treibt der folgende Gedanke an und ich suche Menschen, die sich dazu mit mir austauschen und vielleicht auch etwas auf die Beine stellen wollen.« Und bisweilen werden auf Barcamps nicht nur neue Ideen geboren, sondern auch konkrete Vorhaben verabredet.

Die Form des Barcamps ist nur schwer mit traditionellem Hierarchiedenken vereinbar. Vorgesetzte und Autoritäten müssen in den Sessions akzeptieren, dass andere Menschen etwas besser wissen oder eigene Erfahrungen auf Augenhöhe einbringen. Es kann durchaus auch passieren, dass eine Session nicht automatisch stark nachgefragt wird, nur weil sie vom Chef angeboten wird.

Keine gleichen Ergebnisse

Ein Barcamp ist eine schlechte Wahl, wenn zum Mittelpunkt der Zielsetzung gehört, dass alle Teilnehmenden danach auf dem gleichen Stand sind oder sich auf ein gemeinsames Ergebnis geeinigt haben müssen. Ein Barcamp hat keinen roten Faden. Wobei das nicht ganz stimmt. Ein Barcamp hat zwar nicht *einen* roten Faden. Aber es hat so viele rote Fäden wie Teilnehmende. Denn jeder legt selbst seinen roten Faden durch das Programm, wird einen individuellen Weg durch den Tag nehmen und zu eigenen Ergebnissen kommen.

Ein reines Barcamp eignet sich nicht, um allen Teilnehmenden ein Mindestmaß an vorab festgelegtem, gesichertem Wissen zu vermitteln, da man nicht festlegen kann, über welche Themen überhaupt gesprochen wird, geschweige denn, welche Sessions besucht werden.

Die Formen eines Barcamps

Ursprung und Verbreitung

Geschichte der Barcamps

Bei vielen Menschen weckt der Begriff »Barcamp« gleich zwei falsche Assoziationen, nämlich eine »Bar« wie in »Alkohol« und ein »Camp« wie in »Zelten«. Tatsächlich ist die Geschichte hinter der Entstehung des Barcamps nicht ganz so aufregend. Um den Ursprung von Begriff und Format ranken sich diverse Mythen – obwohl die Geschichtsschreibung nur bis ins Jahr 2003 zurückreicht. Damals hatte Tim O'Reilly die Digital-Szene aus der San Francisco Bay Area eingeladen. O'Reilly ist Gründer eines Computerbuchverlags. Auf ihn werden auch die Popularität der Begriff »Open Source« und »Web 2.0« zurückgeführt. Er nannte die Veranstaltung »Foo Camp«, wobei »Foo« als »Friends of O'Reilly« interpretiert werden kann. Ein Bericht im Branchenmagazin *Business 2.0* Anfang 2004 berichtet:

> »Tim O'Reilly, Foo's founder, made sure that basics like food, showers, and meeting space were available, but then quickly turned over the weekend's agenda to the geeks (literally -- there was no agenda until Friday night, when the attendees made one up on the fly).
>
> The idea: Get 200 or so smart folks with a lot in common together in one place at one time, let them pitch tents, toss in a Wi-Fi network, and see what happens. Turns out, quite a lot.«*

Übersetzung:

> »Tim O'Reilly, der Gründer von Foo, stellt sicher, dass die Grundlagen wie Essen, Duschen und Räume zur Verfügung standen. Aber dann übertrug er die Agenda für das Wochenende umgehend an die Geeks. (Das ist wörtlich gemeint: Es gab bis Freitagabend keine Agenda, bis die Teilnehmenden ad hoc eine gestalteten.)

* *When geeks go camping, ideas hatch. Techies pitch tents at Foo Camp to ponder the future.* John Battelle für Business 2.0, veröffentlicht am 10.01.2004. Erreichbar via edition.cnn.com/2004/TECH/ptech/01/09/bus2.feat.geek.camp/ (Übersetzung ins Deutsche durch Jöran Muuß-Merholz)

Die Idee dahinter: Packe ungefähr 200 schlaue Leute mit vielen Gemeinsamkeiten zur gleichen Zeit an den gleichen Ort, lass sie Zelte aufbauen, gebe ein WLAN-Netzwerk dazu, und warte was passiert. Es stellte sich heraus: so einiges.«

Das Foo Camp war nur auf Einladung zugänglich. Die Barcamp-Geschichtsschreibung berichtet, dass das erste Barcamp bewusst als offene Veranstaltung dem Foo Camp entgegengesetzt wurde. Es fand in 2005 in San Francisco statt. Das erste Barcamp im deutschsprachigen Raum war nur ein Jahr später das Barcamp Vienna 2006.

Die Begriffe »Foo« und »Bar« werden übrigens in der Sprache der Programmierer als Beispielnamen/Platzhalter verwendet. Sie signalisieren also quasi eine Leerstelle, an der unterschiedliche Inhalte eingefügt werden können.

Abgrenzung zu Konferenz und Open Space

Barcamps werden häufig auch als »Un-Konferenzen« bezeichnet. Zwar gibt es auch dort eine Reihe von Workshops zu unterschiedlichen Aspekten des Themas, die parallel stattfinden und aus denen die Teilnehmenden nach Interesse auswählen. Die großen Unterschiede bestehen darin, wie dieses Programm zustande kommt, welche Kommunikationsformen in den Workshops typisch sind und vor allem: welche Haltung die Teilnehmenden bzw. Teilgebende in Bezug auf ihre eigene Rolle haben.

Barcamps haben viele Ähnlichkeit mit der Open Space-Methode, was die Gestaltung des Programms alleine aus den Interessen der Teilnehmenden betrifft. Ein Unterschied besteht darin, dass ein Open Space darauf abzielt, die vielen Diskussionsfäden am Ende wieder zusammenzuführen und neu zu bündeln, was im Barcamp nicht vorgesehen ist. Dem Ursprung nach zielt Open Space zudem weniger auf das Lernen voneinander und miteinander und stärker auf die gemeinsame Generierung neuer Projekte, Verabredungen oder Maßnahmen.

Kennzeichnend für das Format des Barcamps sind radikale Teilnehmerorientierung, Einfachheit und Klarheit. Da die Sessions nicht einem übergeordneten Auftrag untergeordnet sind, entsteht eine große Flexibilität, was die Ausgestaltung der einzelnen Sessions angeht, sowohl thematisch wie auch methodisch.

Elemente und Phasen eines Barcamp-Tages

Im Folgenden werden die einzelnen Elemente und Phasen beschrieben, die einen Barcamp-Tag ausmachen. Die Vor- und Nachbereitung werden zunächst ausgeklammert. Anschließend werden die Stellschrauben für einen Zeitplan beschrieben. Im nächsten Teil des Buchs werden dann die Aufgaben der Barcamp-Gastgeber durchdekliniert, zusammen mit Tipps und Zusatzmaterialien für die eigene Umsetzung.

Diejenigen Leser*innen, die dieses Buch von vorne nach hinten lesen, werden viele Elemente wiedererkennen, die sie über die Geschichte vom OERcamp zu Beginn des Abschnitts zum Format Barcamp aus der Sicht von Helene kennengelernt haben.

Ankommen

Für das mit Barcamps verwandte Open Space-Format wird häufig der Satz zitiert, dass bei Konferenzen ja Kaffeepausen die wichtigsten Teile des Programms seien. Diese Aussage hat die Entwicklung des Formats Open Space geleitet. Bei Barcamps ist das ähnlich. Manche Sessions wirken wie ein themenzentriertes Kaffeetrinken. Umgekehrt sind die Pausen eigentlich gar keine Pausen, sondern nur anders strukturierte Zeiten für Austausch und Kennenlernen. Und für Kaffee.

Die Zeit des Ankommens gibt es bei allen Veranstaltungen. Aber sie wird häufig nicht ernst genommen und steht nicht einmal im Programmablauf. Bei Barcamps ist das anders. Das Ankommen gilt hier schon als Teil der Veranstaltung. Tatsächlich lässt sich beobachten, dass gerade erfahrene Barcamper*innen sich zur Gewohnheit gemacht haben, immer so früh wie möglich vor Ort zu sein, um Gespräche beim Kaffee zu führen, gemeinsam über Sessionideen zu beratschlagen oder auch noch mit Hand anzulegen, wenn Stühle getragen oder eine Schicht bei der Anmeldung übernommen werden muss.

Bei der Anmeldung (Registrierung) bekommt man ein herzliches Willkommen und sein Namensschild, vielleicht auch einen Plan mit Zeitstruktur und Räumen oder zusätzliche Materialien – aber kein Programm, denn das existiert zu diesem Zeitpunkt noch nicht.

Typische Barcamps haben für den Auftakt nicht nur Kaffee, Tee und Wasser, sondern auch ein kleines Frühstück, beispielsweise Obst, Müsli oder belegte Brötchen.

Auftakt

Zum Auftakt versammeln sich alle Teilnehmenden in einem großen Raum, dem Plenum. Dort wird alles besprochen, was alle gemeinsam betrifft. Dazu gehören typischerweise folgende Elemente:

- **Begrüßung**: Die Gastgeber heißen willkommen und fassen sich dabei kurz. Schließlich kann jede Minute, die sie sprechen, nicht für den Austausch untereinander genutzt werden. Aus diesem Grund sind Grußworte von Amts- und Würdenträgern bei Barcamps unüblich.
- **Organisatorisches**: Ansagen zu Raum und Zeit, Ausstattung und Vorgehen können beim Barcamp etwas mehr Zeit in Anspruch nehmen. Das hat zwei Gründe: Zum einen bietet das Anfangsplenum die einzige Gelegenheit, alle Teilnehmenden gemeinsam anzusprechen, bevor sie sich in viele parallele Sessions aufteilen. Zum anderen sollen die Teilnehmenden in die Lage versetzt werden, den Tag vielfältig und selbstbestimmt gestalten zu können.
- **Einführung ins Thema**: Ein Input zum Thema ist bei Barcamps unüblich. Man kann voraussetzen, dass die Teilnehmenden wissen, warum sie gekommen sind und was die gemeinsame Klammer ihres Interesses ist. Es gibt, je nach Setting, Ausnahmen, die eine Einführung sinnvoll machen.

Vorstellungsrunde

Eine Runde, in der alle Teilnehmenden sich individuell vorstellen, ist ein typisches Element von Barcamps. Die Urform des Formats sieht vor, dass jede*r im Raum sich mit Namen und drei Schlagworten vorstellt, also zum Beispiel: »Jöran Muuß-Merholz, Peer-to-Peer-Lernen, Podcasts, Orga-Team«. Dabei muss auf einen zügigen Ablauf geachtet werden. Als Faustregel kann man 4 bis 5 Personen pro Minute anstreben, sodass man für 100 Personen 20 bis 25 Minuten braucht.

Barcamp-Neulinge sind oft überrascht, dass so viel Zeit auf die Vorstellungsrunde verwendet wird. Die Idee dahinter: Die Vorstellungen haben einen eigenen Wert und sind eine Investition in den weiteren Verlauf des Barcamps. Sie betonen die Grundannahme des Formats: Entscheidend für ein Barcamp sind die Menschen, die dort zusammenkommen. Häufig sind es gerade die besonderen Interessen und Zuordnungen, die Anlässe für spätere Sessions und weitere Begegnungen bilden. Beispielsweise lernt eine Teilnehmerin mit Interesse an internationaler Zusammenarbeit, dass jemand im Raum ist, der genau dazu schon Erfahrungen hat. Oder eine Mutter bemerkt, dass es noch zwei andere Elternvertreter im Raum gibt. Jemand, der sich für die Sustainable Development Goals (SDG) interessiert, findet Gleichgesinnte. Umgekehrt erfährt man auch von Themen, zu denen man selbst (noch) keinen Zugang hat. Man bekommt ein interessantes Gesamtbild über Personen und Interessen. Die Vorstellungsrunde gibt quasi ein Gespür für die Themen, die in der Luft liegen.

Für den Fall, dass zeitlich andere Prioritäten gesetzt werden sollen, gibt es Alternativen zur Vorstellungsrunde. Sie werden in → Teil IV: Ergänzende P2P-Methoden (S. 215 ff.) beschrieben werden.

> **Tipp: Mikrofon und Aufstehen**
>
> Für die Vorstellungsrunde sollte von Anfang an der Standard gesetzt werden, dass jede*r bei der eigenen Vorstellung kurz aufsteht, sodass man auch ein Gesicht mit den Personen verbinden kann. Außerdem empfiehlt es sich nicht nur aus akustischen Gründen, ein Mikrofon (oder bei kleinen Runden einen Redestab) in die Runde zu geben. Damit vermeidet man Unklarheit, wer in einer »unordentlichen« Sitzrunde als nächstes spricht.

Erklärung zum Vorgehen

Vor der Sessionplanung wird die Methode Barcamp erklärt. Dazu bieten sich zwei Komponenten an: die Goldenen Regeln für ein gutes Barcamp (am Anfang dieses Kapitel) sowie eine Vorstellung des Ablaufs der Sessionplanung.

> **Tipp: Newbie-Session**
>
> Auf Barcamps, bei denen man damit rechnen kann, dass mindestens 80% der Teilnehmenden das Vorgehen schon kennen, kann man auf die Vorstellung der Methode für alle verzichten. Aber auch hier braucht es auf jeden Fall eine Erklärung für die Newbies, also diejenigen, die zum ersten Mal an einem Barcamp teilnehmen. Dafür hat sich das Format der *Newbie-Session* bewährt. Diese wird eine halbe Stunde vor Beginn in einem der kleineren Räume durchgeführt, während im Plenum noch Kaffee und Gespräche im Mittelpunkt stehen. Damit kein Newbie diese Einführung verpasst, muss schon in der Einladung und beim Ankommen prominent darauf hingewiesen werden.

Sessionplanung

Bei der Sessionplanung wird das Programm für den Barcamp-Tag gemeinsam vorgestellt und geplant. Die Sessionplanung ist somit Herz und Seele des Barcamps. Dafür tritt einfach nacheinander jede*r, der oder die eine Session gestalten will, nach vorne und stellt sich und das Thema kurz vor. Durch Handzeichen signalisiert das Plenum, wie groß das Interesse ist: Es melden sich alle, die sich gut vorstellen können, an der Session teilzunehmen. So wissen Gastgeber und Orga-Team, auf welche Größenordnung sie sich einstellen können.

Anschließend wird die Session einem entsprechend großen oder kleinen Raum sowie einer Uhrzeit zugewiesen. So entsteht nach und nach der Sessionplan, auf dem alle Session mit Ort und Zeit stehen, sodass alle frei entscheiden können, an welchen Sessions sie teilnehmen.

Der einfachste und wirksamste Weg, den Ablauf einer Sessionplanung kennenzulernen, ist, an einem guten Barcamp teilzunehmen. Denn häufig hört man von Menschen, die ihre erste Sessionplanung miterleben, folgenden Satz: »Ich hätte NIE gedacht, dass das so funktioniert!« Hier kommen ein paar typische Vorbehalte vor einer Sessionplanung:

1) »Wird überhaupt jemand aufstehen und etwas vorstellen?«
2) »Was ist, wenn die Leute ganz andere Themen vorschlagen, als wir uns das vorab gedacht haben?« / »Vielleicht schlagen nur die Spinner und üblichen Verdächtigen eine Session vor?«
3) »Dauert das nicht Stunden?«
4) »Was ist, wenn zu viele Sessions angeboten würden?«
5) »Was passiert, wenn sich niemand als Interessent für eine vorgeschlagene Session meldet?«
6) »Was ist, wenn nichts angeboten wird, was ich brauche / was mich interessiert?«

Anhand von Antworten auf diese Sorgen lässt sich viel über eine Sessionplanung lernen:

1) Ja, jemand wird etwas vorstellen. Vielleicht mehr Menschen als gedacht. Wenn man als Gastgeber sehr unsicher ist, kann man die Teilnehmenden vorab Ideen sammeln lassen. Methoden dafür sind in → Teil IV: P2P-Methoden (S. 215 ff.) beschrieben.

2) Die Menschen werden diejenigen Themen vorschlagen, die sie beschäftigen. Wenn ein Thema nicht auf den Tisch kommt, dann hat niemand das notwendige Interesse oder die notwendige Motivation.
3) Für die Sessionplanung sollte ausreichend Zeit und etwas Puffer eingeplant werden (siehe unten). Bei einer stringenten Moderation kann man für die Sessionplanung ca. 1 bis 1,5 Minuten pro Session rechnen, dazu noch 10 Minuten, um den Plan abschließend zu prüfen und zu finalisieren. Eine Sessionplanung mit 20 Sessions beansprucht also ca. 30 bis 40 Minuten.
4) Es kann so viele Sessionangebote geben, wie Räume und Zeiten vorhanden sind. Falls es noch mehr Angebote gibt, kann man für die kleinsten Sessions zusätzliche Räume schaffen, beispielsweise vier Ecken in einem großen Raum.
5) Es passiert seltener als man denkt, aber bisweilen meldet sich tatsächlich niemand. Dann ist das so. Immerhin haben alle auf diese Weise gelernt, dass dieses Thema 1. existiert und 2. nur bei einer Person auf der Agenda steht.
6) Wer das eigene Interesse nicht unter den Sessionvorschlägen findet, sollte selbst eine Session dazu anbieten.

Sessions

Nach Sessionplanung und einer Pause beginnen die Sessions, die parallel stattfinden. Jede*r Teilnehmer*in kann zu Beginn jedes neuen Sessionslots entscheiden, wohin er/sie gehen möchte. Als gute Dauer haben sich 45 Minuten für Sessions und 15 Minuten für die Pausen dazwischen etabliert. Abweichungen nach oben und unten sind möglich, je nach Zielsetzung und Rahmenbedingungen.

Man kann den Teilnehmenden einen pünktlichen Start und ein rundes Ende der Sessions erleichtern, indem man kurz vor Beginn und Ende einen Gong und/oder ein Zeitzeichen gibt.

Pausen

Räume und Verpflegung für die Pausen sollten so gestaltet sein, dass man sie nicht nur in den offiziellen Pausenzeiten nutzen kann. Selbst wenn viele interessante Sessions parallel stattfinden, so ist es nicht untypisch, dass manche Teilnehmende an einem Kaffeetisch stehen bleiben, um sich dort weiter auszutauschen. Was bei normalen Konferenzen vielleicht als »Schwänzen«

des Programms wahrgenommen würde, ist bei Barcamps einfach eine »Mini-Session«. Oder jemand bleibt mit dem Laptop sitzen, um eine spontane Session vorzubereiten. Oder jemand hat einfach gerade etwas ganz anderes zu tun. Bei einem Barcamp werden die Teilnehmenden als Erwachsene behandelt. Sie müssen selbst wissen, was für sie gerade das Wichtigste ist. Solange sie niemanden anderes beeinträchtigen, sollen sie selbst über ihr Handeln entscheiden.

Abschluss

Nach den Sessions kommen alle Teilnehmenden zu einem Abschluss zusammen. Es ist das erste Mal seit der Sessionplanung, dass wieder alle im Plenum zusammen sind. Das Barcamp-Format hat keine feste Form für den Abschluss. Es gibt verschiedene mögliche Elemente:

- **Gruppenaktion**: Nachdem die Teilnehmenden den Großteil des Tages getrennt unterwegs waren, kann eine gemeinsame Aktion die Zusammengehörigkeit stärken.
- **Austausch und Fazite**: Nachdem alle Teilnehmenden ein individuelles Programm hatten, fällt ein gemeinsames Fazit schwer. Es sind aber viele individuelle Fazite und ein Austausch dazu möglich. Methoden wie zum Beispiel das Chaosinterview oder ein Gallery Walk sind in → Teil IV: Ergänzende P2P-Methoden (S. 215 ff.) dokumentiert.
- **Organisatorisches**: So wie morgens zum Auftakt bietet auch der Abschluss die Möglichkeit, organisatorische und koordinatorische Dinge zu klären.
- **Feedback und Vorbereitung für Tag 2**: Wenn ein zweiter Barcamp-Tag oder eine Nachfolge-Veranstaltung geplant ist, bietet es sich an, Feedback, Ideen und Wünsche für weitere Aktivitäten zu sammeln.
- **Berichterstattung**: Bei Barcamps ist untypisch, aus allen Sessions kurze Berichte im Plenum zu sammeln. Bei kleinen Barcamps und einer engen inhaltlichen Klammer kann diese Methode dennoch sinnvoll sein.

Ausklang / Abendprogramm

Das Barcamp endet so, wie es angefangen hat: Es gibt Gelegenheit für weitere Gespräche und Netzwerken. Das kann einfach ein Get-Together sein, mit Getränken und vielleicht auch mit Essen, mit und ohne zusätzliches Programm. Wer ein zentrales Bühnenprogramm plant, muss abwägen, wie sehr es den dezentralen Austausch einschränken kann. Häufig gibt es Programmpunkte, die kurz und unterhaltsam sind, beispielsweise Pecha Kucha-Vorträge, Ignite-Talks (s. → Lightning Talks und Pecha Kucha (S. 168 ff.)) oder auch ein PowerPoint-Karaoke. Dabei ist es hilfreich, den Teilnehmenden die Wahl zu lassen, ob sie sich weiter unterhalten oder ihre Aufmerksamkeit auf ein gemeinsames Programm richten wollen.

Nachbereitung

Wenn die Teilnehmenden nach einem Barcamp nach Hause gehen, muss der Austausch noch nicht abgeschlossen sein. Gerade Barcamps betonen die Prozesshaftigkeit des Lernens. Elemente für die Nachbereitung werden später unter → Phase IV: Zurück im Hafen (S. 119 ff.) beschrieben.

Zeitstrukturen für Barcamps

Eintägig

Die einzelnen Komponenten eines Barcamp-Tages wurden oben vorgestellt. Die folgende Übersicht zeigt Elemente für ein Barcamp mit einer typischen Dauer anhand einer eintägigen Veranstaltung. Bei den Zusatzmaterialien stehen → *exemplarische Zeitraster* und → *Zeit-Rechner* zur Verfügung.

Zusatzmaterialien: exemplarische Zeitraster und Zeit-Rechner

Element	Dauer	Details, Stellschrauben
Ankommen	1:00	Barcamps planen eher eine lange Dauer für das Ankommen ein, das häufig mit Frühstück verbunden ist.
Auftakt und Kennenlernen	0:30 bis 1:00	Hierzu gehören z.B. Begrüßung, Aufwärmen, organisatorische Klärungen und eine Vorstellungsrunde.
Einführung und Sessionplanung	0:45 bis 1:15	Hierzu gehört auch die Einführung in die Methode Barcamp (ca. 30 Min.). Die Dauer der Planung ist stark von der Größe abhängig. Faustformel: 1 Min. pro erwartete Session.
Sessions	ca. 4 × 1:00	Typischerweise: 45 Min. Sessiondauer plus 15 Min. Raumwechselpause, drei bis sechs Mal wiederholt. Die Sessiondauer kann variiert werden, beispielsweise auf 25 oder 60 Minuten.
Pausen	0:30 bis 1:30	Bei 45 Min. Sessiondauer sollte nach 2, spätestens nach 3 Sessions eine längere Pause eingeplant werden.

Element	Dauer	Details, Stellschrauben
Abschluss	0:10 bis 1:00	Je nach Zielsetzung der Veranstaltung braucht es am Ende eine Zusammenführung der Ergebnisse im Plenum (oder auch nur einen Abschied).
Ausklang/Abendprogramm	offen	Je nach Veranstaltung gibt es gar keinen Ausklang, ein Get-Together oder ein Abendprogramm.

Achtung: Puffer nach der Sessionplanung

Die Sessionplanung ist das zeitlich unvorhersehbarste Element der Zeitplanung. Man kann vorab nicht wissen, wie viele Sessions vorgestellt werden, wie zügig die Vorstellung läuft und ob der Sessionplan schnell finalisiert werden kann oder ob es zusätzlichen Klärungsbedarf gibt. Vor diesem Hintergrund sollte unbedingt eine längere Pausenzeit nach der Sessionplanung vorhanden sein, die auch als Puffer verwendet werden kann. Falls die Sessionplanung länger dauert, kann die Pause entsprechend gekürzt werden. Und falls es Komplikationen beim Fertigstellen des Sessionplans gibt, können die Teilnehmenden schon in die Pause entlassen werden und den Sessionplan am Ende der Pause bekommen.

Plant man an dieser Stelle keinen Puffer ein, so kann es bei einer längeren Sessionplanung passieren, dass die ersten Sessions zu spät anfangen, sodass entweder diese darunter leiden oder die Zeitstruktur für den ganzen Tag ins Wanken gerät.

Tipp: Sessionpause zum Mittagessen?

Bisweilen kommt man als Veranstalter eines Barcamps in die Verlegenheit, das Mittagessen parallel zu den Sessions stattfinden zu lassen. Das geht nur dann, wenn die Essenszeit sich über mindestens zwei Zeitslots erstreckt, damit alle die Gelegenheiten zum Essen haben. Auf jeden Fall sollte man die Pros und Contras sorgfältig abwägen:

Pro: Dafür spricht, dass man damit einen Sessionslot gewinnt. Häufig geht es in der Praxis darum, ob man die Sessionzeit von 3 auf 4 Stunden erhöhen kann. Man kann so immerhin ein Drittel mehr Sessions ins Programm bekommen. (Achtung, diese Rechnung funktioniert nur für die Gesamtzahl der Sessions. Die Teilnehmenden können nicht mehr Sessions besuchen, wenn sie auch Mittagessen wollen.) Bisweilen muss diese Konstellation auch gewählt werden, weil aus logistischen Gründen nicht alle Teilnehmenden gleichzeitig Mittag bekommen können.

Contra: Auf der anderen Seite steht der Unmut, den einige Teilnehmende haben, weil sie sich zwischen interessanten Sessions und Mittagessen entscheiden müssen. Die Qual der Wahl wird in diesem Fall häufig als schlimmer empfunden (obwohl sie faktisch gemindert wurde). Außerdem verzichtet man auf ein Element, dass alle Teilnehmenden gemeinsam haben. Im Idealfall hat man ausreichend Zeit für Sessions UND Zeit für eine ausführliche gemeinsame Pause. Wenn das nicht gegeben ist, kann man ein Meinungsbild der Teilnehmenden einholen, ob ihnen das Stattfinden der Sessions oder die gemeinsame Mittagspause wichtiger ist.

Mehrtägige Barcamps

Bei mehrtägigen Barcamps gelten für den zweiten oder gar dritten Tag die gleichen Empfehlungen wie für Tag eins. Auf die Vorstellungsrunde und die Einführung kann verzichtet werden, wenn nicht viele neue Teilnehmende dazugekommen sind. Erfahrungsgemäß sollte für den letzten Tag eines Barcamps ein früheres Ende angesetzt werden und mit weniger Teilnehmenden für einen Ausklang gerechnet werden. Viele klassische Barcamps nutzen die letzte halbe Stunde für einen gemeinsamen Abbau und Aufräumen der Location.

Tipp: Jeder Tag braucht seine eigene Sessionplanung!

Bei mehrtägigen Barcamps sollte die Sessionplanung für jeden Barcamp-Tag neu stattfinden. Es ist zwar prinzipiell denkbar, gleich zu Beginn einen Plan für zwei oder drei Tage zu machen. Aber in der Praxis spricht alles dafür, die Planung immer morgens für die anschließenden Sessions zu machen. Hier die wichtigsten Gründe:
1. Bei vielen Diskussionen und Anregungen an Tag eins sind neue Ideen für weitere Sessions entstanden.
2. Sessions an Tag eins waren am Ende der Zeit noch nicht wirklich beendet, bestimmte Aspekte wurden ausgespart oder der Raum war schlicht überfüllt. Es gibt viele Gründe für Follow-Up Sessions oder auch einfach Wiederholung an Tag zwei.
3. Barcamp-Newbies haben sich an Tag eins nicht durchringen können, selbst eine Session anzubieten. Nachdem sie nun aber Vertrauen in das Format gewonnen haben, starten sie an Tag zwei einen eigenen Vorschlag.
4. Einzelne Teilnehmende sind zum Barcamp dazu gekommen, die zu Beginn noch nicht da waren.

Wie sehen konkrete Beispiele aus?

Grundsätzlich kann man öffentliche und nicht öffentliche Barcamps unterscheiden. Außerdem gibt es themenbezogene und themenoffene Barcamps.

Öffentliche Barcamps

Themenoffene, öffentliche Barcamps
Barcamps, die für alle Menschen und alle Themen offen sind, können als ein Urtyp des Formats angesehen werden. Diese Barcamps sind in der Regel über die Stadt definiert, in der sie stattfinden. So gilt zum Beispiel das Barcamp Vienna als erstes Barcamp im deutschsprachigen Raum, das 2006 erstmals stattfand. Das Barcamp Hamburg gilt mit bis zu 800 Teilnehmenden als eines der größten Barcamps überhaupt. Es gibt aber auch kleine Barcamps wie zum Beispiel das AlmCamp, das auf einer Hütte in Kärnten stattfindet.

Themenbezogene, öffentliche Barcamps
Themenbezogene Barcamps sind inzwischen in allen Bereichen etabliert, vom HR BarCamp zu innovativer Personalarbeit über das Biolebensmittel-Camp oder das Afrika-BarCamp bis zu zahlreichen Literaturcamps.

Beispiele für öffentliche Barcamps im Bildungsbereich
Eine besondere Rolle unter den Barcamps, in der Praxis und in diesem Buch, nehmen die öffentlichen Barcamps ein, die sich mit Bildungsthemen beschäftigen. Die folgende Liste zeigt einen Ausschnitt der vorhandenen Vielfalt.

- Das **TeacherCamp** wird jährlich von ehemaligen Stipendiat*innen der Stiftung der Deutschen Wirtschaft (sdw) veranstaltet und richtet sich an Lehrer*innen.
- Beim **Corporate Learning Camp** treffen sich jährlich Menschen, die Bildung in Unternehmen voranbringen.
- Das **vhscamp** wird von Mitarbeiter*innen aus ganz unterschiedlichen Bereichen der Volkshochschulen getragen. Seit 2014 gibt es jährliche Barcamps.
- Das **Medienpädagogik PraxisCamp** bringt vor allem Medienpädagog*innen zusammen und findet seit 2016 jährlich statt.

- Die **Edunautika** spricht alle an, die mit digitalen Medien den Unterricht nicht nur »optimieren« wollen. Das Barcamp bringt Menschen mit unterschiedlichen Hintergründen zusammen.
- **Educamps** sind Bildungsbereich übergreifende Veranstaltungen zu innovativen digital gestützten Methoden mit hohem Praxisanteil, die in der Regel zweimal im Jahr stattfinden. Eine Besonderheit ist der große Anteil von Kindern und Jugendlichen unter den Teilgebenden bei den Herbst-Educamps.
- Das **Inklusionscamp** dreht sich um inklusives Lernen und Leben.
- Am Themenfeld Digitalisierung in der Lehre Interessierte von Hochschulen, Unternehmen, (Weiter-)Bildungsträgern und der Personalentwicklung sind die Zielgruppe des **BarCamp Weiterbildung 4.0**.
- Das **FernUniCamp** widmet sich Fragestellungen aus Fernlehre und Digitalisierung.
- Besonders an Jugendbildungsreferent*innen in der politischen Bildung richtet sich das **BarCamp Politische Bildung**. Es wird veranstaltet von der Projektgruppe Medien und Demokratie im Arbeitskreis deutscher Bildungsstätten e.V.
- **OERcamps** sind die Treffen der Praktiker*innen rund um freie und offene Bildungsmaterialien (Open Educational Resources, OER).
- Das **JugendPolitCamp** ist eine jährliche, kostenlose Veranstaltung rund ums Thema Politik für alle von 14–27 Jahren, die andere politisch engagierte Menschen kennenlernen wollen.
- **jugend.beteiligen.jetzt** legt seinen Schwerpunkt auf die Förderung digitaler Jugendbeteiligung. Aus der eigenen Praxis ist mit dem Barcamper Tool ein Werkzeug entstanden, das bei der Planung und Durchführung von Barcamps unterstützt.
- Das **educamp.ch** ist ein Mitwirk-Festival und Denklabor für selbstorganisiertes Lernen und neue Bildungswege.
- Mitarbeitende aus den Bereichen Hochschulmarketing, Studienberatung, Social Media Management, Alumnibetreuung und ähnlichen Bereichen bilden sich gemeinsam beim **Hochschulbarcamp** fort.
- Coaches und Trainer treffen sich zum Beispiel beim **CoachCamp Köln** oder beim **Traincamp**.

Nicht öffentliche/inhouse-Barcamps

Es gibt nicht nur Barcamps, die öffentlich und offen für alle Interessierten sind, sondern auch solche Barcamps, die sich speziell an eine geschlossene Gruppe richten. Da diese Veranstaltungen in der Regel nicht öffentlich kommuniziert werden, lässt sich ihre Anzahl nicht schätzen, aber sie dürfte inzwischen ein Vielfaches der öffentlichen Barcamps betragen. Auch hier kann zwischen themenoffenen bzw. -bezogenen Barcamps unterschieden werden.

Wie heißt das Kind?

Die Wortwahl »geschlossenes Barcamp« hat keinen guten Beiklang. Es gibt aber bisher keinen geeigneteren übergeordneten Begriff. Im Unternehmenskontext werden solche geschlossenen Veranstaltungen als »Corporate Barcamps« bezeichnet, was aber für den Bildungsbereich nicht passend ist. An dieser Stelle wird der Begriff *inhouse-Barcamp* genutzt, um Barcamps zu beschreiben, die sich an eine klar abgegrenzte Zielgruppe wenden und i.d.R. nicht öffentlich kommuniziert werden.

Barcamps in Bildungsorganisationen

Für inhouse-Barcamps in Bildungshäusern kann man noch einmal zwei Richtungen unterscheiden: Barcamps als interne Fortbildungen oder Barcamps als Methode für die Arbeit mit den jeweiligen Zielgruppen. Dazu zwei Beispiele aus dem Bereich Hochschule: Ein Zentrum für Hochschuldidaktik kann eine Fortbildung für Lehrende als Barcamp anbieten. Oder ein Dozent kann für Studierende ein Projektseminar in Form eines Barcamps durchführen. Zwei Beispiele aus der Weiterbildung: VHS-Angehörige können sich innerhalb einer gemeinsamen Fortbildung über ihre Arbeit austauschen. Oder eine VHS bietet eine öffentliche Veranstaltung zum Thema Stadtentwicklung als Barcamp an. Beispiele Schule: Eine Schule organisiert ihren Pädagogischen Tag zum Thema Vielfalt in Form eines inhouse-Barcamps. Oder eine Lehrerin lässt ihre Schüler*innen den Unterricht nach der Barcamp-Methode gestalten.

Beispiele für inhouse-Barcamps

Es folgen drei Beispiele für unterschiedlich große inhouse-Barcamps:

- In einer Großstadt findet jährlich eine ganztägige Dienstbesprechung aller Schulleitungen eines Schultyps statt. 2018 sahen sich alle von ihnen mit einem Mangel an Lehrkräften konfrontiert, um neue Stellen zu besetzen. Die Beteiligten wollten das Problem besser verstehen, aktuelle Entwicklungen austauschen und gemeinsamen Handlungsfelder identifizieren. Deswegen wurden 3 Stunden in ein Barcamp investiert. Die Sessions dauerten jeweils 25 Minuten.
- Eine Schule wollte ihr pädagogisches Ziel »Umgang mit Vielfalt« im Rahmen eines schulinternen Fortbildungstags von unterschiedlichen Seiten bearbeiten. Für ein ganztägiges Barcamp wurde ein externer Experte für einen Eröffnungsvortrag eingeladen. Anschließend gab es drei Zeitslots mit je 45 Minuten, in denen insgesamt gut 30 Sessions zustande kamen. Die Ergebnisse wurden auf Flipcharts festgehalten und anschließend als Fotos dokumentiert.
- Eine Unternehmensgruppe mit insgesamt 30 Unternehmen und Niederlassungen in verschiedenen Ländern hatte sich das Ziel gesteckt, mehr im Austausch voneinander zu lernen, ohne dass von der Führungsebene her mehr einheitliche Vorgaben für alle gemacht würden. Für ein ganztägiges Barcamp trafen sich Manager aus allen 30 Unternehmen. Sie hatten im Vorfeld aktuelle »Baustellen« und »Gute Erfahrungen« gesammelt und mit einem digitalen Punktekleben bewertet. Nun tauschten sie zu den besonders interessanten Punkten Erfahrungen und Wissen in einem Barcamp aus.

Kombinationen und Variationen

Barcamps kann man in der bisher beschriebenen, klassischen Form durchführen. Wenn es sich für Zielsetzung und Rahmenbedingung anbietet, kann man das Format auch variieren und mit anderen Formaten und Methoden kombinieren. Vorschläge dazu finden sich im Abschnitt → Variationen des Barcamp-Formats (S. 124 ff.).

Barcamps selbst veranstalten – Phase I: Im Trockendock

Die Organisation von Barcamps ist in diesem Buch in vier Phasen aufgeteilt, von Grundlagen (Phase I und II) über die Durchführung (III) bis zur Nachbereitung (IV). In Phase I geht es zunächst um die Grundlagen, das sind die Prinzipien und Eckpfeiler des Barcamps. Diese Phase umfasst alles was passiert, bevor das Barcamp in die Öffentlichkeit tritt, zum Beispiel die Klärung der Größe, der Zeiten, der Orte, des Teams und der Finanzierung eines Barcamps.

Die Prinzipien hinter dem Format Barcamp

Barcamps verstehen sich nicht nur als technische Methode, um ein effizienteres Lernen zu ermöglichen. Mit Barcamps sind eine Reihe von Werten verbunden, die im Folgenden beschrieben werden. Die Liste beschreibt die Prinzipien im Blick auf die Teilnehmenden und die damit verbundenen Folgen für die Gastgeber von Barcamps.

Barcamp-Prinzipien	Rolle der Gastgeber
Barcamps setzen auf Selbstverantwortung und Augenhöhe. Die Teilnehmenden lernen selbstgesteuert und ohne Einschränkungen durch formale Hierarchien.	Die Gastgeber tragen die Verantwortung für einen verlässlichen Rahmen, in dem die Teilnehmenden gut arbeiten können. Sie nehmen die Teilnehmenden in jeder Hinsicht ernst und behandeln sie als eigenverantwortliche Lernende.
Barcamps setzen auf Austausch und Miteinander. Die Teilnehmenden lernen voneinander und miteinander.	Die Gastgeber tragen die Verantwortung für eine gute und informelle Atmosphäre. Sie setzen einen Rahmen, der Austausch und Zusammengehörigkeit fördert.
Barcamps setzen auf Teilhabe, Inklusion und Vielfalt. Die Teilnehmenden lernen durch ihre Gemeinsamkeiten und Unterschiede.	Die Gastgeber tragen die Verantwortung für möglichst niedrige Hürden für die Teilnahme. Sie fördern eine breite Zusammensetzung, bei der niemand ausgegrenzt wird.
Barcamps setzen auf Kreativität und Werkstatt. Die Teilnehmenden lernen aktiv und offen für Neues, handelnd und produktiv.	Die Gastgeber tragen die Verantwortung für Rahmen und Ausstattung, mit denen aktiv, hands-on und gestalterisch gearbeitet werden kann.
Barcamps setzen auf Ganzheitlichkeit und Weltverbesserung. Die Teilnehmenden lernen nicht in einem luftleeren Raum, sondern in einer unmittelbaren Umgebung und einer gestaltbaren Welt.	Die Gastgeber tragen die Verantwortung für eine Lernumgebung, die nicht nur zweckdienlich, sondern auch schön ist. Sie nehmen ihre Verantwortung für die lokalen und globalen Folgen ihres Handelns wahr.

Gute Grundlagen für ein Barcamp

Entscheidung für oder gegen das Format Barcamp

Am Anfang eines Fortbildungsangebots stehen Grundsatzentscheidungen. In der reinen Theorie folgt die Form den Zielen und dem Thema. In der Praxis sind solche Entscheidungen komplexer als im Lehrbuch. Sie spielen sich in einem Dreieck zwischen Zielsetzung, Thema und Form ab. Verändert man eine der drei Ecken, hat das immer auch Auswirkungen auf das Gesamte.

Der Impuls für ein Barcamp kommt häufig aus dem Bedürfnis »etwas anders machen« zu wollen als bisher. Entsprechend diffus (und manchmal überzogen) sind dann die Erwartungen an das Barcamp – und zwar in beide Richtungen. Viele Menschen, die das Format Barcamp aus eigener Erfahrung kennen, sind begeistert, dass »es funktioniert«. Sie wollen daher viele Schwächen, die traditionellen Formate mit sich bringen, mit einem Barcamp beseitigen. Auf der anderen Seite stehen die Skeptiker, die dem Format nicht trauen, zumal sie wenig steuern und direkt beeinflussen können. Beide Seiten haben gute Argumente, sodass aus einem konstruktiven Dialog eine gute Entscheidung entstehen kann.

> **Achtung: Gretchenfrage Kontrollverlust!**
>
> Ein Barcamp ist eine schlechte Wahl, wenn ein Veranstalter die Kontrolle über die Themen und den Tag behalten will. Auf die Frage: »Aber was tun wir, wenn die Leute ganz andere Themen wollen, als wir uns das gedacht haben?« gibt es bei einem Barcamp nur eine konsequente Antwort: »Dann werden die Leute zu ganz anderen Themen arbeiten, als wir uns das gedacht haben.«
>
> Der Kontrollverlust gehört zum Wesen des Barcamps. Die Programmierer würden sagen: »It's not a bug, it's a feature!« Also: Es ist kein Fehler, es gehört dazu! Es ist eine Stärke des Formats, dass die Teilnehmenden viele Themen einbringen, auf die man bei einer zentralen Planung nicht gekommen wäre.

Themenfindung für ein Barcamp

Im Abschnitt oben → »Für welche Themen eignet sich das? Und für welche nicht?« (S. 44 ff.) finden sich Argumente, die bei der Entscheidung helfen, ob das Format Barcamp für ein bestimmtes Vorhaben geeignet ist. Ist die Grundsatzentscheidung für ein Barcamp gefallen, steht der Themenzuschnitt an. Die Formulierung des Themas hat bei Barcamps ein höheres Gewicht als bei traditionellen Veranstaltungen. Denn die konkrete Ausgestaltung des

Themas mit seinen verschiedenen Aspekten und Bereichen liegt nicht mehr beim Veranstalter, sondern erfolgt in den Köpfen der Teilnehmenden.

Ist das Thema zu konkret formuliert, werden viele Überlegungen ausgeblendet, die eigentlich relevant wären. Ist die Formulierung zu allgemein, geht vielleicht der gemeinsame Nenner der Diskussion verloren. Also sollte man etwas Aufwand in die Formulierung des Themas investieren, die wahrscheinlich auch zum Titel der Veranstaltung wird. Ein erläuternder Text, der Thema und Zielsetzung der Veranstaltung ausdifferenziert, hilft zusätzlich.

> **Tipp: Teste dein Thema!**
>
> Wenn eine vorläufige Entscheidung über die Formulierung eines Themas gefallen ist, kann man einen möglichen Ankündigungstext – ohne weitere Erläuterungen – Menschen aus der Zielgruppe der Veranstaltung vorlegen. Diese sollen spontan äußern, welche möglichen Sessionthemen sie bei einer solchen Veranstaltung erwarten würden. Eine solche Umfrage kann helfen, das Verständnis vom Thema zu schärfen.

Gute Größen für ein Barcamp

Barcamps können in verschiedenen Größenordnungen existieren. Die beiden Stellschrauben sind die Anzahl der Teilnehmenden und die Dauer der Veranstaltungen. Beide Punkte sind davon abhängig, wie aktiv die Gruppe der Teilnehmenden ist.

Der Aktivitätsgrad bei einem Barcamp

Ein Beispiel: Ich habe eine Gruppe von 150 Personen und halte sie für sehr engagiert, sodass ich von mindestens jedem Fünften einen Sessionvorschlag erwarte. Das ergibt insgesamt 30 Sessions. Das Barcamp ist auf einen Tag angesetzt, an dem ich nicht mehr als 5 Zeitslots unterbringen kann. Selbst bei idealer Verteilung wären damit durchgängig 6 Räume besetzt.

Es liegt in der Natur des Formats Barcamp, dass man vor der Veranstaltung nicht weiß, welche und wie viele Sessions es werden. Als Gastgeber kann man vorab verschiedene Varianten kalkulieren. Wird jede*r Zweite eine eigene Session anbieten wollen? Oder nur jede*r Zehnte? Davon hängt entscheidend ab, wie groß die Veranstaltung sein sollte. Die erwartete Sessionanzahl setzt man ins Verhältnis zu den zur Verfügung stehenden Räumen und Zeiten. Im Dreieck aus den Anzahlen für erwartete Sessions, Räumen und Zeitslots bestimmt sich die Größe des Barcamps.

> **Achtung: Überraschungen und Gleichgewicht**
>
> Die Anzahl der Sessions ist die große Unbekannte in der Barcamp-Gleichung. Hier gibt es immer wieder Überraschungen in beide Richtungen – viel mehr oder viel weniger Sessions, als man sich das gedacht hat. Eine Überschlagsrechnung wie oben kann also nur ganz grobe Anhaltspunkte bieten.
>
> Gleichzeitig gibt es so etwas wie ein dynamisches Gleichgewicht in der Sessionplanung. Wenn sich viele Menschen schnell in die Schlange der Vorschläge einreihen und es nach vielen Sessions aussieht, so werden viele unentschiedene Teilnehmende keine zusätzlichen Vorschläge machen. Wenn umgekehrt nur wenige Vorschläge aufkommen, so wird vielleicht die Moderatorin zu weiteren Vorschlägen ermuntern und die Unentschiedenen gestalten doch eine Session mehr. Die unsichtbare Hand der Sessionplanung sorgt in der Praxis immer wieder für ein gutes Verhältnis zwischen Anzahl der Teilnehmenden und Anzahl der Sessionvorschläge. Eine Garantie gibt sie aber natürlich nicht

Für wie viele Personen eignet sich ein Barcamp?

Ein Barcamp braucht nur so viele Personen, dass mindestens zwei Personen zu gemeinsamen Interessen zusammenfinden. In der Praxis kann man als realistische Untergrenze etwa 20 Personen nennen. Bei Mini-Barcamps stellt sich auch die Frage, ob es genug parallele Sessions gibt, dass jede*r eine Session für sein Interesse findet. Wenn die Gruppe allerdings große Gemeinsamkeit im Interesse hat, so kann im kleinsten Fall auch nur eine Session zurzeit stattfinden. Ein prominentes Beispiel: Im Sessionplan beim allerersten Barcamp im deutschsprachigen Raum, dem Barcamp Vienna 2006, finden sich teils zwei Sessions parallel, aber genauso auch viele Zeitslots, in denen es nur eine einzelne Session gibt.

Auch nach oben gibt es keine prinzipiellen Grenzen. Solange genug parallele Räume vorhanden sind, kann man auch mit mehreren Hundert Personen »barcampen«. In der Praxis kann die Dauer der Sessionplanung eine gewisse Hürde darstellen. Um auch hier eine praxisbewährte Zahl zu nennen: Sehr große Barcamps haben ca. 250 bis 300 Teilnehmende, vereinzelt auch mehr.

Wie lange kann ein Barcamp dauern?

Auch hier gibt es viel Spielraum. Ein voller Tag oder zwei Tage können als Normalfall gelten. Man hat auch schon von längeren Barcamps gehört, beispielsweise erstrecken sich die Educamps immer über drei Tage, allerdings nicht drei volle Tage, sodass Freitag der Vormittag für die Anreise und am Sonntag der Nachmittag für die Abreise genutzt werden kann.

Nach unten hinten gibt es zwei Stellschrauben: Wenn man die Anzahl der Sessions oder die Sessiondauer entsprechend kürzt, dann kann man ein Speed-Barcamp auch in 3,5 Stunden durchführen. Wenn man in kleinem Kreis arbeitet und die Sessionplanung vorzieht, so kann man die Methode sogar in 1,5 Stunden anwenden, so wie es vereinzelt sogar im Schulunterricht erprobt wurde.

Gute Tage und Zeiten für ein Barcamp

Über die Dauer von Barcamps wurde oben bereits nachgedacht, sodass wir uns jetzt der Terminierung widmen können. Welche Wochentage und welche Uhrzeiten eignen sich gut?

Ein Werktag ist schwierig. Ein Wochenende auch.

Generell haben Barcamps es schwerer als andere Bildungsveranstaltungen, einen für möglichst viele Menschen gut geeigneten Termin zu finden. Es passiert nicht selten, dass die eine Hälfte der Teilnehmenden ein Barcamp im Rahmen ihrer Arbeitszeit besucht, während die andere Hälfte das als Teil ihrer Freizeit tut. Das liegt daran, dass das Format quer zu vielen üblichen Schubladen liegt. Es wird bisweilen nicht formal als Fortbildung anerkannt, während es gleichzeitig für viele Menschen nicht eine Pflichtveranstaltung, sondern eine Herzensangelegenheit ist.

Wer also den richtigen Wochentag für ein Barcamp sucht, wird häufig in der Zwickmühle landen, entweder mit einem Wochenend-Termin diejenigen abzuschrecken, die formale Fortbildungen i.d.R. an Werktagen besuchen (müssen), oder diejenigen auszusperren, die nur in ihrer Freizeit, also am Wochenende teilnehmen können.

Das typische Setting für öffentliche Barcamps in Deutschland ist ein Beginn am Freitag, ein Haupttag am Samstag und eventuell noch ein halber Sonntag.

Uhrzeiten

Was die Uhrzeiten angeht, so spielt zunächst eine Rolle, wie viele Teilnehmende eine wie lange Anreise haben. Bei einem Barcamp ist es noch wichtiger als bei anderen Bildungsveranstaltungen, dass möglichst alle Teilnehmenden von Anfang an vor Ort sind. Denn gleich zu Beginn wird mit der Sessionplanung das Fundament für den gemeinsamen Tag geschaffen. Es gibt zwei typische Zeitstrukturen für Barcamps, die sich über mindestens einen Tag erstrecken:

- Entweder man beginnt morgens, z.B. mit dem Ankommen um 8 oder 9 Uhr und dem Auftakt um 9 oder 10 Uhr, und endet am späten Nachmittag, ggf. noch mit einem anschließenden Get-Together.
- Oder man beginnt am frühen Nachmittag, sodass noch mindestens zwei, besser drei Sessionslots möglich sind, und endet ca. 24 Stunden danach (oder später).

Wenn ein Teil der Teilnehmenden schon am Vorabend einer Veranstaltung anreist, so sollte der Gastgeber die Möglichkeit zu einem Get-Together schaffen. Dafür reicht der Erfahrung nach die Reservierung eines entsprechend großen Tischs oder Raums in einem zentral gelegenen Restaurant.

> **Tipp: Wie auch Späterkommer ihre Session vorstellen**
>
> In der Praxis gibt es gelegentlich die Situation, dass eine Sessionanbieterin es nicht rechtzeitig zur Sessionplanung schafft. Damit ihre Session dennoch stattfinden kann, muss sie aber bei der Sessionplanung vorgestellt werden. Dafür hat sich die »Adoption« der Sessionvorstellung durch eine andere Teilnehmerin bewährt. Die Späterkommerin informiert einfach eine Person ihres Vertrauens über die Eckdaten der Session, und dieser Person stellt die Session dann in Vertretung vor. (Prinzipiell ist es auch möglich, dass jemand vom Veranstalterteam das übernimmt. Im Sinne einer klaren Rollenteilung ist jedoch jemand aus dem Teilnehmerkreis klar die erste Wahl.)

Gute Teams hinter einem Barcamp

Es ist selbstverständlich stark vom individuellen Barcamp abhängig, wie ein gutes Team für die Organisation aussieht. Einige allgemeingültige Hinweise sind im Folgenden zusammengestellt.

Der Stellenwert der Organisation

Auch ein Format, das in der Durchführung viel auf dezentrales Arbeiten und hohe Eigenverantwortung der Teilnehmenden setzt, braucht ein stabiles Fundament und einen verlässlichen Rahmen für die Veranstaltung. Man kann sogar sagen: Um bei einem Barcamp offen und flexibel arbeiten zu können, ist eine gute Organisation besonders wichtig. Barcamps brauchen einen schmalen, aber sehr stabilen Rahmen.

Kernteam

Ein kleines Team mit hoher Verbindlichkeit ist produktiver als ein großes Team, bei deren Mitgliedern nicht klar ist, was bzw. wie viel sie beitragen können. Unter Umständen bietet es sich an, ein schlagkräftiges *Kernteam* mit einem *erweiterten Team* zu verbinden. Während im Kernteam alle Fäden zusammenlaufen, sind die Mitglieder aus dem erweiterten Team jeweils für eine spezielle Aufgabe zuständig, ohne an allen grundsätzlichen Fragen beteiligt zu sein.

Eine Liste mit Arbeitsbereichen, die im Kernteam abgedeckt werden sollten, ist im Zusatzmaterial → *Aufgaben und Arbeitsbereiche im Orga-Team* zu finden. Außerdem gibt es dort eine Vorlage → *Meilensteine für die Barcamp-Planung*.

Zusatzmaterialen: Aufgaben und Arbeitsbereiche im Orga-Team und Meilensteine für die Barcamp-Planung

> **Tipp: Erfahrung schlägt Buch**
>
> Gerade bei einem ersten Barcamp sollte es im Kernteam mindestens einen Menschen geben, der selbst schon an einem Barcamp teilgenommen hat. Selbst das beste Barcamp-Buch der Welt kann nicht ersetzen, was man bei einem Barcamp vor Ort erfahren und erspüren kann. Die beste Vorbereitung für ein unerfahrenes Team kann darin bestehen, gemeinsam ein anderes Barcamp zu besuchen und dort zu schauen, was man nachmachen oder anders machen möchte.

Helfer*innen

Bei größeren Barcamps kann es notwendig werden, einige Helfer*innen für die Veranstaltungsorganisation zu rekrutieren. Praktische Informationen dazu gibt es im Zusatzmaterial → *Helfer und Personal beim Barcamp*.

Zusatzmaterialen: Helfer und Personal beim Barcamp

Alle Teilnehmer sind auch Teilgeber

Beim Besuch einer traditionellen Tagung sind wir professionelles Personal gewohnt, das leere Flaschen wegräumt, die Garderobe übernimmt oder an der Registrierung begrüßt. Bei Barcamps ist es nicht unüblich, dass solche Aufgaben auch von Teilnehmenden übernommen werden. Wenn Teilnehmende sich als Teilgebende verstehen, dann gehen sie mit offenen Augen und aktiver Grundeinstellung durch die Veranstaltung. Sie räumen leere Flaschen weg, selbst wenn es nicht die eigenen sind.

Wenn ein Gastgeber-Team gezielt die Teilnehmenden in organisatorische Arbeiten einbinden will, gibt es verschiedene Möglichkeiten. Kleine Schichtpläne bieten sich an, wobei Aufgabe und Zeit möglichst konkret zugeschnitten werden sollten. Das kann eine halbe Stunde an der Registrierung zu Beginn oder das Aufräumen am Ende betreffen, das Einsammeln von leeren Gläsern oder von Flipcharts zur Dokumentation. Das Zusatzmaterial → *Teilnehmende packen mit an* umfasst eine Liste mit Aufgaben, die sich besonders gut für Schichtdienste der Teilnehmenden eignen.

Zusatzmaterialen: Teilnehmende packen mit an

> **Tipp: Teilnehmende als Teilgebende ansprechen**
>
> Bei Teilnehmenden, die selbst keine Erfahrung mit Barcamps haben, kann es zu Missverständnissen kommen, wenn sie in Konsumhaltung zur Veranstaltung kommen und vor Ort gefragt werden, ob sie kurz mit anpacken können. Hier hilft es, wenn die Grundannahme in der Begrüßung, besser schon in der Einladung erwähnt wird. Möglicherweise bietet es sich sogar an, dass Teilnehmende sich vorab freiwillig für bestimmte Aufgaben melden können.

Gute Finanzen für ein Barcamp

In den Zusatzmaterialien findet sich eine → *Finanz-Tabelle mit Einnahmen- und Ausgabenplan für ein Barcamp*. Darin sind die einzelnen Posten aufgelistet, die für ein Barcamp anfallen können. Das Budget für ein Barcamp kann höchst unterschiedlich ausfallen – vom ehrenamtlichen Low-Budget-Projekt bis zur professionellen Fortbildung mit deutlich fünfstelligem Budget, vom inhouse-Barcamp in eigenen Räumen bis zur angemieteten Event-Location.

Zusatzmaterialen: Finanz-Tabelle mit Einnahmen- und Ausgabenplan für ein Barcamp

Ausgaben

Für ein reines Barcamp fallen in einzelnen Bereichen weniger Kosten an als für eine traditionelle Konferenz. Es gibt keine Kosten für Referenten, und andere Posten wie für Servicepersonal und Catering sind möglicherweise niedriger. Gleichzeitig brauchen auch Barcamps Verpflegung, Räume, Technik und mehr.

> **Achtung: Barcamp-Freiheit als Falle bei Förderanträgen?**
>
> Prinzipiell lassen sich auch für Barcamps Fördergelder beantragen, die allgemein für Bildungsangebote ausgeschrieben sind. Es gibt gute Beispiele, zum Beispiel das Educamp oder das OERcamp, bei denen mit Fördermitteln gearbeitet werden konnte. Aber es gibt auch Einzelfälle, in denen gerade die Freiheit des Barcamps zum unüberwindlichen Hindernis für Förderanträge wurde. Denn Barcamps können vorab kein fertiges Programm mit Themen und dafür zuständigen Experten vorlegen. Das kann ein existentielles Problem für die Förderbedingungen darstellen, das bei Interesse an Förderungen frühzeitig geklärt werden muss.

Einnahmen

Klassische Barcamps sind in Deutschland typischerweise durch eine Kombination aus Sponsoring, Partnerschaften und Ehrenamt, manchmal auch durch Spenden verwirklicht worden:

- Das Organisationsteam arbeitet ehrenamtlich.
- Sponsoren unterstützen ein Barcamp und werden im Gegenzug beim Barcamp beworben. Typisch ist die Nennung in der Kommunikation rund um die Veranstaltung und die Benennung jedes Sessionraums nach je einem Sponsor.
- Dabei gibt es nicht nur direkte finanzielle Beteiligung. Klassische Barcamps werden häufig von Sachsponsoren unterstützt, die ihre Produkte kostenfrei zur Verfügung stellen, beispielsweise Müsli, Getränke oder Veranstaltungstechnik.
- Über Partnerschaft mit Event-Locations und Bildungseinrichtungen kann häufig der große Posten der Raummiete reduziert werden.
- Vereinzelt wird auch mit Spenden gearbeitet. Für »echte Spenden« im steuerrechtlichen Sinne ist dafür ein gemeinnütziger Veranstalter notwendig.

In den letzten Jahren gibt es vermehrt auch Barcamps, die professionell von einem bezahlten Team organisiert werden. Gleichzeitig ist das Modell der Finanzierung aus öffentlichen Fördertöpfen beliebter geworden. In solchen Fällen steigen die Budgets schnell bis auf das drei- oder vierfache, insbesondere aufgrund der Personalkosten.

> **Tipp: Essen selbst zahlen, aber nicht den Kaffee!**
>
> Neben dem Veranstaltungsort macht i.d.R. das Catering den Löwenanteil des Budgets bei einem Barcamp aus. Wenn Barcamps dem nicht entsprechende Einnahmen gegenüberstellen können oder wollen, kann man hier auf ein Selbstzahlermodell umstellen. Typische Modelle dafür sind eine gemeinsame Pizzabestellung, eine Mensa oder Cafeteria am Veranstaltungsort oder ein Food Truck vor der Tür.
>
> Auch in diesem Modell sollten Veranstalter nach Möglichkeiten suchen, Kaffee und andere Getränke bereitzustellen, gegebenenfalls mit einer Spendenkasse. Es ist der Atmosphäre von Barcamps nicht zuträglich, wenn die Teilnehmenden sich für die Pausen auf verschiedene Orte wie umliegende Imbisse und Restaurants verteilen. Gerade die Kaffeestation ist vielleicht der wichtigste gemeinschaftsstiftende Ort eines Barcamps.

Höhe des Teilnahmebeitrags

Der inklusive Grundgedanke von Barcamps verträgt sich nicht mit Hürden durch hohe Teilnahmebeiträge. Es gibt zwar einige wenige Ausreißer, aber die allermeisten Barcamps arbeiten ohne oder mit einem niedrigen Beitrag. Manche Barcamps wie zum Beispiel die Educamps in Hattingen haben sogar mit einem Härtefall-Topf experimentiert, aus dem Zuschüsse für Fahrt und Unterkunft für Menschen bezahlt wurden, die sonst nicht hätten teilnehmen können.

Es gibt eine kleine Kehrseite von kostenfreien Veranstaltungen. Anmeldungen, die ohne Bezahlung und ohne Identifikation erfolgen, steigern das Risiko, dass sich viele Menschen einen Platz sichern, den sie später nicht in Anspruch nehmen. Ein Beitrag im Bereich von 10 bis 20 Euro bringt den Veranstaltern keinen Reichtum. Aber die Zahlungsverpflichtung sorgt dafür, dass die Veranstalter eine deutlich verlässlichere Planungsgrundlage haben als bei kostenfreien Barcamps.

In der nächsten Stufe gibt es Beiträge in Größenordnungen von 20 bis 50 Euro. Eine gute Grundlage für eine solche Kalkulation lautet: Der Beitrag deckt die Kosten ab, die oberhalb der Fixkosten für eine *zusätzliche* Person anfallen. In der Praxis sind das v.a. die Kosten für das Catering. Dieses Modell erleichtert die Planung, weil die Kalkulation ausgeglichen bleibt, unabhängig davon ob z.B. 100 oder 130 Personen sich anmelden.

Gute Räume und gute Technik für ein Barcamp

Konferenzräume für eine Unkonferenz?

Für Barcamps gelten zunächst die allgemeinen Anforderungen an einen guten Veranstaltungsort: Er sollte gut erreichbar, barrierefrei, praktisch und angenehm sein. Da Barcamps häufig mit einem niedrigen Budget arbeiten, drängt schnell die Kostenfrage in den Vordergrund. Viele Veranstaltungshäuser bieten spezielle Tarife für Bildungsveranstaltungen an. Die Häuser von Bildungseinrichtungen wie Schulen, Hochschulen, Volkshochschulen etc. bieten sich selbstredend besonders an, weil sie viele Anforderungen hinsichtlich Raumgrößen, Ausstattung, Atmosphäre und Kosten erfüllen.

Prinzipiell kann man auch über typische Konferenzorte wie Messen oder Tagungshotels nachdenken. Der Erfahrung nach ist das zum ersten eine Preisfrage. Zum zweiten kann die professionelle, glatte Atmosphäre solcher Orte einen Widerspruch zum Werkstatt-Charakter von Barcamps bilden.

In den Zusatzmaterialien findet sich eine umfassende → *Checkliste für Barcamp-Räume*.

Zusatzmaterialien: Checkliste für Barcamp-Räume

> **Achtung: Sonderkosten für Abend und Wochenende**
>
> Manche Bildungshäuser sind nicht auf Veranstaltungen am Wochenende eingestellt. Selbst wenn diese Räume kostenfrei oder günstig zur Verfügung stehen, kommen unter Umständen besondere Herausforderungen und Kosten auf die Veranstalter zu, weil es Sonderschichten bei Reinigung, Hausmeister, Schlüssel-/Sicherheitsdienst etc. braucht. Dabei kann es sich schnell um vierstellige Beträge handeln. Bei begrenzten Budgets empfiehlt es sich, diese Fragen früh anzusprechen und zu klären.

Ein großer Raum, viele Sessionräume

Ein Barcamp braucht einen großen Raum, in dem alle Teilnehmenden für das Plenum zusammenkommen können. Dabei ist zu beachten, dass auch genug Raum für die Sessionplanung vorhanden sein muss (Schlange zum Anstellen, Präsentation, Planungsteam).

Für die Sessions braucht es viele kleine und mittelgroße Räume. Ideal sind Räume in verschiedenen Größen, sodass man die Sessions je nach Interessensbekundung entsprechend zuordnen kann. Als Faustformel für die Anzahl der Sessionräume gilt: Für ein Barcamp braucht es neben dem Plenum mindestens (!) einen Sessionraum pro 20 Teilnehmende. Wenn man ein besonders aktives Barcamp erwartet, können sogar doppelt so viele Räume notwendig werden.

> **Tipp: Räume erfinden**
>
> Das Gastgeber-Team bei einem Barcamp weiß bis zum wortwörtlich letzten Moment nicht, wie viele Sessions es geben wird und entsprechend wie viele Räume es braucht. Es empfiehlt sich, neben den regulären Räumen noch eine Liste mit Backup-Räumen in der Hinterhand zu haben. Diese Räume sind vielleicht nicht optimal für Sessions, kommen aber dann zum Einsatz, wenn sonst Sessions ausfallen müssten. Diese zusätzlichen Räume müssen nicht die gleichen Anforderungen erfüllen wie die regulären Räume. Es können auch Sitzecken, Sofas, eine Terrasse oder sogar ein Stehtisch sein. Hat man diese in der Hinterhand, kann man bei der Sessionplanung zusätzliche Räume »erfinden«.
>
> Um den Hintergrund dieser Überlegung zu verdeutlichen, hilft ein Rechenbeispiel: Für ein Barcamp mit 100 Teilnehmenden sind 5 reguläre Sessionräume eingeplant. Jede Session wird durchschnittlich von 20 Personen besucht werden, wobei die größte vielleicht gut 30 und die kleinste weniger als 10 Teilnehmende haben wird. Wenn jetzt im Extremfall doppelt so viele Sessionvorschläge entstehen, braucht es 10 Sessionräume. Allerdings wird eine Session nur noch durchschnittlich 10 Teilnehmende und die kleinsten Sessions nur 5 oder noch weniger Teilnehmende haben. Diese Session mit verhältnismäßig niedrigem Interesse kann also auch gut in einer Sofaecke arbeiten. Wichtig ist, auch bei Mini-Sessions auf eine entsprechende akustische Trennung untereinander zu achten.

Gemeinschaftsflächen, Zentrum

Der wichtigste Raum bei Barcamps ist der »Zwischenraum«. Damit ist der Ort gemeint, in dem die Teilnehmenden vor, nach und zwischen den Sessions zusammenkommen. Im besten Fall hat man dafür einen großzügigen und schönen Raum, in dem man Verpflegung und das Gastgeber-Team findet, Stehtische und Sofaecken nutzen kann, den Sessionplan aushängt und ggf. zusätzliche Aktionen platzieren kann.

Im allerbesten Fall fällt diese Fläche mit dem Plenum zusammen, weil alle Teilnehmenden so einen zentralen Ort beim Barcamp haben, zu dem sie immer wieder zurückkehren. Gerade weil der Tag mit Sessions dezentral angelegt ist, hilft ein solches Zentrum, um nicht nur Orientierung, sondern auch Gemeinschaft zu stiften.

Tipp: Papphocker

Falls für eine Veranstaltung zusätzliche Sitzmöglichkeiten angeschafft werden müssen, sind faltbare Hocker in Würfelform aus Pappe eine gute Alternative! Diese sind günstig und im zusammengefalteten Zustand platzsparend zu lagern. Bei der Veranstaltung selbst bieten die Hocker ein Höchstmaß an Flexibilität: Sie sind einfach zu tragen, wenn sie an einem anderen Ort benötigt werden oder im Weg sind. Sie sind stapelbar, um Platz zu sparen oder sogar improvisierte kleine Wände zu schaffen. Man auf ihnen nicht nur sitzen, sondern auch kleine Tische improvisieren. Und man kann auf ihnen gut malen und schreiben, was sich für kreative Methoden gut einsetzen lässt.

Es empfiehlt sich, schon vor der Anschaffung solcher Papphocker zu überlegen, was nach der Veranstaltung damit passieren soll. Die meisten Modelle lassen sich wieder auseinander bauen und platzsparend transportieren bzw. lagern.

 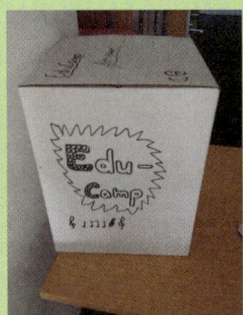

Papphocker: links unbemalt, rechts bemalt
| Fotos von Jöran Muuß-Merholz unter CC BY 4.0

Möblierung

Zur Einrichtung der Räume gilt für Barcamps als oberste Anforderung, dass die Möbel flexibel einsetzbar sind. Es gab durchaus schon Sessions in Hörsälen mit fest installierten Stühlen und Tischen. Aber im idealen Sessionraum können die Teilnehmenden alle Möbel je nach Größe und sozialem Setting verschieben.

Eine gute Standardmöblierung, mit der man die Räume zu Beginn einrichtet, ist der Erfahrung nach ein einfacher Stuhlkreis, dazu Tische am Rand des Raums und ein Reservoir für zusätzliche Stühle in der Ecke oder in der Nähe des Raums.

Arbeitsatmosphäre im Stuhlkreis | Foto von Tilman Vogler für OERde17 | CC BY 4.0

Tipp: Fotos des Ausgangsstatus machen

Viele Barcamps finden in Bildungsräumen statt, in denen nach Ende der Veranstaltung der Ausgangszustand des Raums wieder hergerichtet werden soll. Dafür empfiehlt es sich, vor Beginn Fotos jedes Raums zu machen und an den Türen aufzuhängen. Auf diese Weise kann man am Ende der Veranstaltung auch ein Team von freiwilligen Helfer*innen in die Räume schicken, auf dass sie den Raum entsprechend zurück bestuhlen.

Technische Ausstattung

Eine gute Ausstattung mit Steckdosen und WLAN ist für Barcamps wichtig. Wenn es um digitale Themen geht, kann eine mangelhafte Ausstattung hier zu gravierenden Problemen führen. Mehr zur technischen Umsetzung findet sich in den ausführlichen Zusatzmaterialien → *Strom und WLAN bei Barcamps*.

Zusatzmaterialien: Strom und WLAN bei Barcamps

Es ist von Thema und Zielgruppe des Barcamps abhängig, wie viele Sessionräume einen Beamer benötigen. Faustformel: Im Durchschnitt kommt man mit einem Beamer in jedem zweiten Raum gut aus. Auf jeden Fall muss bei der Sessionplanung bekannt sein, welcher Raum einen Beamer hat, damit das bei der Zuordnung der Sessions berücksichtigt werden kann.

Auch für Flipchart, Metaplanwand etc. gilt: Es kommt auf das individuelle Barcamp an. Wichtig ist auf jeden Fall, dass Sessionanbieter vorab Informationen zur Ausstattung bekommen können, um sich bzw. ihre Session darauf einzustellen. Für zusätzliche Ausstattung wie Lautsprecher, Moderationsmaterial, Adapter für Beamer etc. kann man ein kleines Lager beim Gastgeber-Team einrichten. Die Sessionanbieter bekommen dann die Information, dass sie zusätzliche Ausstattung für ihre Session dort ausleihen können.

Garderobe, Gepäckraum

Bei Barcamps, zu denen Menschen mit Gepäck an- und abreisen, sollte ein Raum für Garderobe und Gepäck eingeplant werden. Eine Garderobe mit Bewachung ist bei Barcamps nicht typisch, trägt aber zur Entspannung bei.

> **Achtung: Versicherung**
>
> Auch bei Barcamps können Menschen über ein Kabel stolpern und sich ein Bein brechen. Die Gastgeber müssen daher vorab klären, ob das Veranstaltungshaus oder die gastgebende Institution über eine Versicherung verfügt, die sich auch auf das Barcamp erstreckt. Falls nicht, kann man eine gesonderte Veranstalterhaftpflicht-Versicherung abschließen. Die Kosten belaufen sich je nach Größe auf ca. 100 bis 160 Euro.

Gute Verpflegung für ein Barcamp

Hands-on-Mentalität, auch beim Catering

Die Selbstverantwortung der Teilnehmenden steht im Kern des Barcamp-Formats. Das bringt es mit sich, dass man den Teilnehmenden auch für Catering-bezogene Fragen ein höheres Interesse und Engagement zuschreiben kann. Das bedeutet zum ersten, dass kein »Hochglanz«-Catering erwartet wird, bei dem aufwändiges Fingerfood aufgetischt wird und Servicekräfte das schmutzige Geschirr einsammeln. Es ist nicht unüblich, dass die Teilnehmenden selbst mit anpacken anstatt sich bedienen zu lassen. Bei kleineren Barcamps kann das Catering sogar über ein Mitbring-Buffet organisiert werden. Eine nicht unübliche Praxis ist es, dass einfach Brezeln vom nächsten Bäcker geholt oder Pizzen bestellt werden.

Eine Hands-on-Mentalität entlässt die Gastgeber nicht aus der Verantwortung dafür, dass es ausreichendes, gutes Catering gibt. Das Catering sollte so gut geplant sein, dass keine Energie, die beim Barcamp in den Austausch fließen könnten, verloren geht.

Räume für das Catering

Es spricht nichts dagegen, für das Essen in einen nahe gelegenen Ort, beispielsweise eine Mensa, umzuziehen, wenn das die Abläufe erleichtert. Wenn man es sich aussuchen kann, sollte das Catering aber dort stattfinden, wo auch sonst das Barcamp »lebt«. Es braucht keine gedeckten Tische. Einige Stehtische, Sitzecken und andere improvisierte Möglichkeiten reichen aus.

Zeiten für Mahlzeiten

Bei Barcamps finden die Teilnehmenden immer Essen und Trinken, nicht nur in bestimmten Zeitfenstern. Das bedeutet nicht, dass es morgens schon Kuchen und nachmittags noch eine warme Mahlzeit geben muss. Aber zumindest Kaffee, Tee, Wasser und Obst sollten immer zur Verfügung stehen, sodass man sich auch während der Sessionzeiten für ein Gespräch zu zweit einen Kaffee besorgen kann.

> **Tipp: Nicht alle sind immer dabei**
>
> Für die Kalkulation der Mengen für ein Catering lohnt es, eine kleine Prognose zu erstellen. Denn bei einer Veranstaltung sind nicht alle Teilnehmenden die ganze Dauer über anwesend. Typischerweise kommen einige später, andere gehen früher und auch mittendrin sind nicht alle da. In den Zusatzmaterialien haben wir eine Tabelle → *Planung Catering – Anwesenheiten im Tagesverlauf* bereitgestellt.

Zusatzmaterialien: Planung Catering – Anwesenheiten im Tagesverlauf

Inklusives Catering und hohe Awareness

Barcamps verstehen sich als Format, das mehr Wert auf Inklusion legt als viele traditionelle Veranstaltungen. Die Quote derjenigen, die sich vegetarisch oder vegan ernähren, ist bei manchen Barcamps deutlich überdurchschnittlich. Und es ist selbstverständlich, dass diese und weitere Ernährungsbedürfnisse beim Catering beachtet werden.

Bei Barcamps gibt es durchschnittlich mehr Menschen, die mit besonderem Blick auf ökologische und soziale Frage achten, auch beim Essen. Hier geht es um Fragen wie Einweggeschirr, Essensverschwendung, fairen Kaffee etc. Das bedeutet nicht, dass jedes Barcamp einen Preis für nachhaltiges Catering gewinnen muss. (Das Beispiel vom Pizza-Bestellen deutet darauf hin, dass die Praxis sehr bunt ist.) Aber Gastgeber tun gut daran, den Stellenwert solcher Fragen bei der Planung zumindest abzuwägen.

> **Tipp: Frühstück, Thermobecher und Frischhalteboxen ankündigen**
>
> Ein für Barcamps typisches Element ist das gemeinsame Frühstück. Es empfiehlt sich, das Frühstück in der Einladung explizit und als eigenständigen Programmpunkt anzukündigen, damit die Möglichkeit genutzt werden kann. Außerdem gibt es inzwischen gute Erfahrungen damit, zum Mitbringen eigener Kaffeebecher (bevorzugt Thermobecher mit Deckel) aufzurufen. Das entlastet die Organisation, schont die Umwelt und erleichtert es, das eigene Getränk mit in die Sessions zu tragen. Bei einigen Barcamps wurden die Teilnehmenden auch schon eingeladen, Frischhalteboxen für übrig gebliebenes Essen mitzubringen.

Sponsoring für Essen und Trinken

Bei Barcamps, die über Sponsoring finanziert werden, bietet sich das Catering für Sachspenden an. Die Tradition, dass viele Barcamps morgens mit Müsli beginnen, lässt sich beispielsweise darauf zurückführen, dass die Barcamps in Deutschland in den ersten Jahren regelmäßig von einem großen Müsli-Anbieter unterstützt wurden.

Barcamps selbst veranstalten – Phase II: Der Stapellauf

Phase II des Barcamps umfasst alles, was den Kontakt mit dem Rest der Welt angeht. Das Barcamp betritt nun die Öffentlichkeit, mit Einladungen und Online-Aktivitäten, mit einer gut organisierten Anmeldung und weiterer Kommunikation im Vorfeld der Veranstaltung.

Gute Einladungen zu einem Barcamp

Inhalte für die Einladung

Für Einladungen zu einem Barcamp gelten zunächst die gleichen Empfehlungen wie für andere Bildungsveranstaltungen: Es kommt darauf an, die Verbindung zwischen den Interessen der Teilnehmenden und den Möglichkeiten der Veranstaltung deutlich zu machen. Daneben gibt es die üblichen Eckdaten wie Zeit und Ort, Kosten und Kontakt etc. In den Zusatzmaterialien findet sich dafür die → *Vorlage »Die Einladung zum Barcamp«*.

Darüber hinaus gibt es zwei Besonderheiten, die gute Einladungen zu einem Barcamp beachten müssen. Erstens: Die Einladung muss erklären, was ein Barcamp eigentlich ist. In den Zusatzmaterialien gibt es dazu → *Textvorlagen »Was ist ein Barcamp?«*. Außerdem erleichtert und ermuntert eine gute Einladung von Anfang an das Weitersagen.

Zusatzmaterialien: Vorlage »Die Einladung zum Barcamp«

Zusatzmaterialien: Textvorlagen »Was ist ein Barcamp?«

Auf das Weitersagen kommt es an

Typischerweise haben Barcamps keinen großen Etat für Werbung. Auch hier kann man auf das gemeinsame Interesse und das Engagement der Teilnehmenden setzen. Denn diese sind die besten Botschafter*innen, um die Nachricht vom Barcamp zu verbreiten. Um das zu fördern, sollte man nicht nur das Weitersagen anregen, sondern auch praktisch unterstützen. Dazu helfen Weitersagen-Materialien in verschiedenen Formen: als PDF-Flyer und vorgefertigte E-Mail-Texte, durch Links zu Beiträgen in Social Media, die man gut teilen kann, ggf. auch über gedruckte Flyer und Poster, die bei Bedarf zugeschickt werden.

Zudem verstehen sich Barcamp-Veranstalter in der Regel nicht als Konkurrenz und weisen gerne auch auf andere Veranstaltungen hin. So kann man meist recht einfach Zugang zu einer vorhandenen Community erreichen, indem man sich untereinander vernetzt.

> **Achtung: Teilnahmekosten = Bürokratie**
>
> Verschiedene Modelle für Teilnahmebeiträge wurden oben unter → »Gute Finanzen für ein Barcamp« (S. 69ff.) beschrieben. Gastgeber müssen beachten: Sobald Geld für eine Veranstaltung genommen wird, und seien es auch nur 10 Euro, braucht es Regularien und Kommunikation rund um Bezahlung, Erstattung, Rechnungen usw. Diese Punkte sollten von Anfang an feststehen und auffindbar sein. Das muss nicht alles Teil der Einladung sein. Stattdessen kann dort kann auch ein Hinweis auf eine Abteilung »Kleingedrucktes« auf der Website stehen.

Logo! Die Barcamp-Flamme

Viele Barcamps haben ein eigenes Logo. Bei klassischen Barcamps wird dafür häufig die Barcamp-Flamme verwendet. Die Flamme kann als das Engagement der Teilnehmenden interpretiert werden, die bei Barcamps »Feuer und Flamme« für ihr Thema sind. Eine weitere Interpretation ist das metaphorische Lagerfeuer, um das herum sich eine Community beim Barcamp versammelt. Das ursprüngliche Logo geht auf die Designerin Eris Stassi und die Jahre zurück, als Barcamps erfunden wurden. In den Folgejahren wurde die Flamme hundertfach variiert, sodass sie jeweils zu Thema oder Ort des Barcamps passt. Einen guten Eindruck von der großen Vielfalt bekommt man mit einer Suche nach »Barcamp Logo« in einer Bildersuche. Unten sind einige Beispiele abgebildet.

Ergebnisse einer Bildersuche nach »Barcamp Logo« | Screenshot von duckduckgo (keine freie Lizenz)

Gute Anmeldung für ein Barcamp

Große oder kleine Anmeldung?

Eine Anmeldung braucht es für Barcamps, damit die Gastgeber die Größenordnungen einschätzen und entsprechend planen können. Im kleinsten Fall reichen Name und E-Mail-Adresse für weitere Kommunikation. Man kann bei der Anmeldung auch umfangreiche Daten abfragen, die für die Vorbereitung und Durchführung der Veranstaltung genutzt werden. So lässt sich beispielsweise der Hintergrund und das Interesse der Teilnehmenden abfragen, um Vernetzungsaktivitäten vorzubereiten. Auch Vorlieben bei der Verpflegung oder besondere Bedürfnisse können bereits bei der Anmeldung angegeben werden.

In der → *Checkliste Anmeldung für ein Barcamp* haben wir eine Sammlung von notwendigen und optionalen Feldern für eine Anmeldung zusammengestellt.

Zusatzmaterialien: Checkliste Anmeldung für ein Barcamp

> **Tipp: No-Show-Quote einkalkulieren**
>
> Bei Veranstaltungen ohne oder mit niedrigem Teilnahmebeitrag muss mit einem nennenswerten Anteil von Anmeldungen gerechnet werden, die nicht wahrgenommen und nicht wieder abgesagt werden. Hier spricht man von der No-Show-Quote. Gastgeber bei Barcamps können diese Quote niedrig halten, indem sie per E-Mail daran erinnern, nicht benötigte Plätze freizugeben. Aber auch danach kann man mit No-Show-Quoten zwischen 10 und 30 Prozent planen.

Digitale Formulare

Für die technische Umsetzung der Anmeldung empfiehlt sich ein Online-Formular. Damit können alle notwendigen Angaben abgefragt werden, die dann in einer Datenbank oder Tabelle für die weitere Arbeit bereitstehen. Es gibt zahlreiche Software-Anbieter und Dienstleister, über die sich die Anmeldung abwickeln lässt. Zu den besonders komfortablen Angeboten gehört die Formular-Funktion von Google Docs, deren Anbieter Google aber gerade im Bildungsbereich in Deutschland häufig auf Antipathien stößt. Als Alternative bietet LimeSurvey weniger Komfort, dafür eine offene Software, die auch fortgeschrittene Funktionen hat und selbst gehostet werden kann. Teil der Zusatzmaterialien ist sowohl eine Anleitung → *Formulare mit Google Docs*

Zusatzmaterialien: Formulare mit Google Docs

als auch → »*Umfragen für Fortgeschrittene oder Datenschutzbewusste mit LimeSurvey*«. Daneben gibt es weitere.

Zusatzmaterialien: »Umfragen für Fortgeschrittene oder Datenschutzbewusste mit LimeSurvey«

Hinweise und Einverständnisse

Professionell organisierte Veranstaltungen müssen den Teilnehmenden eine Reihe von bürokratischen Hinweisen geben und Einverständnisse einholen. Dazu können Themen wie Datenschutz, Erscheinen auf Teilnahmelisten, Fotos und Videomitschnitte während der Veranstaltungen, AGBs etc. gehören. Auch Barcamps bilden hier keine Ausnahme. Je früher diese Dinge geklärt werden, desto wahrscheinlicher können Fragen und Missverständnisse frühzeitig geklärt werden. Deswegen empfiehlt es sich dringend, diese Punkte schon als Teil der Anmeldung einzuplanen.

Plattformen für Abwicklung

Plattformen wie z.B. Xing-Events oder Eventbrite sind darauf spezialisiert, für Gastgeber von Veranstaltungen Anmeldung und Bezahlung abzuwickeln. Beide Plattformen sind für Veranstaltungen ohne Teilnahmebeitrag kostenfrei. Für kostenpflichtige Veranstaltungen fällt eine Provision an. Externe Plattformen haben Vor- und Nachteile, die es abzuwägen gilt. Die folgende Tabelle bietet einen Überblick.

Auch die Event-Funktion von Facebook kann einen Teil der Funktionen abdecken, allerdings bietet sie (bisher, Mai 2019) keine eigenen Ticket-Funktionen.

Pro externe Plattform	Contra externe Plattform
Plattformen entlasten. Gastgeber sparen sich den (teils erheblichen) Aufwand, den Anmeldungen und Abrechnungen mit sich bringen. Plattformen bieten Planungssicherheit, weil der Aufwand bei 50 oder 150 Anmeldungen gleich bleibt.	**Plattformen kosten.** Sie behalten einen Teil des Teilnahmebeitrags ein. Typische Größenordnung sind pro Anmeldung 3 bis 5 Prozent plus 1 Euro.
Plattformen funktionieren. Die Software ist millionenfach erprobt und einfach zu bedienen.	**Plattformen schränken ein.** Der Veranstalter hat begrenzte Flexibilität hinsichtlich der Gestaltung der Anmeldung.

Pro externe Plattform	Contra externe Plattform
Plattformen bieten Mehrwert. Teilnehmenden, die die Plattform auch über die Ticketbuchung hinaus nutzen, können gegenseitig ihre Teilnahme sichtbar machen und sehen, wer aus ihrem Netzwerk noch kommt.	**Plattformen lesen mit.** Die Daten der Teilnehmenden landen komplett beim Plattform-Anbieter. Der Veranstalter bekommt ausgewählte Daten.
Plattform werben. Auf Wunsch kann das Barcamp in den Katalog der Plattform aufgenommen werden und ist darüber zu finden.	**Plattformen sind unberechenbar.** Auf solchen Plattformen kann man sich die eigene Nachbarschaft nicht aussuchen. Veranstalter wissen nicht, welche Events neben den eigenen stehen werden.

Abmeldung und Warteliste

Gerade bei kostenfreien Barcamps müssen Gastgeber damit rechnen, dass viele Interessierte sich über eine Anmeldung einen Platz sichern, ohne ihn letztlich in Anspruch zu nehmen. Das ist insbesondere dann ärgerlich, wenn das Barcamp ausgebucht ist. In diesem Fall empfiehlt es sich, eine Nachrückliste zu führen. Dort landen Anmeldungen, die (noch) keinen Platz bekommen können, bis wieder ein Platz frei wird oder die Zahl der Plätze erhöht werden kann. Gastgeber können die Angemeldeten erinnern, dass sich diejenigen wieder abmelden, die ihren Platz nicht in Anspruch nehmen. Gerade bei ausgebuchten Veranstaltungen wirkt auch ein Appell: »Jeder Platz, der frei gemacht wird, ermöglicht einer Person auf der Warteliste, doch noch teilzunehmen.«

Die Teilnahmeliste

Bei traditionellen Veranstaltungen gibt es manchmal gar keine Liste der Teilnehmenden, manchmal wird diese vor Ort verteilt. Bei Barcamps hat die Teilnahmeliste einen höheren Stellenwert. Sie dient der Vernetzung und gibt ein Gefühl für die Gruppe. Barcamps haben vorab kein Programm, mit dem man sein Bild der Veranstaltung schärfen kann. Die Teilnahmeliste ersetzt das ein Stück weit.

Vor diesem Hintergrund war es bis vor wenigen Jahren bei Barcamps Standard, dass die Liste der Teilnehmenden komplett und öffentlich im Internet zu finden war. Heute kann man nicht mehr damit rechnen, dass alle Teilnehmenden mit diesem Vorgehen einverstanden wären. Mit etwas mehr Aufwand kann man ein abgestuftes Vorgehen zur Teilnahmeliste organisieren. Die Teilnehmenden können bei der Anmeldung entscheiden: Soll Ihr Name 1. auf einer öffentlichen Liste (im Web) stehen, 2. auf einer semi-öffentlichen Liste (per E-Mail an alle Angemeldeten verschickt) oder 3. nur auf einer Liste für interne Zwecke (der Gastgeber) stehen. Dieses Vorgehen bedarf Aufwand und Sorgfalt, damit die Datensätze nicht an der falschen Stelle landen.

> **Tipp: Alternative Kontaktdaten**
>
> Gastgeber können Teilnehmenden nicht nur die Wahl lassen, ob sie auf der Teilnahmeliste stehen möchten oder nicht, sondern zusätzlich auch, welche Daten dabei angegeben werden sollen. Dafür muss im Anmeldeformular die entsprechende Möglichkeit eingeräumt werden. Der Erfahrung nach sind es zwischen 10 und 20 Prozent der Teilnehmenden, die unterschiedliche Kontaktdaten für den organisatorischen Kontakt und für die Teilnahmeliste wünschen.

Gute Online-Präsenzen für ein Barcamp

Um es vorweg zu sagen: Nicht jedes Barcamp braucht Website und Twitter. Im kleinsten Fall reichen eine interessierte Gruppe, ein großer Raum, ein paar Stunden Zeit und ein Stapel Klebezettel, um ein Barcamp mit allen wesentlichen Eigenschaften umzusetzen. Je größer und je öffentlicher ein Barcamp wird, desto hilfreicher ist eine zentrale Anlaufstelle für die Kommunikation rund um das Barcamp – und das wird in den meisten Fällen eine Website sein. Darüber hinaus spielt Twitter in der Barcamp-Welt eine besondere Rolle.

Inhalte und Funktionen einer typischen Barcamp-Website

Jede Website, so auch die zu einem Barcamp, braucht Provider, Content Management System, Impressum, Datenschutz-Regelungen usw. Auf diese allgemeinen Eigenschaften wird hier nicht eingegangen. Die folgende Liste sammelt Elemente, die speziell für ein Barcamp interessant sind:
- Einladung & About: Worum geht es beim Barcamp? Wer sollte dabei sein?
- Barcamp & Erklärung: Wie funktioniert ein Barcamp? Was bedeutet das Format für Haltung und Rollen?
- Programm & Organisatorisches: Was passiert wann wo?

- Anmeldung & Abmeldung: Wie kann ich mich an- und auch wieder abmelden? (falls gewünscht mit öffentlicher Teilnahmeliste)
- Sessions & Dokumentation: Hier werden vor dem Barcamp Sessions vorgeschlagen, während des Barcamps geplant, nach dem Barcamp dokumentiert.
- FAQ & Kontakt: eine Liste mit den häufigsten Fragen und Antworten sowie die Möglichkeiten zur Kontaktaufnahme

Ausführlichere Hinweise zur Website gibt es in der → *Checkliste Website* in den Zusatzmaterialien.

Zusatzmaterialien: Checkliste Website

> **Tipp: Barcamp-Werkzeuge von Camper**
>
> Es gibt Online-Tools, die auf die digitalen Anforderungen eines Barcamps spezialisiert sind. In den ersten Jahren war das im deutschsprachigen Raum vor allem die Plattform *mixxt*, die Ende 2014 eingestellt wurde. Der Nachfolger *tixxt* hat zwar ähnliche Funktionen, richtet sich aber vor allem an die professionelle Nutzung im Unternehmenskontext.
>
> Speziell für Barcamps gibt es die Plattformen *Camper*, zu erreichen unter barcamptools.eu, sowie openspacer.org. Beide Plattformen bieten als Baukasten alle wesentlichen Funktionen, die man online mit einem Barcamp abdecken will, von Informationen und Mailings, Anmeldung und Sessionvorschlägen bis zur Sessionplanung. Gerade für einmalig stattfindende Barcamps sind sie eine gute Alternative zur selbst gehosteten Website.

Social Media

Social Media wie ein Blog und Twitter (je nach Zielgruppe auch andere Plattformen) sind für nicht-öffentliche Barcamps weniger relevant – dafür spielen sie bei offenen Barcamps eine zentrale Rolle. Der Grundgedanke von Barcamps, dass es in erster Linie um Austausch untereinander geht, spiegelt sich im digitalen Raum wieder. Gerade Twitter hat bei klassischen Barcamps einen herausragenden Stellenwert. Hier werden vorab Ideen für Sessions ausgetauscht, während des Barcamps Interessantes aus den Sessions (und darüber hinaus) berichtet und im Nachhinein Hinweise zu Themen des Barcamps geteilt. Daneben kann Twitter auch für die Bekanntmachung des Barcamps eine große Rolle spielen.

Gleichzeitig gilt: Es ist immer nur ein Teil der Teilnehmenden, der Twitter nutzt. Ob dieser Anteil aber eher eine Minderheit oder die Mehrheit darstellt, hängt stark von der Zielgruppe der Veranstaltung ab. Das gilt noch mehr für Blogs: Selbst bei Barcamps mit digital affinen Themen wird nur ein Bruchteil darüber bloggen – aber diese Gruppe bestimmt die Wahrnehmung des Barcamps im Netz mit.

Tipp: Die Bedeutung des Hashtags

Bei klassischen Barcamps lässt sich ein bemerkenswertes Phänomen beobachten, das die Grundidee von Barcamps pointiert widerspiegelt: Die meisten Aktivitäten auf Twitter gehen nicht etwa vom Veranstalter aus. Der beschränkt sich auf Nachrichten zur Organisation und enthält sich inhaltlicher Diskussionen. Stattdessen sind es die Teilnehmenden, die die inhaltliche Diskussion bestimmen. Deswegen ist es keine Übertreibung, dass der eigene Twitter-Account eines Barcamps weniger wichtig ist als der Hashtag, also das gemeinsame Schlagwort für den Austausch.

Gastgeber eines Barcamps sollten, auch wenn sie selbst nicht auf Twitter aktiv sein werden, schon in der ersten Ankündigung einen Hashtag vorschlagen. Auf diesem Wege können alle diejenigen einfach zueinanderfinden, die schon vorab den Austausch suchen. Ansonsten kann es passieren, dass alle Anfangsenergie auf Twitter in Diskussionen fließt, welcher Hashtag denn nun der richtige sei.

Wer sich ein Bild von konkreten Twitter-Aktivitäten zu Barcamps machen will, kann nach Hashtags vergangener Veranstaltungen suchen. Das geht über twitter.com/search/ (auch ohne Anmeldung). Hier einige Hashtags als Beispiele:
- *#echat18* für das Educamp Hattingen
- *#vhscamp18* für das Barcamp der Volkshochschulen
- *#clc19* für das Corporate Learning Camp
- *#hscamp19* für das Barcamp zum Thema Hochschulkommunikation
- *#traincamp2018* und *#cck2019* für zwei Veranstaltungen für Trainer, Coaches und Berater
- *#edunautika* zu zeitgemäßer Pädagogik im digitalen Wandel
- *#bchh18* für das Barcamp Hamburg
- *#oercamp18* für die OERcamp 2018

Gute Kommunikation vor dem Barcamp

Bei einem Barcamp geht es um Austausch und Miteinander. Das beginnt nicht erst am Tag der Veranstaltung, sondern schon ab dem ersten Kontakt.

In diesem Abschnitt geht es um diese Kommunikation mit Teilnehmenden *vor* dem Barcamp.

Organisatorisches

Es liegt auf der Hand, dass bei der Vorab-Kommunikation zwischen Barcamp-Gastgeber und Teilnehmenden bzw. Interessenten viele organisatorische Dinge geklärt werden. Überhaupt ist »Klärung« der wichtigste Begriff in der Vorab-Kommunikation.

Die Arbeitsteilung bei Barcamps lautet: Die Gastgeber klären Grundlage und Rahmen für das inhaltliche Arbeiten. Für die Inhalte selbst sind die Teilnehmenden zuständig. Das ist eine im Vergleich mit anderen Fortbildungen starke Zumutung für beide Seiten. Deswegen hilft es den Teilnehmenden, sich auf eine stabile Grundlage und Rahmen verlassen zu können. Unsicherheiten sind der Normalfall, wenn Teilnehmende ohne Barcamp-Erfahrung nicht wissen, worauf sie sich einlassen. Alle Unklarheiten oder Missverständnisse, die vorab geklärt werden können, räumen den Weg für Austausch und Engagement frei.

Vor diesem Hintergrund sollte das Informationsangebot vorab ausführlich sein. Es sollte nicht nur eine Nachricht geben, die die Anmeldung bestätigt, sondern zusätzliche Mailings, die nützliche Informationen zum Barcamp liefern. Unsere Zusatzmaterialien bieten eine → *Checkliste Kommunikation vor dem Barcamp* sowie Vorlagen für ein → *Mailing zur Anmeldebestätigung* und ein → *Mailing letzte Neuigkeiten*.

Zusatzmaterialien: Checkliste Kommunikation vor dem Barcamp, Mailing zur Anmeldebestätigung und Mailing letzte Neuigkeiten

> **Tipp: Barcamp-FAQ**
>
> Eine FAQ-Liste umfasst die »Frequently asked questions«, also häufig gestellte Fragen und die Antworten dazu. Für die Kommunikation um Barcamps ist eine FAQ auf der Website eine hilfreiche Ergänzung. Der Leitgedanke: Die Antwort auf jede Frage, auch wenn nur eine einzelne Teilnehmerin sie stellt, wird mit Sicherheit auch für andere Personen interessant sein. Also schreiben wir die Antwort doch nicht nur dieser einen Person, sondern dokumentieren sie zusätzlich in der FAQ-Liste auf der Website.
>
> Dabei gilt: Dumme Fragen gibt es nicht! Häufig sind Teilnehmende beim ersten Besuch des ungewohnten Barcamp-Formats verunsichert. Angesichts dessen, dass Barcamps die größte Selbstverständlichkeit von Bildungsveranstaltungen – nämlich das inhaltliche Programm – auf den Kopf stellen, wissen sie nicht, welche vermeintlichen Selbstverständlichkeiten sonst noch in Frage stehen. Daher gibt es immer wieder Fragen wie zum Beispiel nach angemessener Kleidung oder einfach

> »Funktioniert das wirklich?«. Das sind Fragen, die wahrscheinlich mehrere Menschen sich nicht zu fragen trauen, aber in einer FAQ beantwortet finden.
> In den Zusatzmaterialien gibt es eine Vorlage → *»Die große Barcamp-FAQ«.*

Zusatzmaterial:
Die große Barcamp-FAQ

Beteiligung der Teilnehmenden

Für die Kommunikation im Vorfeld gelten die gleichen Grundsätze wie für das Barcamp vor Ort. Es geht um Austausch auf Augenhöhe, um Teilhabe und Selbstorganisation. Auch vor diesem Hintergrund kann man Barcamp-Teilnehmenden ruhig das eine oder andere Mailing mehr zumuten. Darüber kann man die Teilnehmenden über die Vorbereitung auf dem Laufenden halten, Hintergründe und Begründungen liefern und nicht zuletzt auch immer wieder um Rückmeldung und Beteiligung bitten. Wenn das Gastgeber-Team vor offenen Entscheidungen steht oder Unterstützung sucht, fragt es einfach die Menschen, die ohnehin im Mittelpunkt des Barcamps – die Teilnehmenden.

Es passiert in der Barcamp-Praxis sehr selten, dass sich tatsächlich jemand über zu viele E-Mails im Vorfeld beschwert (immer vorausgesetzt, dass die Nachrichten einen Mehrwert bieten). Häufig gibt es stattdessen Rückmeldungen von Menschen, die sich freuen, dass die Veranstaltung für sie »schon vorher angefangen« hat.

> **Tipp: Das Barcamp-Du einführen**
>
> Bei Barcamps wird konsequent geduzt. Wenn in der Kommunikation vorab gesiezt wird, entsteht hier ein Bruch. Um Irritationen zu mindern, sollte dieser Bruch kurz thematisiert werden. Eine Möglichkeit für die Umstellung auf das Du ist der Beginn der Veranstaltung. In diesem Fall kann die Umstellung im letzten Mailing vorab angekündigt werden. Ein anderer, früherer Zeitpunkt ist die E-Mail mit der Bestätigung der Anmeldung, weil hier das erste Mal ein individueller Kontakt erfolgt. Man kann beispielsweise einfach ein PS wie folgt anfügen:
>
> *»PS: Warum duzen wir dich in dieser E-Mail? Bei Barcamps geht um einen Austausch auf Augenhöhe. Für die Dauer der Veranstaltung sollen traditionelle Hierarchien und Autoritäten zurücktreten. Daher ist es üblich, dass sich vor Ort alle untereinander duzen. Nachdem du dich jetzt angemeldet hast, wechseln wir also zum Barcamp-Du.«*

Sessionideen sammeln

Die Sessionplanung muss nicht erst vor Ort beim Barcamp beginnen. Ideen, Vorschläge und Wünsche können schon im Vorfeld gesammelt werden. Das geht ganz einfach: Wenn ich eine Idee für eine Session habe, schreibe ich das einfach kurz an einen Ort, an dem die anderen Teilnehmenden das lesen und kommentieren können. Dabei sollte deutlich gekennzeichnet sein, ob ich die Session selbst anbieten möchte oder mir wünsche, dass jemand anderes sie anbietet. Bei inhouse-Barcamps kann dieser Ort ein Intranet oder auch einfach eine Pinnwand an zentraler Stelle sein.

Bei einem öffentlichen Barcamp wird der Ort für Sessionideen in der Regel die Website zur Veranstaltung sein. Die Ideen können einfach über die Kommentarfunktion der Website erfolgen. Sofern das technisch nicht möglich ist, können Vorschläge auch per E-Mail an das Gastgeber-Team geschickt werden, das dann die Veröffentlichung übernimmt. Dieses Vorgehen kann aber nur als Notlösung gelten, denn hier wird die Unmittelbarkeit der Programmverantwortung der Teilnehmenden durch eine Blackbox auf Veranstalterseite ersetzt.

Die Abbildung unten zeigt den Text, den das Barcamp edunautika 2018 zwecks Aufforderung für Sessionideen auf der Webseite edunautika.de/sessions genutzt hat. Es folgten 77 Kommentare, die bis heute nachzulesen sind.

Die edunautika wird als *BarCamp* stattfinden. Das heißt: Das Programm wird am Samstagmorgen gemeinsam vor Ort geplant. Jede*r kann eigene Themen und Fragen einbringen, einfach indem er/sie aufsteht und eine *Session* vorschlägt. Daraus bauen wir dann einen *Sessionplan*. (Eine „Session" ist in der BarCamp-Sprache so etwas wie ein Workshop. Mehrere Sessions finden parallel statt, sodass man sich im Sessionplan aussuchen kann, an welchen Sessions man teilnimmt. Eine Session dauert 45 Minuten.)

Wer mag, kann eine eigene Session schon vorab ankündigen (oder sich eine Session von anderen wünschen). Dazu dient die Kommentarfunktion unter diesem Beitrag. Folgende Fragen soll eine Ankündigung beantworten:

- WER? Ein Satz zur Person, die die Session anbietet.
- WAS? Mit welchem Thema beschäftigt sich die Session?
- WIE? In welcher Form soll die Session stattfinden? (Einfach ein Erfahrungsaustausch zu einer Frage? Ein Input? Ein praktisches Ausprobieren? Sonstiges?)

Achtung! Auch wer seine Session schon vorab hier online ankündigt, muss sie vor Ort noch in der gemeinsamen Sessionplanung vorstellen! Die Online-Vor-Ankündigung dient „nur" dazu, Interessen und mögliche Gemeinsamkeiten sichtbar zu machen.

77 Kommentare

Aufforderung für Sessionideen | Screenshot von edunautika.de/sessions | Text von Jöran Muuß-Merholz unter CC0

> **Tipp: Sichtbar machen**
>
> Ganz gleich, ob die Sessionideen auf einer Pinnwand oder im Netz gesammelt werden – wichtig ist, dass die Sammlung es ins Bewusstsein der Teilnehmenden schafft. Dafür hilft ein prominenter Ort für die Sammlung und eine mehrmalige Erinnerung daran: Was passiert da gerade? Was kann ich da beitragen? Die Erinnerung kann zum Beispiel eine Nennung aktueller Vorschläge beinhalten, öffentlich in Mailings und auf Social Media, bei inhouse-Barcamps im Rahmen von Teambesprechungen, Konferenzen o.ä.

> **Achtung: Sessionvorstellung auch vor Ort notwendig!**
>
> Die Ideensammlung vorab kann zu einem Missverständnis führen – nämlich dass konkrete Sessionvorhaben vor Ort nicht noch einmal angekündigt werden müssten. »Ich dachte, meine Session ist ohnehin eingeplant, wenn ich sie schon vorab aufschreibe.«, hat schon manch enttäuschte Teilnehmerin gesagt, nachdem sie die Sessionplanung verpasst hatte. Um dem vorzubeugen, sollten sowohl im Vorfeld als auch bei der Sessionplanung deutlich darauf hingewiesen werden, dass *jede* Session vor Ort vorgestellt werden muss.

Social Media

Zur Kommunikation vorab gehört bei öffentlichen Barcamps auch die Nutzung von Social Media. Die Beispiel-Tweets von der edunautika 2018 unten zeigen, dass Meldungen aus der Vorbereitung nicht immer nur die notwendigsten Informationen umfassen müssen. Es geht darum, die Teilnehmenden an der Vorbereitung teilhaben zu lassen.

Dabei geht es auf Social Media nicht nur darum, einen zusätzlichen Verbreitungskanal zu nutzen. Vielmehr spiegelt sich hier die Grundidee von Barcamps, nämlich der Austausch untereinander wider. Die Gastgeber der Veranstaltung sind ansprechbar und noch wichtiger: Sie katalysieren die Kommunikation der Teilnehmenden untereinander. Im folgenden Kapitel gibt es weitere Überlegungen zu Barcamps und Social Media.

PS: Kurzer Exkurs zu den abgebildeten Fotos: Der Tweet mit dem sehr teuren Hochleistungsbeamer war ein Fehler. Nachträglich erfuhr der naiv twitternde Fotograf vom erfahrenen Veranstaltungstechniker, dass solche Fotos gezielt für nächtliche Einbrüche genutzt werden.

Tweets von twitter.com/edunautika | Tweets und Fotos von Jöran Muuß-Merholz (CC0)

Barcamps selbst veranstalten – Phase III: Auf großer Fahrt!

In diesem Abschnitt geht es um Phase III des Barcamps: die Veranstaltung selbst. Dazu gehört alles, was vor Ort und gleichzeitig im Netz geschieht, also zum Beispiel die Moderation und die Sessionplanung, die Dokumentation und die Kinderbetreuung, die Dokumentation und Social Media.

Gute Moderation für ein Barcamp

Das Gesicht der Veranstaltung

Wer ein Barcamp moderiert, erfüllt mehrere Aufgaben. Die Person führt in die Methode Barcamp ein und leitet durch die Sessionplanung. Sie ist das Gesicht der Veranstaltung und klärt organisatorische Dinge. Falls sie etwas zum Thema des Barcamps sagt, wird sie gewollt oder ungewollt als inhaltliche Autorität wirken. Sie tritt nicht häufig in Erscheinung, aber anlässlich zentraler Ereignissen im Gesamtprozess. Deswegen empfiehlt es sich, in der Vorbereitung besonderen Wert auf eine gute Moderation zu legen.

> **Tipp: Moderation im Tandem?**
>
> Eine Moderation zu zweit ist bei Barcamps grundsätzlich möglich, wenn das Tandem sich gut abspricht. Besonders empfehlenswert ist in diesem Fall eine klare Arbeitsteilung: eine Person ist für alle Fragen zu Organisation, Räume, Zeiten, Materialien etc. zuständig, die andere Person für Erklärung der Methode, Sessionplanung etc.

Zum Thema des Barcamps

Eine sensible Frage für den Auftakt zum Barcamp ist die, ob etwas zu Inhalt und Thema gesagt wird. Das kann von einer unbedachten Äußerung der Moderation bis zum gezielten Statement einer inhaltlichen Autorität reichen. Der Stellenwert der Formulierung des Themas eines Barcamps kann kaum hoch genug eingeschätzt werden. Selbst nur ein oder zwei Sätze zum Thema formen den inhaltlichen Rahmen für alles, was danach kommt. Viele potenzielle Sessionanbieterinnen werden innerlich das Gesagte mit dem abgleichen, was ihnen für einen eigenen Beitrag vorschwebt. Die häufigste

Frage (wenn Teilnehmende sich denn zu fragen trauen) lautet dann: »Mich interessiert dieses und jenes. Aber passt das denn überhaupt zum Thema?«

Inhaltliche Äußerungen sollten also mit Bedacht erfolgen und darauf achten, dass sie zu vielfältigen Beiträgen einladen und nicht abschreckend wirken. Je nach Zielsetzung der Veranstaltung sind unterschiedliche Lösungen sinnvoll. Man braucht gar nichts zum Thema sagen, wenn man davon ausgehen kann, dass die Leute schon wissen, warum sie gekommen sind. Oder man kann das Thema gezielt »aufs Gleis setzen«, wenn man das Barcamp in eine bestimmte Richtung lenken will.

> **Achtung: Vorsicht bei unbedachten Äußerungen zum Thema**
>
> Die Moderation gerät leicht in die Verlegenheit, kleine Äußerungen zum Thema zu machen. Wenn sie damit keine besondere Absicht verfolgt, sollte sie solche Äußerungen vermeiden. Denn jeder Satz, den die Moderation zum Thema äußert, zählt doppelt und dreifach, einfach weil es gefühlt »von Amts wegen« erfolgt.
>
> Dazu gehören auch und insbesondere Kommentare während der Sessionplanung. Die Situation erinnert häufig an einen Reflex: Die Sessionanbieterin sagt, sie möchte sich mit dem Thema »Lernen mit Tieren« beschäftigen. Der Moderator nimmt das Mikrofon und sagt: »Lernen mit Tieren, ein spannendes Thema.« Genau solche Floskeln gilt es zu vermeiden. Was ist denn mit Sessionvorschlägen, zu denen der Moderator schweigt? Gelten die dann als weniger spannend? Die Moderation ist keine inhaltliche Autorität, die beurteilt, ob ein Thema spannend ist oder nicht!

Inhalte der Moderation

Als Beispiel zeigt die folgende Liste die Elemente einer typischen Barcamp-Moderation, zusammen mit den zu klärenden Leitfragen. Die Liste geht von einem eintägigen Barcamp aus.

Auftakt am Morgen:
1) Hallo und willkommen! Kein langes Grußwort, vor allem ein Willkommen.
2) Der Veranstaltungsort: Wo sind wir hier eigentlich? Was passiert hier sonst? Wie ist die Geschichte des Orts? Sind wir jemandem zu Dank verpflichtet?
3) Überblick: Was passiert hier heute, wann und wo?

4) Organisatorisches: Was muss man wissen in Sachen Räume, Zeiten, Technik, Mobiliar, Materialien, Essen, Trinken, WC, Rauchen, Stille, Helfen, Mitmachen …?
5) Vorstellungsrunde: Gegenseitiges Kennenlernen, wer bist du und was interessiert dich? (Falls noch nicht vorab geschehen, kann hier das Duzen eingeführt werden.)
6) Methode: Wie gehen wir vor? Wie funktioniert ein Barcamp? Was sind die allgemeinen Regeln und die konkreten Schritte?
7) Sessionplanung: Welche Sessions soll es geben, wie ist das Interesse?
8) Dokumentation, Öffentlichkeit und Vertraulichkeit: Wie werden die Ergebnisse aus den Sessions dokumentiert und verbreitet? Was bleibt unter uns?
9) Sessionplan: Ist der fertige Sessionplan verständlich, vollständig und konsensfähig?
10) Offene Punkte: Gibt es noch Dinge, die im Plenum geklärt werden sollten, bevor sich die Gesamtgruppe sich bis zum Abend verteilt?

Abschlüsse und Anschlüsse am Abend:
1) Fazite: Wie war es? Was hast du gelernt?
2) Abschlüsse und Anschlüsse: Was wurde erreicht? Wie geht es nach dem Barcamp weiter?
3) Organisatorisches: Was müssen wir noch gemeinsam klären, aufräumen, mitnehmen etc.?
4) Feedback: Was können wir über die Veranstaltung und eventuelle Nachfolger lernen?
5) Danke und Feier: Wem schulden wir Dank? Wen oder was sollten wir zum Ende des Tages feiern?
6) Abschied: Auf Wiedersehen!

Klärung und Orientierung

Für die gute Moderation eines Barcamps kann man die Prinzipien guter Moderation im Allgemeinen heranziehen. Eines davon kann für Barcamps besonders hervorgehoben werden: Klarheit. In allen Punkten geht es um Klärung und Orientierung, um eine stabile Grundlage und einen festen Rahmen, sodass die Teilnehmenden sich auf ihre Sessions und den Austausch konzentrieren können.

Im Herzen eines Barcamps und einer Barcamp-Moderation steht die Sessionplanung. Deswegen gibt es im Anschluss an dieses Buchkapitel ein Bonusmaterial mit ausführlichen Hinweisen für → *Moderation und Planungsteam für die Sessionplanung.*

Zusatzmaterial: Moderation und Planungsteam für die Sessionplanung

Gute Sessionplanung bei einem Barcamp

Die Sessionplanung ist im übertragenen wie im Wortsinne das zentrale Element eines Barcamps. Die Überlegungen auf den folgenden Seiten sind vergleichsweise kompakt gehalten. Dafür gibt es zahlreiche Zusatzmaterialien von Checklisten und Anleitungen über Foliensätze bis zu Dateivorlagen und Vordrucke für analoge Sessionpläne. Einen Überblick über die Materialien folgt am Ende des Abschnitts.

Einführung in die Methode

Weiter oben wurde die Abfolge der einzelnen → Elemente und Phasen eines Barcamp-Tages (S. 49ff.) beschrieben. Nach der Vorstellungsrunde geht der eigentlichen Sessionplanung die Erklärung zum Vorgehen voran. Dabei wird die Methode Barcamp im Allgemeinen und das anstehende Prozedere im Besonderen beschrieben. Es führen verschiedene Wege zum Ziel. Die untenstehende Beschreibung folgt dem Vorgehen, wie wir es über Jahre erprobt, verfeinert und in den Zusatzmaterialien dokumentiert haben.

Am Anfang steht eine grundsätzliche Gegenüberstellung der Methode Barcamp auf der einen Seite und traditionellen Tagungen auf der anderen Seite. Dabei hat es sich bewährt, als alternativen Begriff für »Barcamp« das Wort »Unkonferenz« vorzustellen. Darauf aufbauend kann man die Gegensätze zwischen »Konferenz« und »Unkonferenz« vorstellen:

1) Die Beteiligten: Bei einer Konferenz werden die Menschen in zwei Gruppen unterschieden: die Teilnehmenden und die Referenten. Bei manchen Konferenzen beginnt die Trennung schon am Eingang, wo es eine gesonderte Schlange für Referenten gibt. Diese Trennung spiegelt ein Verständnis von zwei Gruppen wider: Die Referenten sind »die Gebenden«, die Teilnehmenden sind – das steckt ja schon im Namen: »die Nehmenden«. Eine Unkonferenz dagegen baut darauf auf, dass alle, die teilnehmen, auch teilgeben können. Die Barcamp-Sprache hat dafür das Wort »Teilgebende« erfunden.

2) Das Programm: Bei einer Konferenz steht das Programm vor Beginn, am besten noch vor der Einladung fest. Zuständig dafür ist ein Programmverantwortlicher oder ein Programmteam. Bei einer Unkonferenz wird das Programm vor Ort gemeinsam erstellt. Die Verantwortung dafür tragen alle Beteiligten gemeinsam.
3) Die Arbeitsformen: Die dominierenden Formen von Konferenzen sind solche, in denen einzelne Personen sprechen und alle anderen zuhören, also Vorträge, Präsentationen und Podien. Selbst wenn es bei einer Konferenz »Workshops« gibt, dann ist damit noch nicht gewährleistet, dass darunter nicht einfach nur »kleine Vorträge« verstanden werden. Unkonferenzen erlauben durchaus auch Inputs, aber sie leben vor allem von Austausch und Diskussion, gemeinsamen Ausprobieren und Herausfinden.
4) Inhalte: Die Erwartungen an den typischen Konferenzbeitrag richten sich auf »Fertiges«, auf systematische, objektivierte Inhalte. Es geht um Antworten. Bei einer Unkonferenz dagegen steht am Anfang und im Mittelpunkt oft eine Frage, ein Klärungsbedarf, etwas Offenes.
5) Atmosphäre: Bei Konferenzen ist das Siezen der formale Standard, der nur gelegentlich (und dann typischerweise am Rande einer Konferenz) aufgebrochen wird. Typisch für die Unkonferenz ist das Duzen aller Beteiligten untereinander für die Dauer der Veranstaltung.

Die folgende Tabelle fasst diese fünf Punkte noch einmal zusammen. Die frontale Gegenüberstellung darf nicht darüber hinwegtäuschen, dass bei einem Barcamp nicht nur schwarz und weiß, sondern viele bunte Farben vertreten sind. Es ist durchaus auch möglich, einen längeren, frontalen Vortrag zu gesicherten Erkenntnissen oder theoretischen Systematiken zu halten. Es ist nur untypisch.

	Konferenz	Unkonferenz
Rollen	Es gibt Teilnehmende einerseits und Referenten andererseits.	Alle sind Teilgebende.
Planung	Programm wird vorab von einem Programmteam erstellt.	Programm wird vor Ort gemeinsam erstellt.
Formen	Input dominiert, Austausch ist ergänzend.	Input ist möglich, Austausch dominiert.
Inhalte	Man erwartet Fertiges und Allgemeines. Es geht um Antworten.	Man erwartet (auch) Offenes und Konkretes. Es geht um Fragen.
Atmosphäre	Duzen ist die Ausnahme. Siezen ist der Standard.	Duzen ist der Standard. Siezen ist die Ausnahme.

> **Achtung: Missverständnisse bei »Konferenz« in der Schule**
>
> Bei Barcamps mit Akteuren aus dem Bereich Schule entstehen bisweilen Missverständnisse, weil sie beim Wort »Konferenz« nicht zuerst an eine Tagung denken, sondern an eine Besprechung im Kollegium. Hier hilft die Klärung, was mit »Konferenz« gemeint ist.

»10 Goldene Regeln« als Brücke

Weiter oben wurden 10 Goldene Regeln für ein gutes Barcamp vorgestellt. Diese Richtlinien helfen bei der Einführung des Barcamps, eine Brücke zwischen den allgemeinen Prinzipien und dem konkreten Vorgehen vor Ort zu bauen.

> **Tipp: 10 Regeln unterbrechen**
>
> In der Praxis hat es sich bewährt, die Regeln zunächst nur bis zu dem Punkt vorzustellen, an dem alle Informationen für die Sessionplanung erklärt wurden. In unseren 10 Goldenen Regeln ist dieser Punkt nach Nummer 7 erreicht. Danach kann die Sessionplanung stattfinden. Und im Anschluss daran werden die Goldenen Regeln 8 bis 10 erklärt. Auf diese Weise hat man nach dem letzten Sessionvorschlag Zeit für das Planungsteam, um den Sessionplan zu finalisieren, während vom Moderator die letzten Regeln vorgestellt werden.

Aufbau und Ablauf der Sessionplanung, erste Hälfte

Damit die Sessionplanung schnell und unkompliziert abläuft, sollte sie vorab Schritt für Schritt erklärt und an einem Beispiel durchgespielt werden. Die folgenden Grafiken und Fotos stammen aus einem → *Foliensatz*, der auch bei der Sessionplanung gezeigt werden kann und in den Zusatzmaterialien verfügbar ist. Daraus ist auch der Aufbau vor Ort zu erkennen.

Zusatzmaterial: Foliensatz

- Schritt 0: Sitzen. Alle hören zu, wie der Moderator mit dem Mikrofon das Vorgehen erklärt.
- Schritt 1: Anstellen. Alle, die eine Session vorstellen wollen, stellen sich an einer Seite des Raums an.
- Schritt 2: Zettel ausfüllen. Jede*r schreibt seinen Sessionvorschlag auf einen Zettel.

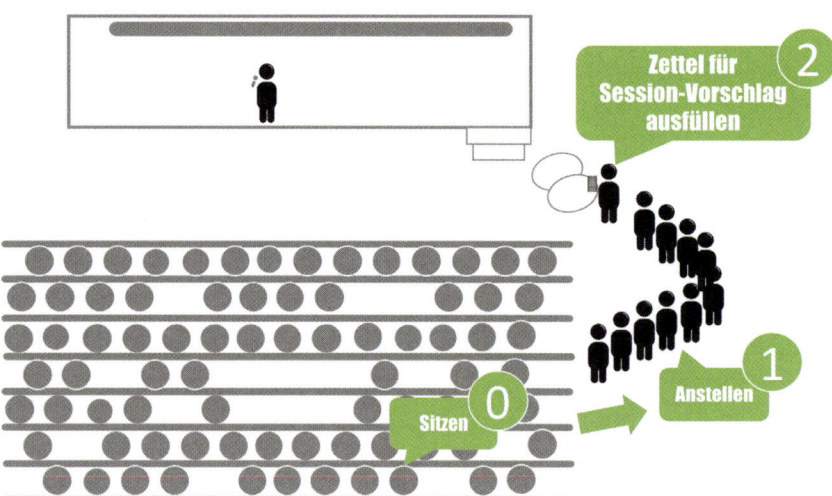

Ablauf einer Sessionplanung, Schritte 0 bis 2
| Grafik von Jöran Muuß-Merholz und Kai Obermüller | OERcamp (CC BY 4.0)

Der Sessionvorschlagszettel

Der Zettel kann einfach eine Moderationskarte sein oder auch mit entsprechenden Feldern vorbedruckt werden. Folgende Elemente sollten enthalten sein:

- Thema/Titel der Session
- Person/Name
- Anforderungen an Raum und Technik

Ein Sessionvorschlagszettel
| Foto von Melanie Kolkmann
unter CC0

Aufbau und Ablauf der Sessionplanung, zweite Hälfte

- Schritt 3: Session vorstellen. Nacheinander bekommen alle Sessionanbieterinnen für je 30 Sekunden das Mikrofon und stellen ihre Session vor. Anschließend signalisieren die Teilnehmenden über Handzeichen ihr Interesse. So weiß die Sessionanbieterin, auf was sie sich einstellen kann, und das Planungsteam, wie groß der Sessionraum sein sollte.
- Schritt 4: Zettel an Planungsteam. Die Sessionanbieterin bringt ihren Zettel zusammen mit der Information, wie groß das signalisierte Interesse war, zum Planungsteam. Dort wird die Session in ein Raum-Zeit-Raster eingefügt.
- Schritt 5: Wieder sitzen. Die Sessionanbieterin setzt sich wieder, nachdem das Planungsteam ihr das grüne Licht gegeben hat, dass keine Fragen mehr zu klären sind.

Ablauf einer Sessionplanung, Schritte 3 bis 4
| Grafik von Jöran Muuß-Merholz und Kai Obermüller | OERcamp (CC BY 4.0)

Aufbau und Ablauf der Sessionplanung, dritte Hälfte

Eine »dritte Hälfte« läuft quasi hinter den Kulissen ab. Das Sessionplanungsteam fügt aus vielen Vorschlägen einen fertigen Sessionplan zusammen. Bei kleineren Barcamps kann das so einfach sein, dass es nicht einmal ein Planungsteam braucht, sondern jede Sessionanbieterin einfach selbst Raum und Zeit auswählt und direkt den eigenen Zettel an einer Pinnwand einordnet. Es kann aber auch sein, dass das Ganze größer wird, unterschiedliche Räume, Zeiten und Bedürfnisse unter einen Hut gebracht werden müssen und ein Sessionplan nicht nur auf der Pinnwand, sondern auch digital und als Ausdruck entstehen soll. Auf diese Weise wird die Aufgabe für das Planungsteam zu einem komplexen Puzzle, das unter Zeitdruck und fehlerfrei gelöst werden muss. Bei größeren Barcamps ist es deshalb nicht unüblich, dass ein eingespieltes Team aus drei oder vier Personen die Aufgaben übernimmt. Die unten beschriebenen Zusatzmaterialien umfassen daher auch eine genaue Anleitung für den empfohlenen Ablauf.

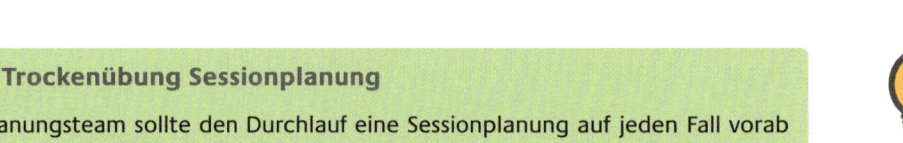

Tipp: Trockenübung Sessionplanung

Das Planungsteam sollte den Durchlauf eine Sessionplanung auf jeden Fall vorab nicht nur durchsprechen, sondern auch proben. Es ist zwar nicht schlimm, wenn der Planungsprozess etwas länger dauert. Aber Fehler im Sessionplan sind vor all

> em für die betroffenen Sessionanbieterinnen unerfreulich. Im Zweifelsfalle führen sie dazu, dass angebotene Sessions nicht durchgeführt oder nicht wahrgenommen werden können.

Wie sieht das konkret aus?

Im folgenden Abschnitt des Buchs sind die einzelnen Schritte nacheinander konkretisiert.

Sessionplan digital und analog

Ein Sessionplan kann auf verschiedene Arten bereitgestellt werden. Die einfachste Version ist die Pinnwand mit Sessionvorschlagszetteln. Das ist auch die ursprünglichste Form, bei der die Gastgeber in Form von Zeiten und Räumen einen Rahmen gesetzt hat, den die Teilnehmenden durch ihre Sessionvorschläge mit Inhalt füllen.

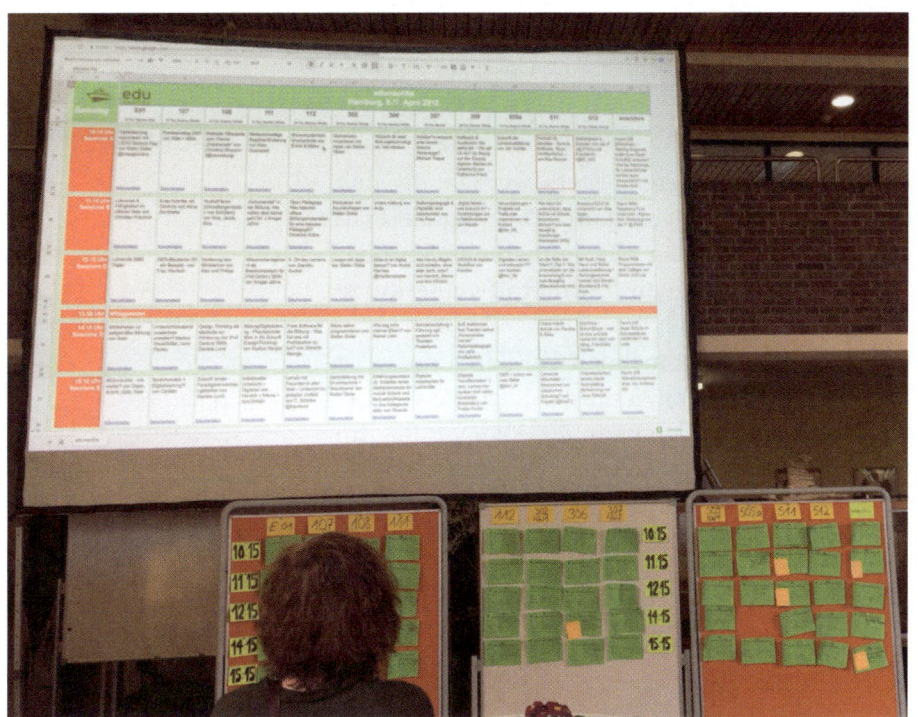

Ein sehr großer Sessionplan, unten auf Pinnwand, oben digital | Foto bei der edunautika 2018 von Ole Koch (CC0)

Die Pinnwand fungiert als zentraler Ort und Ausgangspunkt, um den herum Teilnehmende sich gerne sammeln, Sessions sichten und beratschlagen. Eine Pinnwand *alleine* als Sessionplan reicht aus, wenn die Gesamtzahl der Teilnehmenden nicht zu groß ist und die Handschrift auf den Vorschlagszetteln keine zu große Herausforderung stellt.

Darüber hinaus kann der Sessionplan auch in digitale Form überführt werden. Dafür müssen die Namen der Sessions und ihrer Anbieterinnen in eine vorbereitete Tabelle überführt werden.

> **Tipp: Öffentlichkeit thematisieren**
>
> Sobald ein Sessionplan auch digital bereitgestellt wird, hat er potenziell eine deutlich größere Öffentlichkeit als die Pinnwand vor Ort. Daher sollte die Nennung der Sessionanbieterinnen vorab thematisiert werden. Eine bewährte Richtlinie lautet: »Schreibt den Namen genau so auf die Sessionvorschlagszettel, wie er auch im Sessionplan stehen soll.« Viele entscheiden sich dann nur für den Vornamen, Andere für den vollen Namen, während wieder Andere auch Wert auf den Twitternamen legen.

Bereitstellung des Sessionplans

Die Pinnwand sollte an einem zentralen Ort bereitgestellt werden, der den Tag über gut als gemeinsame Anlaufstelle dienen kann. Der digitale Plan kann über einen Link bereitgestellt werden, den alle Teilnehmenden über Smartphone, Tablet oder Laptop aufrufen können. Dafür hilft eine kurze Adresse, die man sich gut merken kann.

Darüber hinaus mögen die meisten Teilnehmenden bei Barcamps sehr gerne auch gedruckte Sessionpläne auf Papier. Wenn die Logistik vor Ort und der Ablauf im Planungsteam es hergeben, so kann der Plan vor Beginn der ersten Session verteilt werden. Ergänzend können die Ausdrucke an zentraler Stelle ausgelegt und an den Türen der Sessionräume ausgehängt werden.

Materialien für die Sessionplanung

In den Zusatzmaterialien zum Buch gibt es Präsentationen, Vorlagen und Checklisten rund um die Sessionplanung. Eine Übersicht dazu folgt am Ende des Buches.

Social Media bei einem Barcamp

Social Media

Am Ende des vorherigen Kapitels → »Gute Kommunikation vor dem Barcamp« (S. 86 ff.) wurde bereits beschrieben, dass Social Media, v.a. Twitter eine prominente Rolle bei öffentlichen Barcamps spielt. Das gilt auch für die Durchführung des Barcamps. Über Twitter erfahren nicht nur die Teilnehmenden, sondern auch interessierte Menschen im Rest der Welt, was vor Ort geschieht. Wenn Sessions öffentlich dokumentiert werden, gibt es bisweilen sogar Anregungen von Außenstehenden, die etwas zum Thema beizutragen haben.

Die Gastgeber selbst können Twitter zwar für organisatorische Nachrichten o.ä. nutzen, allerdings erreichen sie damit nicht alle Teilnehmenden. Insofern bietet Twitter während des Barcamps eine zusätzliche Ebene, mit der vor allem Impressionen an die Außenwelt transportiert werden.

> **Tipp: Twitter-Account verteilen oder verleihen**
>
> Will man als Gastgeber während des Barcamps viele Aktivitäten auf Twitter bieten, so braucht es dafür zeitliche Ressourcen. Wenn man nicht eine Person aus dem Orga-Team dafür abstellen kann, gibt es zwei alternative Modelle zur Arbeitsteilung:
> - **Modell »Twitter-Account teilen«**: Mehrere Personen im Team bekommen Zugangsdaten für das Twitterkonto. In diesem Fall sollte vorher abgesprochen sein, wer sich für bestimmte Zeiten oder bestimmte Inhalte verantwortlich fühlt.
> - **Modell »Twitter-Account verleihen«**: Hierfür sucht man eine Person mit Twitter-Erfahrung, die für die Dauer des Barcamps den Twitter-Account der Veranstaltung übernimmt. Diese »temporäre Adoption« sollte auf Twitter zu Beginn klar kommuniziert werden.

Die Twitterwall

In den frühen Jahren der Barcamps war ein Twitterwall ein typisches Element von Barcamps. Hier wurden die aktuellen Tweets zum Hashtag des Barcamps auf einer Leinwand angezeigt, sodass Teilnehmende sie an einem zentralen Ort beim Barcamp sehen konnten. So wurde ein Stück weit sichtbar, was das Barcamp gerade tat und dachte.

Nach der Verbreitung von Smartphones und Tablets hat inzwischen jeder eine Twitterwall in der Tasche, zumindest potenziell. Vor diesem Hintergrund sind Twitterwalls selten geworden. Bisweilen sieht man bei Veranstaltungen stattdessen Dienste, bei denen Teilnehmende Antworten auf voreingestellte Fragen schicken können, quasi als digitale Umfragen. Allerdings findet sich der Charakter von Barcamp und Twitterwall nicht unbedingt wieder, denn hier steht am Anfang eine zentrale Frage des Veranstalters anstelle des bunten Durcheinanders der Teilnehmenden.

Eine Twitterwall | Foto von Nightflyer| CC BY 3.0 | gefunden in Wikimedia Commons (commons.wikimedia.org/wiki/File:Impressionen_WikiCon_2013_in_Karlsruhe_DSC03010.JPG)

Achtung: Öffentlichkeit und Privatheit bei Barcamps

Weiter unten folgt ein kleiner Exkurs zur Frage, ob man eigentlich einfach alle Fotos von Barcamps veröffentlichen sollte. Zur Herausforderung, wie man bei einem Barcamp mit Offenheit im Sinne von Öffentlichkeit umgehen sollte, gehören aber nicht nur Fotos, sondern auch die Weitergabe von Informationen, die man in Sessions und Gesprächen erfährt. Einerseits geht es bei Barcamps um das Teilen von Wissen, auch über das Barcamp hinaus. Andererseits schränkt es den Austausch ein, wenn ich bei jedem Satz damit rechnen muss, dass er kurz darauf öffentlich auf Twitter zu lesen sein wird.

Barcamps (und andere Bildungsveranstaltungen) tun gut daran, über eine Art »digitale Hausordnung« nachzudenken. Bisher werden solche Regelungen selten explizit ausgesprochen oder ausgeschrieben. Aber zumindest implizit geht jeder Teilnehmende von einer Norm aus, die nicht überschritten werden sollte. Thematisiert werden diese Grenzen allerdings häufig erst in den Fällen, in denen Menschen diese Grenzen überschritten sehen.

Es kann nicht pauschal für alle Barcamps eine einheitliche Regelung ausgegeben werden. Dafür sind Zielsetzungen und Inhalte viel zu unterschiedlich. Als guter Kompromiss hat sich eine Orientierung an der *Chatham House Rule* bewährt. Diese bald 100 Jahre alte Richtlinie besagt, dass Informationen von einem Treffen zwar weitergegeben werden dürfen, aber nicht in Verbindung mit der Quelle zu bringen sein sollen.

Ein Beispiel: Herr Alfons Apfelbaum von der Firma AA-Bildungstechnik berichtet in einer Session, dass es seiner jahrzehntelangen Erfahrung nach das entscheidende Verkaufsargument für interaktiver Whiteboards ist, dass sich die Budget-Entscheider gut vor den Whiteboards fotografieren lassen können. So können sie zeigen, dass sie etwas getan haben, während WLAN oder Fortbildung »zu unsichtbar« sind. Gemäß der *Chatham House Rule* kann ich diese Aussage nach dem Barcamp mit Dritten teilen. Aber ich darf dabei nicht Herrn Alfons Apfelbaum oder die Firma AA-Bildungstechnik erwähnen.

In der Praxis gibt es von *Chatham House Rule* wahrscheinlich so viele Ausnahmen wie Regelfälle. Dennoch gibt der Standard eine Orientierung, von der aus man arbeiten kann.

Gute Fotos und Videos von einem Barcamp

Was Fotos und Videos von einem Barcamp angeht, so sollten folgende Fragen geklärt werden: 1. Wer macht die Bilder? 2. Wer kann auf den Bildern zu sehen sein? 3. Wo werden die Bilder veröffentlicht? 4. Was darf man danach mit den Bildern tun? 5. Sendet man Videoaufnahmen live?

0. Respekt und gesunder Menschenverstand

Vorweg gesagt: Fragen nach dem Umgang mit Fotos erstellen, Fotos veröffentlichen, Fotos nachnutzen etc. sind eigentlich zu 99% über den Kategorischen Imperativ zu klären: Fände ich es okay, wenn alle das so machen würden, wie ich es mache? Die verbleibenden 1% beruhen darauf, dass wir Menschen nicht immer nur unserer Vernunft folgen und dass wir Menschen unterschiedliche Maßstäbe dafür haben, was gut und richtig ist. Damit aus diesen Fällen keine Streitfälle werden, lohnen sich einige grundsätzliche Überlegungen, die im Folgenden angeregt werden.

1. Wer macht die Bilder?

Bei einem Barcamp spricht zunächst nichts (außer den Kosten) dagegen, einen Profi für die Fotos zu engagieren. Allerdings ist das unter Umständen gar nicht notwendig, wenn auch hier die Teilnehmenden die Sache in die eigene Hand nehmen. Dafür sollte von Anfang an kommuniziert werden, wie beim Barcamp und danach mit Fotos und Videos umgegangen wird. Dazu kann es beispielsweise schon bei der Anmeldung einen entsprechenden Hinweis geben.

2. Wer kann auf den Bildern zu sehen sein?

In Deutschland gibt es seit fotografischen Urzeiten ein Recht am eigenen Bild. Man mag argumentieren, dass dieses Recht an Akzeptanz verliert, weil es inzwischen täglich via Smartphone-Fotos und -Videos hunderttausendfach ignoriert wird. Aber gerade bei Bildungsveranstaltungen stellt sich die Frage immer wieder, weil es zum einen häufig offizielle Aufnahmen von Veranstalterseite, zum anderen Fotos von Teilnehmenden auf Twitter, Instagram, Facebook und Co. gibt. Auch und gerade bei Barcamps stellt sich diese Frage. Es gibt verschiedene Lösungsansätze. Ein bewährter Ansatz wird in einem Exkurs nach diesem Abschnitt beschrieben.

3. Wo werden die Bilder veröffentlicht?

Wenn bei einem Barcamps Fotos gemacht werden und viele Teilnehmende mit der Veröffentlichung einverstanden sind, so braucht es noch einen Ort für die Veröffentlichung. Bei traditionellen Bildungsveranstaltungen wäre das die Website des Veranstalters / der Veranstaltung. Bei einem Barcamp, bei dem viele Teilnehmende Fotos teilen wollen, sollte es (zusätzlich zur Website) einen gemeinsamen Ort geben, an dem jeder eigene Bilder beisteuern kann. Das lässt sich mit Dropbox, Google Fotos, Flickr, der Event-Funktion von Facebook und zahlreichen anderen Diensten organisieren. Die Gastgeber sind diejenigen, die einen entsprechenden Vorschlag kommunizieren und erklären sollten. Die Zusatzmaterialien umfassen eine → *Anleitung: Mit der Dropbox Dateien einsammeln*.

Zusatzmaterial: Anleitung: Mit der Dropbox Dateien einsammeln

4. Was darf man danach mit den Bildern tun?

Selbst wenn die Fotografen gerne ihre Bilder teilen, gilt weiterhin der Grundsatz des Urheberrechts, dass ich diese Bilder nur für private Zwecke weiternutzen kann. Es passt nicht unbedingt zu einem Barcamp, wenn Person A eine spannendes Session gestaltet, Person B sich in dieser Session stark engagiert, Person C ein tolles Foto von A und B macht – das aber dann von A und B nur stark eingeschränkt genutzt werden darf.

Freie Lizenzen bieten hier Abhilfe. Sie erlauben die Weiternutzung unter den Auflagen der Lizenz. Mehr dazu steht im → Exkurs: Open Educational Resources (OER) und das OERcamp (S. 7 ff.). Barcamps können Fotografen vorschlagen, ihre Fotos mit einer solchen Lizenz zu versehen. Eine → *Textvorlage: Freie Lizenzen für Fotos anregen* ist der Teil der Zusatzmaterialien.

Zusatzmaterial: Textvorlage: Freie Lizenzen für Fotos anregen

5. Sendet man Videoaufnahmen live?

In den frühen Barcamp-Jahren war es teils üblich, dass Sessions auf Video mitgeschnitten oder live gestreamt wurden. Zumindest von Veranstalterseite aus ist das heute nur noch selten der Fall. Das heißt aber nicht, dass nicht auch Teilnehmende auf diese Idee kommen würden. Inzwischen ist es in technischer Hinsicht fast genau so leicht, ein Foto zu machen oder einen Video-Livestream mit der Welt zu teilen. Hier gilt theoretisch das Gleiche wie für Fotos. In der Praxis sollten für Videos und erst recht für Livestreams im Sinne von Respekt und gesunden Menschenverstand um ein Vielfaches höhere Ansprüche gelegt werden. Es ist ziemlich einfach: Wer in einer Session Videoaufnahmen erstellen oder senden will, frage vorher (!) einfach die Sessionanbieterin. Falls diese einverstanden ist, sollte die Frage auch mit allen Teilnehmenden zu Beginn der Session besprochen werden.

Exkurs: Recht am eigenen Bild mit roten Lanyards klären

In Deutschland gibt es ein Recht am eigenen Bild. Gerade bei Bildungsveranstaltungen stellt sich die Frage danach immer wieder, und Veranstalter nutzen unterschiedliche Modelle zur Klärung.

Schlechte Vereinbarungen für Fotos bei Veranstaltungen

Opt-In-Lösungen, bei denen sich gezielt diejenigen melden, die auf Bildern zu sehen sein mögen, gibt es so gut wie nie. Mit verschiedenen Maßnahmen versucht man sich stattdessen in Opt-Out-Lösungen, bei denen diejenigen, die nicht fotografisch in die Öffentlichkeit gebracht werden möchten, sich selbst identifizieren müssen. Hier die verbreitetsten Ansätze und ihre Schwächen:
- Kleingedrucktes im Anmeldeformular und Aushänge vor Ort sagen: »Wer hier ist, wird fotografiert und gefilmt. Basta!« Solche pauschalen Zustimmung ohne zusätzliche Opt-out-Möglichkeiten mögen über das Hausrecht zu begründen

sein. Sie nutzen aber die Macht des Veranstalters übermäßig aus und grenzen Recht-am-eigenen-Bild-Freunde aus.
- »Bitte kleben Sie diesen kleinen ›Kein Foto!‹-Aufkleber auf Ihr Namensschild, wenn Sie nicht abgebildet werden möchten.« Der Ansatz ist nicht praxistauglich, weil Fotografierende den Aufkleber nur aus der Nähe und frontal sehen können.
- »Wer nicht auf den Fotos / im Video zu sehen sein möchte, gebe einfach dem Fotografen / dem Veranstalter Bescheid.« Das ist bei mehr als 20 Personen untauglich, weil man sich die betroffenen Personen merken müsste und für die spätere Fotoauswahl am besten Fotos von ihnen bräuchte. Außerdem legt man die Hürde sehr hoch, wenn Menschen sich gezielt beim Veranstalter melden und sogar fotografieren lassen müssen.

Das rote Lanyard

Die Lösung »rotes Lanyard« wurde erstmals beim Educamp in Hamburg 2013 erprobt. Seitdem wurde es mehrmals mit guten Erfahrungen und positivem Feedback eingesetzt. Die Idee knüpft daran an, dass bei den meisten Barcamps Lanyards, also Halsbänder für Namensschilder getragen werden. Hier können *zusätzlich* zu den normalen Lanyards noch rote Lanyards angeboten werden. Wer die rote Variante wählt, signalisiert damit: »Ich möchte nicht auf Fotos und Videos auftauchen, zumindest nicht im Detail.« Das muss dann natürlich auf der Veranstaltung noch gut kommuniziert werden. Aber dann läuft es gut.

Grün oder rot? Lanyards beim OERcamp 2017 West | Foto von Jöran Muuß-Merholz | CC0

Schwarzes Lanyard als default beim Educamp In Hamburg im April 2013. Alternativ / ergänzend ein rotes Band. | Foto von Jöran Muuß-Merholz | CC BY-SA 3.0 DE

Das Kleingedruckte

Auch die Lanyard-Lösung klärt und löst nicht alle Fragen rund um das Recht am eigenen Bild bei Bildungsveranstaltungen. Manch eine Teilnehmerin übersieht oder vergisst die Regelung schlicht. Und gerade bei Bildern von größeren Gruppen ist es oft nicht zu vermeiden, dass auch Menschen mit rotem Band zu sehen sind. Das ist allerdings durchaus legitim. Zwar sind diverse Regelungen zu »ab 5/7/9 Personen ist ein Gruppenbild« mehr Mythos als Rechtslage. Aber als Faustregel lässt sich sagen, dass das Recht am eigenen Bild dann endet, wenn auf den Bildern nicht in erster Linie konkrete Personen, sondern das »Gesamtgeschehen« der Veranstaltung gezeigt wird. Detaillierte Einsichten in die rechtlichen Auslegungen zum Recht am eigenen Bild gibt die empfehlenswerte Website www.rechtambild.de.

Gute Kinderbetreuung bei einem Barcamp

Die Kinderbetreuung ist bei Bildungsveranstaltungen im Allgemeinen eine zwiespältige Sache. Veranstalter machen häufig die Erfahrung, dass entsprechende Angebote schlecht angenommen werden. Wenn Barcamps aber ihrem inklusiven Anspruch gerecht werden wollen, müssen sie sich selbst entsprechende Ziele setzen. Eine Erfolgsgeschichte unten zeigt, dass bei einem Barcamp aus einer einfachen Kinderbetreuung noch viel mehr werden kann.

»Kinderbetreuung wird doch eh nicht angenommen«

Fragt man Veranstalter, warum sie keine Angebote zur Kinderbetreuung machen, hört man häufig das Argument, dass so etwas nur schlecht angenommen werde. Mehr noch: Häufig macht man die Erfahrung, dass bei einer Abfrage vorab mehrere Eltern ankündigen, dass sie eine Kinderbetreuung in Anspruch nehmen würden – und de facto bringt dann nur ein Bruchteil dieser Menschen tatsächlich ihre Kinder mit.

Da ist etwas dran. Allerdings schieben sich beide Seiten gegenseitig die Verantwortung zu. Während die Veranstalter klagen, dass die Angebote nicht den entsprechenden Zuspruch erfahren, sagen die Eltern, dass die Angebote nicht verlässlich sind. Beide haben Recht. Allerdings können nur die Veranstalter die Situation ändern. Dafür braucht es langen Atem, denn Eltern müssen zunächst die guten Erfahrungen machen. Am Beispiel des Educamps in Hattingen kann man sehen, dass eine verlässliche Kinderbetreuung nicht nur Akzeptanz findet, sondern erstaunliche Dinge hervorbringt:

Die Kinder ›befreien‹ sich aus der Kinderbetreuung

Das Educamp findet zweimal im Jahr statt. Seit einigen Jahren ist es jeden Herbst zu Gast im DGB Tagungszentrum in Hattingen. Der Ort bietet besondere Eigenschaften für die Teilnahme mit Kindern, da die Barcamp-Teilnehmenden von Freitag bis Sonntag auch in der Tagungsstätte übernachten und verpflegt werden. Der Anteil der Teilnehmenden, die Kinder mitbringen, ist von Jahr zu Jahr gestiegen. 2018 kamen sage und schreibe 59 Kinder und Jugendliche mit ihren Eltern zum Educamp.

Dabei haben Atmosphäre und Organisation des Barcamps schrittweise dafür gesorgt, dass etwas passiert, was Gastgeber Guido Brombach bei einer Podiumsdiskussion wie folgt auf den Punkt brachte: »Die Kinder haben sich selbst aus der Kinderbetreuung ›befreit‹. Die wollten nicht den ganzen Tag in einem gesonderten Raum sitzen und ›bespielt‹ werden. Die haben die Sessionplanung gesehen und gesagt: ›Da machen wir mit! Wir können auch Sessions anbieten.‹« Die Barcamp-Idee hat sich in zwei Richtungen auf die Kinderbetreuung ausgewirkt: Zum einen gibt es Sessions von Kindern, nicht nur für andere Kinder, sondern erst recht für Erwachsene. So erklären Kinder beispielsweise für Erwachsene, wie Snapchat, TikTok oder Minecraft funktionieren – und was und wie sie damit lernen. Umgekehrt haben viele Erwachsene Teile der Kinderbetreuung in Form von Sessions übernommen. Sie bieten Exkursionen in die Umgebung, Seifenblasen selbst machen oder die Erstellung von Stop-Motion-Filmen an – was wiederum auch viele Erwachsene interessiert.

Im besten Sinne der Barcamp-Idee lernen hier Menschen verschiedener Altersstufen voneinander und miteinander, wobei jeder seine eigene individuelle Expertise einbringt.

Gute Dokumentation bei einem Barcamp

Eine der Goldenen Regeln für gute Barcamps lautet: »Jede Session wird dokumentiert.« Es gibt mehrere Gründe, warum die Dokumentation bei Barcamps besonders wichtig ist.

Drei gute Gründe für die gemeinsame Dokumentation
1) Es finden viele interessante Sessions parallel statt, aber jede*r kann nur eine davon besuchen. Mittels Dokumentation können alle Teilnehmenden von allen anderen Sessions etwas mitbekommen.
2) Es gibt sicher auch Menschen, die nicht am Barcamp teilnehmen können und sich dennoch für die Inhalte interessieren. Eine öffentliche Dokumentation hilft ihnen und erhöht die Reichweite des Barcamps.
3) Auch wer selbst an einer Session teilnehmen kann, wird für den späteren Gebrauch Notizen machen, Empfehlungen und besondere Aussagen aufschreiben etc. Wenn man solche Mitschriften in kollaborativer Form anfertigt, profitiert man auch selbst davon.

Verschiedene Formen

Das Format Barcamp schreibt keine spezifische Form der Dokumentation vor. Die folgende Liste enthält einige Methoden, die bei Barcamps verbreitet sind. Dabei wird von einer öffentlichen Dokumentation ausgegangen, aber prinzipiell sind alle Formen technisch auch für einen geschlossenen Kreis umsetzbar. Alle drei Methoden lassen sich miteinander kombinieren.
- **Etherpads** sind einfache Textdokumente, die im Browserfenster bearbeitet werden können, ohne dass dafür Programme installiert werden müssen oder eine Anmeldung notwendig wäre. In solche Etherpads können mehrere Personen gleichzeitig schreiben, sodass sie ein kollaboratives Protokoll erstellen können. Viele klassische Barcamps, gerade im Bildungsbereich, arbeiten sehr erfolgreich mit Etherpads.

- Auf **Flipchartpapier** lassen sich zentrale Punkte einer Session dokumentieren. Dafür gibt es Vorlagen (siehe unten) die für eine einheitliche Struktur sorgen. Flipcharts sind weniger geeignet für Links, längere Texte und kollaboratives Arbeiten. Dafür lassen sie sich gut für eine gemeinsame Auswertung noch vor Ort nutzen, beispielsweise für einen Gallery Walk zum Abschluss des Tages. (Mehr dazu findet sich in → Teil IV: Ergänzende P2P-Methoden. (S. 215 ff.)) Die Flipcharts können fotografiert und zu einer Fotodokumentation als PDF zusammengestellt werden.
- In einem **kurzen Video** können direkt nach der Session die zentralen Diskussionspunkte zusammengefasst werden. Das können wahlweise die Sessionanbieterin, ein Teilnehmer oder auch mehrere Personen gemeinsam machen.

In den Zusatzmaterialien finden sich sowohl eine → *Vorlage und Anleitung für die Dokumentation mit Etherpads* als auch eine → Druckvorlage *Dokumentationen auf Flipchartpapier.*

Zusatzmaterialen: Vorlage und Anleitung für die Dokumentation mit Etherpads und Dokumentationen auf Flipchartpapier

> **Tipp: Immer wieder an die Dokumentation erinnern!**
>
> Im schnellen Wechsel der Themen und Räume bei Barcamps gerät manchmal die Dokumentation aus dem Blick. Die Gastgeber tun deswegen gut daran, die Dokumentation immer wieder ins Bewusstsein zu rufen. Dafür helfen Erinnerungen bei der Moderation im Plenum, ein Aushang in jedem Sessionraum oder auch eine Person, die mit einem Schild »Denkt an die Dokumentation!« kurz nach Beginn der Sessions von Raum zu Raum geht. Das stärkste, aber auch schwierigste Mittel ist eine eingespielte Routine, mit der jede Session beginnt.

Wer macht die Dokumentation?

Wichtig ist, dass nicht die Sessionanbieterin selbst die Dokumentation übernehmen muss. Im Gegenteil. Sie ist bei einer Session ja die Person im Raum, die ohnehin am meisten zu tun hat. Aber sie ist in der Pflicht, zu Beginn ihrer Session die Dokumentation zu thematisieren und zu fragen, wer sich wie darum kümmert. Die Sessionanbieterin kann selbst vor oder nach der Session zur Dokumentation beitragen, indem sie beispielsweise eine Präsentation bereitstellt, weiterführende Lese-Empfehlungen gibt o.ä.

In Ausnahmefällen kann in einer Session auch gemeinsam entschieden werden, dass die Session nicht dokumentiert wird, wenn beispielsweise ein geschützter Raum für den Austausch wichtig ist.

Beim Format der kurzen Videos empfiehlt es sich, mehrere Helfer zu haben, die die Videos aufzeichnen. Das kann je nach Größe des Barcamps und Anzahl der Helfer direkt am Sessionende im Sessionraum passieren oder an einem zentralen Ort, zu dem die zuständigen Menschen aus den Sessions kommen müssen.

> **Achtung: Die unsichtbare Dokumentation**
>
> Da Barcamps eine starke Tradition in digital-affinen Gruppen haben, ist es weit verbreitet, dass Teilnehmende ihre Barcamp-Teilnahme quasi live auf Twitter oder nachbereitend in Blogs und Podcasts dokumentieren. Veranstalter dürfen nicht der Täuschung erliegen, dass so etwas nicht passiert, nur weil sie es nicht thematisieren. Schon manch Gastgeber von Barcamps wurde überrascht, wie viel Dokumentation von Veranstaltungen im Netz erfolgte, ohne dass sie davon wussten.

Gute gemeinsame Auswertung

Nachdem die Teilnehmenden in vielen verschiedenen Sessions waren, kommen sie zum Abschluss des Barcamp-Tages wieder im Plenum zusammen. Im Unterschied zum Auftakt gibt es für den Abschluss nicht die eine Barcamptypische Form. Je nach Zielsetzung und Zusammensetzung der Gruppe bestehen hier unterschiedliche Möglichkeiten, die im Folgenden beschrieben sind. In → Teil IV: Ergänzende P2P-Methoden (S. 215 ff.) gibt es zusätzliche konkrete Anleitungen, wie einzelne Schritte des Abschlusses gestaltet werden können.

Gruppenaktion
Hinsichtlich der Gruppendynamik darf nicht unterschätzt werden, dass der Abschluss neben dem Auftakt am Morgen der einzige Programmpunkt ist, zu dem alle Teilnehmenden zusammenkommen. Wenn es also gewünscht und sinnvoll ist, dann kann hier über gemeinsame Aktionen das Gruppengefühl gestärkt werden. Die konkrete Ausgestaltung hängt stark von der Gruppe ab. In dem einen Kontext kann ein gemeinsames Singen willkom-

men sein, während genau das gleiche Vorgehen andernorts für Irritation und Fluchtreflexe sorgt.

Vorbereitung für Tag 2

Je nachdem, ob zum Barcamp ein zweiter Tag oder eine Nachfolgeveranstaltung geplant ist, können ein gemeinsamer Ausblick und das Sammeln von Feedback sinnvoll sein. Außerdem ist der Abschluss die richtige Gelegenheit, um Verabredungen zum weiteren Vorgehen zu besprechen. Das kann die ganze Gruppe betreffen oder dezentrale Verabredungen zwischen einzelnen Teilnehmenden.

Berichterstattung, Austausch und Fazite

Das Format »Berichte aus den Workshops«, bei dem zu jedem Workshop eine kurze Zusammenfassung im Plenum gegeben wird, ist bei traditionellen Konferenzen recht verbreitet und verhältnismäßig unergiebig. Bei Barcamps ist diese Methode nur in Ausnahmefällen sinnvoll, wenn die Anzahl der Sessions überschaubar ist und die meisten Sessionthemen für alle Teilnehmenden von Interesse sind.

Beim typischen Barcamp gibt es keinen roten Faden, der verteilt in Sessions weitergesponnen wurde und nun zusammengeführt werden müsste. Das bedeutet nicht, dass man auf ein Fazit am Ende verzichten muss. Aber es wird in der Regel nicht *ein* Fazit für alle zusammen sein, sondern viele Fazite für jeden individuell. Es gibt verschiedene Methoden, um dezentral Fazite zu formulieren, zu diskutieren und zu reflektieren. Wenn Sessions auf Postern dokumentiert wurden, bietet sich ein Gallery Walk an. Wenn es um einen Austausch zu übergreifenden Fragen geht, empfiehlt sich die Methode Chaosinterview. Diese und weitere Methoden sind in → Teil IV: Ergänzende P2P-Methoden (S. 215 ff.) beschrieben.

> **Tipp: Danksagungen sammeln**
>
> Bei einem Barcamp tragen typischerweise (noch) mehr Menschen als bei traditionellen Veranstaltungen zum guten Gelingen der Veranstaltung bei. Diesen Menschen will man am Ende danken, gerade weil viele von ihnen ihren Beitrag nicht aufgrund ihrer beruflichen Rolle, sondern aus Interesse und Engagement geleistet haben. Das Gastgeber-Team eines Barcamps sollten von Beginn an eine gemeinsame Liste führen und dort alle Namen sammeln, denen abschließend gedankt werden soll.

Organisatorisches

Wie zu Beginn hat jedes Barcamp auch am Ende wieder einige organisatorische Dinge zu klären. Das kann zum Beispiel das gemeinsame Aufräumen betreffen, die Verteilung von Aufgaben, Essensresten oder Postern, Ansagen zum Abendprogramm. Auch Danksagungen gehören dazu.

> **Achtung: Aufräumen braucht Klarheit**
>
> Ein Phänomen, das schon einige Barcamps beim Aufräumen erlebt haben: Es gibt viele hilfsbereite Hände, aber keine Klarheit, was genau zu tun ist. Und die eine Person, die das wüsste, ist irgendwo unterwegs und trägt Stühle. Es ist zwar verständlich, dass jemand aus dem Gastgeber-Team nicht die einzige Person sein will, die *nicht* mit anpackt. Das gilt umso mehr, weil diese Person viele Dinge so gut weiß, dass sie denkt: »Bevor ich das anderen Leute erklärt habe, kann ich es auch schnell selbst erledigen.« Aber in der Praxis hilft es mehr, wenn die wissende Person die ganze Zeit über auf einem Stuhl steht und nichts anderes macht als Klarheit zu schaffen. Sie sagt, was von wo nach wo muss. Sie zählt ab, wie viele und welche Personen es dafür braucht. Sie beantwortet die Rückfragen, die unweigerlich kommen. Selbst beim Aufräumen kann man also den Grundsatz des Barcamps anwenden: Die Gastgeber sind für einen klaren Rahmen zuständig, den Rest übernehmen die Teilnehmenden.

Gute Zwischenräume bei einem Barcamps

Was sind »Zwischenräume«?

Nach den bisherigen Beschreibungen könnte man auf die Formel kommen: »Auftakt plus Sessions plus Abschluss gleich Barcamp.« Aber die Rechnung geht nicht auf. Alles, was zusätzlich bzw. *zwischen* den »eigentlichen« Elementen des Programms geschieht, ist ebenfalls von großer Bedeutung. Es geht um den Austausch in den Pausen, die Aktionen auf den Fluren, die Gespräche parallel zu den Sessions etc. Diese »uneigentlichen« Teile von Bildungsveranstaltungen, die »uneigentlichen« Zeiten *zwischen* den eigentlichen Zeiten und die »uneigentlichen« Räume *zwischen* den eigentlichen Räumen – das nennen wir »Zwischenräume« und »Zwischenzeiten«.

> **Achtung: Planungen für das Unplanbare**
>
> Wie auch bei anderen Barcamp-Elementen gilt auch für hier: Was in diesen Zwischenräumen geschieht, lässt sich nicht direkt planen. Es entsteht *zwischen* den Teilnehmenden. Die Gastgeber können aber einen Rahmen schaffen, in dem der Austausch untereinander gut stattfinden kann und nicht behindert wird.

Kennenlernen und Netzwerken fördern

Die meisten Aktivitäten, die man im Zwischenraum schaffen kann, zielen darauf ab, dass Teilnehmende gut miteinander ins Gespräch kommen. Zu diesen Zwecken lassen sich eine Vielzahl von kleinen Materialien, Werkzeugen und Methoden einsetzen, wie sie weiter unten in → Teil IV: Ergänzende P2P-Methoden (S. 215 ff.) beschrieben sind. Das beginnt bei den drei Schlagworten (die man auf sein Namensschild schreibt), geht über Gesprächsanbahner-Karten (mit denen man die Small-Talk-Phase überspringt), über die Ausstellung von inhaltlichen Artefakten (zu denen man themenzentriert ins Gespräch kommt) bis hin zu einem kollaborativen Quiz (das nur über Gespräche miteinander zu lösen ist).

Zwischenraum-Aktionen

In eine andere Richtung gehen Aktionen, die man im Zwischenraum ermöglicht. Dabei werden Stationen aufgebaut, an denen man selbst etwas machen/bauen/ausprobieren kann. Der Bezug zum Thema kann eng oder weit gefasst sein. Meist reicht schon ein loser Bezug, denn die Gedanken der Teilnehmenden vor Ort sind ja ohnehin auf das Thema gerichtet, sodass sie durch Aktionen weiter in die entsprechende Richtung angeregt werden.

Die Ausrichtung der Aktionen hängt davon ab, um was sich das konkrete Barcamp dreht. Beim OERcamp beispielsweise geht es darum, (in Sachen Lehr-Lern-Materialien) selbst aktiv zu werden, nicht nur passiv zu konsumieren, sondern zu machen, zu verändern, neu zu bauen. Zu den Maximen der Community gehören also Ideen wie »Mach' es selbst!« oder »Gib dich nicht mit dem zufrieden, was man dir vorsetzt! Pass es deinen Wünschen an!« Entsprechend gab es gleich zu Beginn des Barcamps eine Station, an der man sein Namensschild anpassen, verändern, erweitern und durch selbstgebaute Buttons ergänzen konnte. Praktische Tipps für die Gestaltung von Namensschildern gibt es in den Zusatzmaterialien in der → *Checkliste Namensschilder*.

Zusatzmaterial: Checkliste Namensschilder

Andere Aktionen können zum Beispiel auf Bauen mit Legosteinen, das Ausprobieren von Computerspielen, die Beschriftung einer Wand etc. abzielen.

> **Tipp: Kein Gesprächszwang**
>
> Bei aller Ausrichtung auf Austausch und Miteinander sollten Barcamp-Gastgeber immer die Möglichkeit mitdenken, dass Teilnehmende auch einmal Phasen »für sich« haben wollen. Es muss also nicht jede Aktion zwingend auf ein Miteinander abzielen. Die Buttonmaschine oben ist ein gutes Beispiel dafür. Sie war ein guter Gesprächsanbahner, wurde aber auch oft von einzelnen Teilnehmenden genutzt, die sich dort allein in eine Bastelei vertieften.

Vorabendprogramm

Ein wichtiger Zwischenraum ist das Abendprogramm, das mehr oder weniger offiziell gestaltet werden kann. Schon für den Vorabend der Veranstaltung kann man eine Gelegenheit für ein Get-Together schaffen. Typisch und vollkommen ausreichend ist es, dafür ein gastronomisches Etablissement in zentraler Lage zu reservieren, wo auf Selbstzahler-Basis gegessen und getrunken werden kann. Eine unverbindliche Vorabfrage bei den Teilnehmenden, wer wahrscheinlich kommen würde, hilft, um für die Reservierung eine Größenordnung zu haben.

> **Tipp: Mit Nachzüglern rechnen**
>
> Bei Barcamps, zu denen viele Teilnehmende aus anderen Regionen anreisen, muss man damit rechnen, dass diese zu ganz unterschiedlichen Zeiten ankommen. Daher sollte das Restaurant nicht nur auf eine nicht genau vorhersagbare Anzahl von Gästen eingestellt sein, sondern auch darauf, dass diese im Laufe des Abends nacheinander eintrudeln. Umgekehrt sollten auch Teilnehmende, die erst im Laufe des späteren Abends ankommen, erfahren können, ob sich der Weg zum Treffpunkt noch lohnt. Ein entsprechendes Update auf Twitter oder eine Kontaktnummer ist hilfreich.

Schöne Räume

Neben allen konzeptionellen Überlegungen sollte auch eine Tatsache beachtet werden, die in allen Bildungsbereichen eigentlich selbstverständlich, aber in der Praxis häufig nicht gegeben ist. Menschen leben und lernen lieber an schönen Orten als in hässlichen Räumen. Selbst wenn man mit gegebenen Räumen leben muss, so kann etwas Dekoration diese Räume für ein Barcamp beleben und ein Zeichen senden: Der Ort ist nicht egal.

Abendprogramm

Mehrtägige Barcamps sollten unbedingt ein Abendprogramm einplanen. Aus pragmatischen Gründen findet es am besten am Veranstaltungsort statt und beginnt direkt im Anschluss an das geplante Programm. In dieser Konstellation nehmen deutlich mehr Teilnehmende das Abendprogramm wahr, als wenn es an einem gesonderten Ort und erst später am Abend beginnt. Der Rahmen für einen guten Austausch ist einfach: Es braucht Essen, damit niemand hungrig ist, Trinken, damit niemand durstig ist, gemütliche Sitzplätze, damit es für niemanden unbequem ist. Dazu vielleicht etwas Musik und nach Möglichkeit nicht unbedingt Neonröhren als Beleuchtung.

Ein gemeinsames Programm am Abend ist prinzipiell möglich. Denkbar sind beispielsweise Kurzvorträge, wie sie später im Buch im Kapitel → Lightning Talks und Pecha Kucha (S. 168 ff.) beschrieben werden. Hier gilt es abzuwägen, ob das gemeinsame Programm den Austausch eher stimuliert oder einschränkt. Eine gute Lösung kann darin bestehen, dass das Programm in einem Raum stattfindet, während der Austausch in einem anderen Raum ungestört weitergehen kann. Auf diesem Wege können die Teilnehmenden selbst entscheiden. Auch unterhaltungsorientierte Formate wie PowerPoint-Karaoke sind je nach Zielgruppe möglich.

Barcamps selbst veranstalten – Phase IV: Zurück im Hafen

Auch wenn alle Teilgebenden des Barcamps nach Hause gegangen sind, gibt es für die Veranstalter noch einiges zu tun. Die abschließende Phase IV umfasst die Nachbereitung, die Evaluation, die Dokumentation – und die Überlegung, ob es ein weiteres Barcamp geben soll.

Gute Nachbereitung für ein Barcamp

Wenn nach dem Barcamp die Teilnehmenden auseinander gehen, ist das Barcamp noch nicht vorbei. Es gibt verschiedene Aufgaben und Möglichkeiten für die Gastgeber, die in diesem Kapitel beleuchtet werden. Vorab sei schon auf die → *Checkliste Nachbereitung eines Barcamps* in den Zusatzmaterialien verwiesen.

Zusatzmaterial: Checkliste Nachbereitung eines Barcamps

Nachbereitende Mailings

In den Zusatzmaterialien gibt es eine → *Vorlage für Mailings nach dem Ende eines Barcamps*. Eine erste Mail fordert zum Ausfüllen eines Feedback-Formulars auf und ermuntert zur Ergänzung der Dokumentation. Diese Mailings sollten möglichst direkt nach Ende des Barcamps verschickt werden, da hier der Schwung noch am größten ist. Ein guter Zeitpunkt für eine zweite Mail mit Erinnerungen und zusätzlichen Informationen ist drei oder vier Tage später.

Zusatzmaterial: Vorlage für Mailings nach dem Ende eines Barcamps

> **Tipp: Nachbereitung gut vorbereiten**
>
> Fast alles, was man für die Nachbereitung benötigt (Evaluationsformular, Mail-Verteiler, Mailingtext), lässt sich schon vor dem Barcamp vorbereiten. Wer das tut, braucht zum Ende der Veranstaltung nur noch auf »Senden« zu klicken. Der Erfahrung nach ist das eine große praktische Erleichterung für die Veranstalter und bringt viel Resonanz durch die Teilnehmenden.

Gute Evaluation

Feedback über Online-Formular

Um mehr über die Erfahrungen der Teilnehmenden beim Barcamp und Möglichkeiten zur Verbesserung zu erfahren, kann man einen Fragebogen an die Teilnehmenden verteilen. Das geht prinzipiell auch auf Papier, aber die Auswertung ist über ein Online-Formular deutlich einfacher. Der Erfahrung nach ist auch der geschriebene Text bei digitalen Fragebogen deutlich ausführlicher als bei Papiervarianten. Für die technische Umsetzung sei auf die Ausführungen zu → Digitale Formulare (S. 81 f.) im Abschnitt zur Barcamp-Vorbereitung und -Anmeldung verwiesen.

In den Zusatzmaterialien gibt es eine → *Vorlage: Evaluation eines Barcamps mittels Fragebogen*. Damit möglichst viele Teilnehmende sich an der Evaluation beteiligen, sollte die Einladung zur Evaluation direkt zum Veranstaltungsende per E-Mail verschickt werden. Eine Erinnerung sollte ca. 3 Tage später gesendet werden. Dabei kann auch an das Engagement der Teilnehmenden als Teilgebende appelliert werden. Nach unseren Erfahrungen kann so ein Rücklauf von mehr als der Hälfte der angemeldeten Personen erreicht werden.

Zusatzmaterial: Vorlage: Evaluation eines Barcamps mittels Fragebogen

> **Tipp: Absagegrund erfragen**
>
> Eine kleine, aber interessante zusätzliche Evaluation ist ein Mini-Befragung derjenigen, die angemeldet waren, aber nicht gekommen sind. Wichtig ist, dass hier niemand einen Rechtfertigungsdruck erfährt, weil er zum Beispiel krankheitsbedingt nicht gekommen ist. In der Ansprache per E-Mail sollte daher die Anonymität und das Interesse an Verbesserungsmöglichkeiten für die Veranstalter unbedingt hervorgehoben werden. In den Zusatzmaterialien gibt es sowohl eine → Vorlage: Formular für No-Show-Anmeldungen wie auch eine → *Vorlage: Mailing an No-Show-Anmeldungen*.

Zusatzmaterial: Vorlage: Formular für No-Show-Anmeldungen und Vorlage: Mailing an No-Show-Anmeldungen

Die Ergebnisse der Auswertung bereitstellen

Selten werden die Ergebnisse einer Evaluation auch den Teilnehmenden zugänglich gemacht. Dabei sind es doch eigentlich »ihre« Ergebnisse, erst recht bei einem Barcamp. Insofern sollten Gastgeber überlegen, ob sie nicht auch die Ergebnisse der Befragung mit den Teilnehmenden teilen.

In den Evaluationsergebnissen gibt es in der Regel auch kritische Stimmen. Veranstalter sollten keine Rechtfertigung zusammen mit den Ergebnissen veröffentlichen. Sie können stattdessen weiterführende Fragen stellen, die beispielsweise in einem Blog zusammen mit den Ergebnissen diskutiert werden können.

> **Tipp: Gleiche Fragen stellen**
>
> Wer mehrere Barcamps über einen längeren Zeitraum plant, sollte vor der ersten Evaluation viel Aufwand in den Fragebogen stecken. Es ist zwar möglich und sinnvoll, nach den Erfahrungen im ersten Durchlauf Fragen anzupassen, zu streichen oder zu ergänzen. Wenn man allerdings bei mehreren vergleichbaren Veranstaltungen immer die gleichen Fragen stellt, so lassen sich aus den Veränderungen im Laufe der Zeit und im Vergleich der Veranstaltungen zusätzliche Erkenntnisse gewinnen.

Gute Dokumentation

Der Sessionplan bleibt auch nach Ende des Barcamps die zentrale Anlaufstelle für alle, die sich für die Ergebnisse interessieren. Hier lässt sich noch nachträglich Mehrwert ergänzen.

Dokumentation ergänzen

Digitale Dokumentationen über Etherpads o.ä. haben den Vorteil, dass sie noch nach dem Barcamp ergänzt werden können. Es ist nicht Aufgabe der Barcamp-Gastgeber (und auch gar nicht möglich), dass sie die Dokumentationen ausbauen. Sie können aber den Sessionanbieterinnen und allen Teilnehmenden entsprechende Erinnerungen schicken.

Falls die Sessions auf Papier dokumentiert wurden, sollten alle Poster fotografiert werden. Die Bilder können als PDF-Datei bereitgestellt werden und/oder einzeln im Sessionplan verlinkt werden.

> **Tipp: Farbsystem für Sessiondokumentation**
>
> Es ist typisch für einen Sessionplan, dass die Links zur Sessiondokumentation sehr unterschiedlich ergiebig sind. In manchen Sessions wurden ausführliche Protokolle geschrieben oder ganze Präsentationen bereitgestellt, während in anderen Sessions gar nichts zu finden ist. Im Sessionplan sieht man das den Links zur Doku-

mentation aber nicht an. Das lässt sich mit wenig Aufwand ändern. Dafür hilft ein einfaches Farbsystem, mit dem man die Links wie folgt markiert:
- grüner Link = gute Dokumentation vorhanden
- orangener Link = bescheidene Dokumentation (nicht leer, aber fast)
- grauer Link = gar keine Dokumentation vorhanden

12.15 Uhr Sessions C	Lehrende 2050 Dejan	OER-Bausteine HH - ein Beispiel - von Frau Wenisch	Forderung ans Ministerium von Max und Philipp	Wissensmanagement als Basiskompetenz für 21st Century Skills von Ansgar Jahns	3. Ort des Lernens von Joachim Sucker	Loopen mit Apps von Stefan Gisler	(Wann) Ist digital besser? von André Hermes @medienberater	Alle Handy-Regeln sind scheiße, ohne aber auch, oder? von Hendrik, Marne und Ann Christin
	Dokumentation	Dokumentation	Dokumentation	Dokumentation	Dokumentation	Dokumentation	Dokumentation	Dokumentation
13.00 Uhr	**Mittagsessen**							
14.15 Uhr Sessions D	Bibliotheken un zeitgemäße Bildung von Gabi	Unterrichtsmaterial zusammen erstellen? Markus Neuschäfer, Lena Florian	Design Thinking als Methode zur Förderung der 21st Century Skills Daniela Lund	Bildung/Digitalisierung - Phantasivoller Blick in die Zukunft (DesignThinking) von Gudrun Neuper	Freie Software für die Bildung - Was hat das mit Partizipation zu tun? von Dominik	Beats selber programmieren von Stefan Gisler	Wie sag ich's meinen Eltern? von Rainer Licht	Schulentwicklung + Führung agil gedacht von Thorsten Puderbach
	Dokumentation	Dokumentation	Dokumentation	Dokumentation	Dokumentation	Dokumentation	Dokumentation	Dokumentation

Ausschnitt aus dem Sessionplan zur edunautika 2018 (Screenshot von edunautika.de/sessions/ | CC0)

Dokumentation und Nachberichte anregen und kuratieren

Wenn ein Barcamp mit einer digital-affinen Zielgruppe gearbeitet hat, so kann man darauf hoffen, dass einige von ihnen nach dem Barcamp noch Fotos, Blogartikel oder Podcasts veröffentlichen. Die Gastgeber können zum einen dazu aufrufen, zum anderen solche Nachberichte an zentraler Stelle sammeln und verlinken.

Ein echter Mehrwert für Teilnehmende und weitere Interessierte entsteht, wenn die Dokumentationen und Ergebnisse als kommentierte Sammlung zusammengestellt werden. Ein Musterbeispiel dafür stammt von Nele Hirsch, die nach der edunautika 2018 in ihrem Blog eine ausführliche Zusammenstellung von Dokumentationen, Folien, Fotos, Lese-Empfehlungen etc. veröffentlichte: ebildungslabor.de/blog/edunautika-zum-weiternutzen

War ein Barcamp sehr aktiv auf Twitter, so kann man auch eine »Twitter-Schau« zusammenstellen. Dafür sucht man einige auch im Nachhinein interessante Tweets zusammen und veröffentlicht diese Sammlung. Beispiele dafür finden sich auf der Website des Portals OERinfo, das nach den OERcamps in 2018 jeweils eine Rückschau in Form ausgewählter, chronologisch Tweets veröffentlicht hat. Ein Beispiel findet sich auf open-educational-resources.de/die-eindruecke-der-oer-twitter-community-vom-oercamp18-ost-in-leipzig/.

> **Tipp: Twitter-Sammlung ganz einfach mit WordPress**
>
> Für einen Zusammenstellung von Tweets kann man sich eine hilfreiche Eigenschaft von Twitter und WordPress zunutze machen. Für einen Blogartikel muss man einfach nur die Links zu den ausgesuchten Tweets untereinander kopieren. Diese werden dann automatisch als Tweets angezeigt, Fotos und Links inklusive.

Nach dem Barcamp ist vor dem Barcamp

Bei Barcamps geht es um das Lernen, voneinander, miteinander, untereinander. Auch das Gastgeber-Team lernt ständig dazu.

»Lessons learnt«

Ein Barcamp kann von einer Gruppe engagierter Freiwilliger, von einer Einzelkämpferin oder von einem Team von Angestellten in einer Bildungsorganisation auf die Beine gestellt werden. Alle haben ein gemeinsames Problem: Nach dem Barcamp sind wahrscheinlich schnell anderen Aufgaben dringend. Dennoch sollten sie Zeit und Energie für die Auswertung einplanen.

Sinnvoll ist es, wenn schon vor dem Barcamp Zuständigkeiten festgelegt und ein oder zwei Termine eingeplant werden, die auf die Auswertung zielen. Die Ergebnisse der Evaluation und eine interne Auswertungsrunde können in einem »Lessons learnt«-Papier zusammengefasst werden. Dieses Papier kann das wichtigste Hilfsmittel sein, wenn früher oder später das nächste Barcamp auf die Beine gestellt werden will.

> **Tipp: Der entlastende Notizzettel**
>
> Wenn man als Gastgeber eines Barcamps die eigene Veranstaltung erlebt, fallen einem wahrscheinlich viele große oder kleine Dinge auf, die man gerne ändern würde. Es ist nicht nur eine gute Investition für die Zukunft, sondern auch eine Entlastung für die Gegenwart, von Anfang an einen »Lessons learnt«-Notizzettel anzulegen. Hier kann man alles sammeln und nachträglich auswerten.

Variationen des Barcamp-Formats

Barcamps stellen viele Grundannahmen von Fortbildungsformaten auf den Kopf (bzw. auf die Füße, je nach Perspektive). In der Praxis gibt es verschiedene Situationen, in denen die »reine Lehre« des Barcamps aufgebrochen und mit anderen Methoden und Formen kombiniert wird. Überlegungen und Beispiele dazu finden sich auf den folgenden Seiten.

Kombinieren klappt gut, Vermischen nicht

Es gibt verschiedene Möglichkeiten für die Kombination von Barcamp- und Nicht-Barcamp-Elementen. Ein Ansatz dafür ist die Ergänzung um weitere Elemente, beispielsweise einen Eröffnungsvortrag im Plenum oder einer vorbereitenden Phase, in der Themen für Sessions erarbeitet werden. Eine andere Möglichkeit besteht darin, dass nicht die komplette Veranstaltung in Form von Barcamp-Sessions stattfindet, sondern nur eine Hälfte. Die andere Hälfte wird im traditionellen Format, also als vorab geplantes und angekündigtes Programm durchgeführt.

Das Beispiel OERcamp

Das erste OERcamp in 2012 war ein reines Barcamp. In Bremen traf sich ein kleiner Kreis von Menschen, die besonders großes Interesse und hohe Offenheit für neue Arbeitsformen mitbrachten. Mit der Zeit kamen in den Folgejahren immer mehr Menschen dazu, die weder mit dem Thema noch mit dem Format vertraut waren. Für sie stellte ein OERcamp in doppelte Hinsicht (Thema und Form) ein »unbeschriebenes Blatt« dar, das für manche nicht genug »Angebot« war, um ihm zu vertrauen. Deswegen wurde das Format so abgewandelt, dass die Hälfte der Zeit in Form von vorab geplanten Workshops stattfand. Dadurch konnten auch diejenigen integriert werden, die sich von einem Barcamp-Format (noch) nicht angesprochen fühlten.

Die OERcamps fanden 2017 und 2018 als zweitägige Veranstaltungen statt, sodass sich die Frage stellte, wie die Phasen für Workshops und für Barcamp-Sessions verteilt werden sollten. Folgende Aufteilung hat sich in der Praxis bewährt:

- Die Workshops finden an Tag 1 vormittags und an Tag 2 nachmittags statt.
- Das Barcamp findet an Tag 1 nachmittags und an Tag 2 vormittags statt.
- Der Barcamp-Teil steht also zeitlich im Zentrum, während die vorab bekannten Workshops den Rahmen bildeten. Diese Struktur wurde auch deswegen gewählt, um Teilnehmenden die Entscheidung zu erschweren, »nur für die Workshops« zu kommen und den Barcamp-Teil nicht wahrzunehmen.
- Es fanden für jeden Tag einzelne Sessionplanungen statt, also an Tag 1 mittags und an Tag 2 morgens.

> **Achtung: Keine Mischung, nur Kombination!**
>
> Es gibt auch Erfahrungen mit der Mischung von vorgeplantem Programm und Barcamp-Sessions, bei denen diese beiden Hälften nicht nacheinander (»kombiniertes Modell«), sondern parallel zueinander (»gemischtes Modell«) stattfanden. Die Erfahrungen sind nicht gut. Wenn Teilnehmende vor die Wahl gestellt werden, sich zwischen dem »unbeschriebenen Blatt« des Barcamps und einem vorab bekannten Programm zu entscheiden, wählen die allermeisten das Bekannte und geben dem Barcamp keine Chance.

Varianten und Ergänzungen

Im Folgenden sind einige Formen beschrieben, mit denen das Format Barcamp ergänzt und verändert werden kann.

Variante Eröffnungsvortrag

Ein beliebtes Verfahren, gerade bei eintägigen Barcamps, ist die Eröffnung mit einem Vortrag im Plenum. Ein Vortrag kann einen inhaltlichen Rahmen für die anschließenden Barcamp-Sessions setzen. Dafür sind besonders Vorträge geeignet, die ein Themenfeld eröffnen und beschreiben, sodass einzelne Aspekte später in den Sessions vertieft werden können. Man könnte diese Funktion als »Landkarte zur Orientierung« bezeichnen, weil sie einen Überblick gibt, ohne zu sehr ins Detail zu gehen.

Der zweite Grund für einen Eröffnungsvortrag besteht aus Sicht von Veranstaltern häufig darin, die potentiellen Teilnehmenden überhaupt erst für die Veranstaltung zu gewinnen. Dafür hilft ein konkreter Programmpunkt zum Einstieg, gerade wenn das Barcamp-Format noch nicht bei allen bekannt ist. Hierfür werden häufig Referent*innen und Themen gewählt, deren Ankündigung für die Zielgruppe besonders attraktiv wirkt. Diese Funktion könnte man »Zucker zum Einstieg« nennen, weil sie den Teilnehmenden die Skepsis vor dem unbekannten Barcamp-Format mit einem vertrauten Einstieg versüßen soll.

Variante Stationen statt Session

Für »Stationen« werden Barcamp und Marktplatz-Methode miteinander kombiniert. Anstelle von Sessions, die nacheinander in getrennten Räumen stattfinden, gibt es einen großen Raum mit vielen Tischinseln, an denen alles gleichzeitig passiert. Teilnehmende können eine solche Tischinsel als Station übernehmen und mit einem Thema besetzen. Das kann eine offene Gesprächsrunde sein, eine Möglichkeit zum Anschauen und Ausprobieren von konkreten Materialien, eine Fragestunde, eine gemeinsame Ideensammlung oder anderes mehr. Ein Beispiel findet sich in der Liste der Stationen zur edunautika 2018 (www.edunautika.de/edunautika18/stationen/).

Bei Stationen bietet es sich an, die Anmeldung schon vor der Veranstaltung zu ermöglichen. Vor Ort sollten einige Stationen als »Joker« freigehalten bleiben, um auch spontane Stationen zu ermöglichen. Die Teilnehmenden bekommen einen Plan »Was ist wo?« mit allen Stationen, um sich ihren Interessen folgend zu orientieren.

Stationen eignen sich gut als Einstiegsphase, gerade wenn nicht alle Teilnehmenden gleichzeitig ankommen. Auch ein Abendprogramm kann so gestaltet werden. Als Dauer funktionieren ca. 1,5 Stunden gut. Hat man 2 oder 3 Stunden, kann man den Marktplatz in mehrere Schichten aufteilen, die nacheinander die Stationen bespielen. Anregungen zur Ausgestaltung des Formats finden sich im Kapitel → Marktplatz & Ausstellung (S. 182 ff.).

Variante Tracks/Label/Themenräume

Angesichts des Durcheinanders (bzw. Nebeneinanders) von Themen in Barcamp-Sessions entsteht häufig das Bedürfnis, Ordnung in den Sessionplan zu bringen. Das ist nur begrenzt möglich, wenn man die freie Sessionplanung nicht einschränken will. Es gibt dennoch einige Möglichkeiten für eine Strukturierung:

- Wenn ein Barcamp-Thema sich klar in wenige Unterbereiche aufteilen lässt, so kann man thematische **Tracks** planen, die dann zu bestimmten Zeiten stattfinden. Umgekehrt kann man so auch dafür sorgen, dass Sessions eines Tracks möglichst nicht parallel zueinander, sondern nacheinander stattfinden.
- Man kann Sessionräume als **Themenräume** definieren, sodass bestimmte Themen mit bestimmten Orten verbunden werden. Damit ist automatisch dafür gesorgt, dass sie nicht parallel zueinander liegen.
- Alternativ lassen sich **Räume nach Sessionform** aufteilen, zum Beispiel »Der Raum für Vorträge«, »Der Kreativ-Raum«, »Der Diskussionskreis-Raum« etc.
- Eine sanfte Sortierung bietet das **Labeling** von Sessions. *Label* ist hier im Sinne eines Etiketts, also einer Markierung gemeint, die jeder Session zugeordnet wird. Die verschiedenen Labels sollten vorab festgelegt und schon auf dem Sessionvorschlagszettel zu finden sein. Sie werden dann in den Sessionplan übernommen und bieten zusätzliche Orientierung. Labels können für bestimmte Oberthemen stehen oder zum Beispiel eine Aufteilung in »Zum Einstieg«, »Zur Vertiefung« und »Für Profis« sein.

Vorbereitung von Sessionvorschlägen

Kritischer Punkt eines Barcamps ist die Sessionplanung. Wenn zum Beispiel eine Teilnehmerin morgens erst einmal »warm werden« muss, fällt ihr ein gutes Thema für eine Session vielleicht erst nach der Planung ein – und dann ist es zu spät. Andere Teilnehmende sind bei der Sessionplanung erst einmal damit beschäftigt, das Format zu verstehen und sind daher nur begrenzt in der Lage, ad hoc eine eigene Sessionidee zu gestalten. Deswegen kann es sinnvoll sein, Sessionideen gezielt zu erfragen, zu stimulieren, zu katalysieren. Dazu gibt es verschiedene Möglichkeiten: Treibhäuser, Pinnwände, Adoptionen, Eisbrecher und Hausieren.

Ein Treibhaus für Sessionideen

Eine einfache Möglichkeit für die Generierung und Ausformulierung von Ideen für Sessions nenne ich »Treibhaus-Methode«, weil das Wachstum von Ideen hier gezielt begünstigt und beschleunigt wird. Der einfachste Weg

kann im Plenum stattfinden und mit einer Vorstellungsrunde verbunden werden. Die Anleitung für die Teilnehmenden lautet:

»Findet Euch in Gruppen zu dritt zusammen. Stellt Euch jeweils mit Namen und drei Schlagworten vor. Anschließend formuliert jede Person ein Thema oder eine Frage, die sie gerne im Rahmen des Barcamps besprechen würde.«

Das Verfahren lässt sich weiter ausdifferenzieren, aber meist reicht schon diese einfache Form. Bei mehrtägigen Veranstaltungen stelle ich zum Abschluss des ersten Tages gerne folgende Aufgabe für einen Abschluss im Plenum:

»Findet Euch in Gruppen zu dritt zusammen. Stellt Euch zum Abschluss des ersten Tages jeweils drei Punkte vor: 1. Was war für dich heute ein Aha-Moment? 2. Nenne eine Frage, die sich heute für dich neu eröffnet hat. 3. Formuliere eine Sessionidee, die du morgen gerne im Sessionplan sehen würdest.«

> **Tipp: Die Schriftform erhöht Verbindlichkeit**
>
> Die Erfahrung zeigt, dass Sessionideen häufiger umgesetzt werden, wenn sie nicht nur mündlich ausgetauscht, sondern auch aufgeschrieben werden. Wenn ein Thema auf einem Zettel steht, selbst wenn es nur für den Urheber der Idee selbst ist, ist es deutlich präsenter, als wenn es »nur« im Kopf existiert.

Eine Pinnwand zur Ideensammlung

Schon im Vorfeld des Barcamps können Ideen gesammelt werden. Bei in-house-Barcamps kann das einfach eine Pinnwand an einem zentralen Ort sein, auf die Zettel mit Ideen gepinnt werden. Um das Verfahren in Gang zu bringen, kann zum Beispiel in einer Teambesprechung dazu aufgefordert werden, dass jede*r eine Idee für die Pinnwand formuliert. Wenn das nicht nur als Arbeitsauftrag erfolgt, sondern noch während des Treffens umgesetzt wird, hat man schnell eine große Menge an Ideen, die an der Pinnwand dann wieder andere Ideen anregen können.

Die Pinnwand kann natürlich auch in digitaler Form umgesetzt werden. Die einfachste Form besteht darin, die Kommentarfunktion in einem Blog für eine Ideensammlung zu nutzen. Digitale Barcamp-Tools bieten spezielle Funktionen dafür.

»Adoptiere eine Sessionidee!«

Von der Formulierung einer Sessionidee bis zum Anbieten einer eigenen Session ist es ein großer Schritt. Deswegen kann es sinnvoll sein, die Schritte getrennt voneinander zu gehen, also zuerst ein unverbindliches Denken »Welche Themen wünsche ich mir?« zu ermöglichen, bevor es an die Übernahme von Sessions geht.

Man kann auf Vorschlagszetteln mit Ideen auch zwischen »Will ich selbst anbieten« und »Wünsche ich mir« unterscheiden. Die Zettel aus der Wunsch-Kategorie werden dann »zur Adoption freigegeben«. Um das Meinungsbild zu verfeinern, kann mit der Methode Punktekleben das Interesse an Sessionwünschen weiter ausgearbeitet werden.

Sessionwünsche nach dem Punktekleben | Foto von Christopher Dies | CC BY 4.0

Tipp: Eisbrecher anwerben

Die meisten Menschen mögen nicht gerne die allererste Person sein, die aufsteht, wenn in einer großen Gruppe nach Ideen gefragt wird. Um diese Anlaufschwierigkeiten zu durchbrechen, können Barcamp-Gastgeber vorab gezielt einzelne »Eisbrecher« ansprechen. Damit sind Personen gemeint, von denen man vermutet, dass sie gerne eine Idee oder ein Thema einbringen wollen. Diese bittet man, den Anfang zu machen und so dem weißen Blatt seine abschreckende Wirkung zu neh-

> men und ein Stück weit Vorbild für alle anderen zu sein. Dieses Vorgehen hat sich sowohl für die Sessionplanung als auch für die Sammlung von Ideen im Vorfeld bewährt.

Hausieren gehen für Sessiongeber

Wenn das Format Barcamp in einer Gruppe neu eingeführt wird, können die Gastgeber die Sessionangebote zusätzlich stimulieren. Neben den oben aufgeführten Methoden ist es ein zwar mühsames, aber vielversprechendes Vorgehen, gezielt einzelne Personen anzusprechen. Dieses »Hausieren« besteht darin, im Kreise der Teilnehmenden diejenigen zu identifizieren, die für eine mögliche Session sowohl Erfahrungen wie auch Interesse mitbringen würden. Diese spricht man dann einzeln an, ob sie nicht ihr Thema als Session einbringen möchten.

Das Ziel beim »Hausieren« muss nicht unbedingt darin bestehen, möglichst viele Sessions zu generieren. Sinnvoller kann es sein, möglichst unterschiedliche oder möglichst thematisch passende Sessionangebote zu sammeln. Auf diesem Wege können die weiteren Teilnehmenden sehen, welche Themen möglich sind und sich davon inspirieren lassen.

Begriffe austauschen

Die vielen neuen, häufig englischen Begriffe des Formats sorgen dafür, dass manche Menschen bei der ersten Begegnung mit Barcamps fremdeln. Wenn man sich im Bonusmaterial → Barcamp'isch ↔ Deutsch – Glossar der Barcamp-Fachbegriffe (S. 132 f.) die zentralen Begriffe anschaut, so lassen sich die meisten davon durch andere Begriffe ersetzen, die für Barcamp-Newbies anschlussfähiger sind:
- Das »Barcamp« kann auch »Unkonferenz« heißen.
- Eine »Session« kann auch »Workshop« genannt werden.
- Eine »Hashtag« ist einfach ein »Schlagwort«.
- Und »Newbies« sind »Anfänger*innen« oder »Einsteiger*innen«.

Teil II+: Bonusmaterialien zum Barcamp

In diesem Abschnitt finden sich drei Bonusmaterialien für Barcamps, die wesentlich auch zum Verständnis des Formats hilfreich sind. Weitere Arbeitsmaterialien darüber hinaus gibt es im Web (mehr dazu folgt am Ende des Buches).

- Bonusmaterial: Barcamp'isch ↔ Deutsch. Glossar der Barcamp-Fachbegriffe 132
- Bonusmaterial: Meine erste eigene Session 134
- Bonusmaterial: Moderation und Planungsteam für die Sessionplanung 137

Bonusmaterial: Barcamp'isch ↔ Deutsch. Glossar der Barcamp-Fachbegriffe

Barcamp, das	Tagungsformat mit mehreren parallelen Workshops (genannt → Sessions), deren Themen aus dem Kreis der Teilnehmenden vorgeschlagen werden. Auch → Unkonferenz genannt.
Blog, das	Website mit regelmäßig neuen Beiträgen, beliebt bei den Teilnehmenden klassischer Barcamps, um Themen eines Barcamps vor- oder nachzubereiten.
Dokumentation	Fixierung von Ergebnissen und Ausschnitten einer → Session für die Zeit nach dem Barcamp. Existiert in verschiedenen Formen, vor allem als → Etherpad oder Flipchart-Plakat.
Dokumentationskümmerer	Eine oder mehrere Personen, die sich für die → Dokumentation einer → Session verantwortlich sehen. In der Regel nicht der → Sessionanbieter.
Educamp	Ein Barcamp, das 2x jährlich stattfindet, veranstaltet vom gemeinnützigen EduCamps e.V. und seiner Community. Bisweilen fälschlich als Oberbegriff für edukative Barcamps genutzt.
Etherpad	Einfacher Text-Editor, der im Browser ohne Installation oder Anmeldung funktioniert, beliebt bei Barcamps für kollaborative → Dokumentationen.
Foo Camp	Prototyp und Ursprung der Barcamp-Idee, entstanden 2003 auf Einladung von Tim O'Reilly in der Digital-Szene der San Francisco Bay Area.
Gastgeber	1. Team der Veranstalter, die ein Barcamp organisieren und durchführen. 2. Person, die eine → Session anbietet (→ Sessionhost).
Hashtag	Gemeinsames Schlagwort für den Austausch zu einem Thema, beispielsweise zu einem Barcamp, v.a. über → Twitter. Erkennbar am vorangestellten Rautezeichen, z.B. #OERcamp18.
Moderator*in	Person, die durch die → Plenumsphasen bei einem Barcamp leitet, insbesondere durch die → Sessionplanung.
Newbies	Menschen, die zum ersten Mal an einem Barcamp teilnehmen, also noch keine Erfahrung mit dem Format haben. Nicht abwertend gemeint.
No-Show-Quote	Anteil der Teilnehmenden, die trotz Anmeldung nicht zur Veranstaltung kommen (und sich auch nicht vorher abmelden).
Open Space	Tagungsformat, bei dem mehrere Arbeitsgruppen parallel arbeiten. Themen und Moderation der Arbeitsgruppen erfolgt durch die Teilnehmenden selbst.
Plenum	1. Phasen und Programmpunkte, zu denen alle Teilnehmenden zusammenkommen. 2. Großer Raum, in dem alle Teilnehmenden zusammenkommen.

Schichtplan	Zeitlich sortierter Plan mit Einzelaufgaben, die freiwilliger Helfer*innen bei einem Barcamp übernehmen, z.B. Registrierung besetzen, Geschirr einsammeln, Aufräumen etc.
Session	Ein Programmpunkt eines Barcamps, der – ähnlich wie ein Workshop bei traditionellen Tagungen – parallel zu anderen Sessions stattfindet.
Sessionanbieter/ Sessionhost/ Sessionowner	Person, die eine → Session vorschlägt und durchführt. Gibt es mehrere Anbieter einer → Session, wird auch von Co-Hosts gesprochen.
Sessionplan/Session Grid	Die Übersicht mit allen → Sessions, sortiert nach Raum und Zeit. Gelegentlich auch nach dem englischen Begriff Session Grid genannt.
Sessionplanung	Prozess zu Beginn des Barcamps, an dem jede*r → Sessions vorschlagen kann, die dann in einem → Sessionplan sortiert werden.
Sessionslot/ Sessionblock	1. Eine Zeitschiene, zu der mehrere → Sessions parallel stattfinden. 2. Ein konkreter Platz (mit Zeit und Raum) im → Sessionplan, zu dem genau eine → Session stattfinden kann.
Sessionvorschlagszettel	Ein leerer Zettel oder ein Vordruck, auf dem → ein Sessionanbieter die Eckdaten zur eigenen → Session einträgt. Alle Zettel zusammen werden im → Sessionplan angeordnet.
Sessionvorstellung, Sessionpitch	Kern der → Sessionplanung, bei dem der Sessionanbieter dem → Plenum Thema und Form der eigenen → Session vorstellt.
Teilgeber/Teilgeberin	Barcamp-typisches Wort, das den Begriff Teilnehmer/Teilnehmerin ersetzt, wenn betont werden soll, dass die Person nicht nur passiv-konsumierend, sondern aktiv-gestaltend handelt.
Twitter	Social Media-Dienst, der bei Teilnehmenden an Barcamps sehr beliebt ist, um Eindrücke, Zitate, Links, Fotos etc. rund um die Veranstaltung zu teilen, auch über den Kreis der Teilnehmenden und die Veranstaltungsdauer hinaus.
Unkonferenz	1. Anderes Wort für → Barcamp. 2. Übergeordnete Kategorie für verschiedene Veranstaltungsformate wie Barcamp oder → Open Space.
Workshop	1. Anderes Wort für → Session. 2. Ein paralleler Programmpunkt, der im Gegensatz zu einer → Session schon vorab geplant und angekündigt wurde.

Bonusmaterial: Meine erste eigene Session

Achtung: Das Wichtigste vorab: Nur Mut!

Die folgenden Checklisten sollen dich bei der Gestaltung einer Session unterstützen. Die Ausführlichkeit der Listen soll dabei kein falsches Bild vermitteln: Im Zweifelsfall starte auch einfach ohne große Vorbereitung eine Session! Viele tolle Geschichten haben bei Barcamps mit einer spontanen Idee begonnen, ohne dass davor lange Checklisten bearbeitet wurden. Die Listen können also zusätzliche Anregungen geben, aber sie sollen dich nicht bremsen!

Checkliste: Basis
- ☐ Überlege dir vor der Sessionvorstellung eine prägnante und verständliche Formulierung deines Themas.
- ☐ Lege auch fest, wie du das Vorgehen in der Session vorstellen möchtest.
- ☐ Investiere etwas Aufwand in lesbare Handschrift. Schließlich sollen alle Teilnehmenden erkennen können, worum es geht.
- ☐ Überlege dir vorab, welche Technik oder Raumausstattung du brauchst.
- ☐ Sei pünktlich im Sessionraum.

Form und Methode für deine Session

Du bist ganz frei, wie du deine Session gestalten möchtest. Es lohnt sich, vorab ein paar Gedanken dazu zu formulieren, auch um die Session entsprechend vorstellen zu können. Die folgende Liste zeigt typische Formulierungen, die man bei Sessionvorstellungen zur Frage der Form häufig hört:

- »Ich habe einen Input von ca. 10 Minuten geplant und bin dann an einem Erfahrungsaustausch interessiert.«
- »Ich habe bisher vor allem eine Frage und suche Menschen, die die gleiche Frage oder auch schon Antworten dazu haben und diese mit mir teilen würden.«
- »Ich plane einen Hands-on-Workshop, bei dem wir nicht nur über das Thema reden, sondern Dieses-und-Jenes direkt ausprobieren wollen.«
- »Ich habe zu meinem Thema eigentlich gar keine Ahnung und suche jemanden, der oder die mich bei der Orientierung unterstützen würde.«

Daneben gibt es eine große Vielfalt von möglichen Formen, vom Rollenspiel bis zum ausführlichen Vortrag, vom gemeinsamen Spaziergang bis zur praktischen Übung. Habe Mut zu eigenen Formen – aber lass das Plenum vorab wissen, worauf sich die Teilnehmenden einlassen!

Tipp: Denke genau über deinen Sessiontitel nach!

Der Sessiontitel soll möglichst genau das Thema beschreiben, das in der Session bearbeitet werden soll. Was wie selbstverständlich klingt, wird in der Praxis oft vernachlässigt. Ein Negativ-Beispiel: Wer in der Sessionvorstellung von »Lernen mit selbstgemachten Videos« spricht und als Sessiontitel »Von Bienenzucht, Steuervermeidung und Skateboardtricks« aufschreibt, der kann nicht erwarten, dass alle Teilnehmenden später im Sessionplan mit Dutzenden von Themen den Titel richtig zuordnen können.

Es mag etwas langweilig erscheinen, einen nüchternen Titel zu wählen und den dann bei der Sessionvorstellung wörtlich vorzulesen. Aber es vervielfacht die Wahrscheinlichkeit, dass Menschen dies Session später im Sessionplan wiedererkennen und dass die Menschen mit den richtigen Erwartungen in die Session kommen. (Die Kreativität, die man bei Titel und Vorstellung einspart, kann man dann in der Session selbst voll ausspielen.)

Dazu gehört auch, dass man bei besonderen Formen ein Wort dazu in den Titel schreibt. Wer ein Rollenspiel plant, sollte das vorher klar machen. Wer einen langen Vortrag vorbereitet hat, sollte das ankündigen. Es reicht, dafür einfach »Rollenspiel« bzw. »Vortrag« in Klammern hinter den Titel schreiben. Wenn dort nichts steht, dann wird man bei den meisten Barcamps davon ausgehen, dass es einen eher kurzen Input und anschließend einen Erfahrungsaustausch gibt.

Checkliste: Fortgeschrittene

☐ Teste deine Sessionvorstellung vorab an ein oder zwei Personen. Stell sie ihnen genau so vor, wie du es im Plenum machen willst und prüfe dann, was dein Gegenüber darunter verstanden hat.

☐ Überlege dir vorab, was du selbst zur Dokumentation deiner Session beitragen kannst, eventuell sogar schon im Vorfeld der Session. Du könntest den Titel deiner Session und deinen Namen, vielleicht auch deine Folien bereitstellen oder Lese-Tipps verlinken.

Tipp: Frage jemanden nach Moderation!

In der Regel geht man bei einem Barcamp davon aus, dass die Sessionanbieterin auch die Moderation der Session übernimmt. In Ausnahmefällen kann es sinnvoll sein, dafür eine andere Person um Unterstützung zu bitten. Wer beispielsweise in der eigenen Session provokante Thesen vor- und zur Diskussion stellt, ist im Raum intensivste Diskutantin und gleichzeitig in der Moderationsrolle. In diesem Fall kann die Sessionanbieterin einfach fragen, wer im Raum die Moderation übernehmen kann. Wenn das schon vorher absehbar ist, kann man sich für die Session von Anfang an eine zweite Person an die Seite holen.

Checkliste: für Streber

- ☐ Schau dir vor deiner Session schon einmal den Raum an, in dem sie stattfinden wird.
- ☐ Überlege dir vorab, ob es andere Menschen beim Barcamp geben wird, die sich als Co-Host für deine Session anbieten würden.
- ☐ Stelle deine Session schon vor dem Barcamp vor, falls die Veranstalter die Möglichkeit anbieten. So findet vielleicht eine andere Person oder eine interessante Idee schon zu dir und du kannst sie für deine Planung berücksichtigen.
- ☐ Sprich auch nach dem Barcamp über deine Session. Je nach Kontext kann das ein Gespräch im Team oder ein Blogartikel sein.

FAQ: Die häufigsten Fragen für Sessionanbieter

- Bei der Sessionvorstellung im Plenum hatten viel mehr Menschen ihren Arm gehoben, als dann tatsächlich gekommen sind. Woran liegt das?
  - Das ist der Normalfall. Im Plenum melden sich alle, die prinzipiell Interesse haben. Bei der konkreten Entscheidung müssen sie sich zwischen deiner Session und mehreren parallelen Sessions entscheiden, sodass nicht alle kommen können.
- Ich bräuchte noch spezielles Material für meine Session. Kann ich dafür das Organisationsteam fragen?
  - Auf jeden Fall! Dort hat man sicher nicht auf jede Anforderung die ideale Ausstattung. Aber Fragen kostet nichts, denn genau dafür ist das Team da.
- Kann meine Session noch in einen anderen Raum oder auf eine andere Zeit verlegt werden?
  - Nein, das geht nicht. Viele Teilnehmende haben sich den Sessionplan abfotografiert, ausgedruckt oder einen eigenen Plan geschrieben. Eine nachträgliche Änderung sorgt aller Erfahrung nach für Desorientierung und Unzufriedenheit.

Bonusmaterial: Moderation und Planungsteam für die Sessionplanung

Wer eine Sessionplanung moderiert, hat mehrere Aufgaben zu erfüllen. Die Person wird als Gesicht der Veranstaltung wahrgenommen und angesprochen, sie stellt die Methode vor und sorgt für einen guten Ablauf der Planung. Prinzipiell gelten für diese Aufgabe die allgemeinen Grundsätze für gute Moderation. Die folgende Liste legt den Schwerpunkt auf die Besonderheiten des Barcamps.

> **Checkliste: für die Moderation eines Barcamps**
> - ☐ Teile Erklärungen, organisatorische Ansagen und andere Bausteine deiner Moderation vorab so ein, dass alles, was nach den Sessionvorstellungen stattfinden kann, auch nach den Sessionvorstellungen passiert. Auf diese Weise hat das Planungsteam Zeit, den Sessionplan zu komplettieren. Das kann nach der letzten Sessionvorstellung noch gut und gerne 10 Minuten dauern, bei Unklarheiten auch länger.
> - ☐ Sprich vorab eine Person an, dass sie die erste Sessionvorstellung macht. So kannst du den Ablauf Schritt für Schritt erklären. Hilfreich ist, wenn diese Person sich bei der Sessionvorstellung vorbildlich verhält, so kurz und präzise spricht. So wird ein vorbildlicher Standard für alle gesetzt, die danach kommen.
> - ☐ Wenn es ein Mikrofon gibt, (be-)halte es immer in der Hand, auch für die Sessionvorstellungen. Aller Erfahrung nach neigen Menschen bei einem »lebenden« Mikrofonständer deutlich eher dazu, sich kurz zu fassen.
> - ☐ Kommentiere die Sessionvorstellungen nicht, wiederhole sie nicht, bewerte sie nicht.
> - ☐ Verkneife dir für die Momente zwischen zwei Sessionvorschlägen unnütze Kommentare. Das Plenum verträgt zwei oder drei Sekunden Schweigen und du kannst mit lückenfüllenden Kommentaren selten Mehrwert bieten.
> - ☐ Wenn du das Interesse abgefragt hast, gibt der Sessionanbieterin eine glasklare Ansage zur Größe des Interesses mit auf den Weg zum Planungsteam. Entscheide dich z.B. vorab für die Begriffe »groß«, »mittel« und »klein«. Wenn du ständig neue Begriffe für Größenordnungen erfindest, kann dein Planungsteam damit wenig anfangen.
> - ☐ Erkläre dem Publikum bei Bedarf, dass »klein« als Interesse keine Wertung oder Geringschätzung ist. Barcamps sind gerade auch für Themen geeignet, die nur ein paar weniger Leute interessieren und die so zusammenfinden können. In der Moderation kannst du statt »klein« auch »vorhanden« oder ähnliches sagen.

- ☐ Wenn mehrere Menschen gemeinsam eine Session vorstellen, so sollen sie sich gerne einzeln vorstellen. Sie haben aber keinen Anspruch auf mehr Vorstellungszeit für ihr Thema.
- ☐ Wenn eine Person mehrere Sessions vorstellt, achte darauf, dass das nacheinander geschieht und für jede Session einzeln das Interesse abgefragt wird.
- ☐ Sollten es trotz bester Planung mehr Sessionangebote geben, erfinde in Absprache mit dem Planungsteam noch kleine Räume. Wenn es sehr viele Sessions parallel gibt, werden die einzelnen Sessions ja durchschnittlich weniger Teilnehmende haben, sodass für die kleinsten Sessions auch eine Sitzecke oder ein Stehtisch ausreicht.
- ☐ Vereinbare mit dem Planungsteam vorab ein klares Zeichen für dich für den Moment, in dem der Sessionplan fertig ist. Du musst damit rechnen, dass das Sessionplanungsteam während der Arbeit so konzentriert ist, dass sie dich nicht hören, auch wenn du sie direkt ansprichst.
- ☐ Zeige abschließend den fertigen Sessionplan über den Beamer (oder auf der Pinnwand). Wenn nicht alles für alle Teilnehmende zu erkennen ist, lies im Schnelldurchlauf alle Sessions vor. Nur so kannst du sicherstellen, dass keine Session verloren gegangen ist. Frage abschließend die Teilnehmenden, ob sich dort alle diejenigen wiederfinden, die eine Session vorgestellt haben.

Checkliste: Extra-Einladungen für mehr Sessionvorschläge

Falls sich während der Sessionplanung zeigt, dass das Barcamp mehr Sessionvorschläge braucht, kannst du mit folgenden Elementen arbeiten:

- ☐ Ermuntere gezielt Newbies, also diejenigen, die noch nie bei einem Barcamp waren, dass sie selbst eine Session anbieten. Erinnere an die Regeln »Eine Frage reicht aus« und »Schiebe nichts auf morgen«.
- ☐ Ermuntere bestimmte Gruppen oder bestimmte Themen, die im Sessionplan noch unterrepräsentiert sind. Wenn du es selbst nicht weißt, stelle die Frage ans Plenum: »Welche Themen fehlen aus Eurer Sicht noch? Aus welchen Reihen sollten noch weitere Sessionvorschläge kommen?«
- ☐ Erinnere daran, dass eine Person auch mehrere Sessions gestalten kann.
- ☐ Mache einen »Last Call«, also einen Aufruf, sich noch für einen Sessionvorschlag nach vorne zu begeben.

Falls das alles nicht reicht, kannst du mit gesonderten Methoden die Themenfindung katalysieren. (Mehr dazu steht unter → Teil IV: Ergänzende P2P-Methoden. (S. 215 ff.))

Tipp: Partnervermittlung statt Sessionplanung

Es passiert seltener, als die meisten Menschen erwarten, aber es passiert: Eine Person schlägt eine Session vor und niemand meldet Interesse an. In diesem Fall frage die Person, ob sie auch für Gespräche zum Thema in der Kaffeepause offen ist, und ermuntere die Teilnehmenden, bei Interesse den direkten Kontakt zu suchen. Auf diese Weise minderst du den für viele Menschen unangenehmen Eindruck, dass ihr Thema »fehl am Platze« sei.

Achtung: Keine Extrawünsche im Sessionplan!

Moderator und/oder Planungsteam sollten darauf hinweisen, dass Ihr keine Extrawünsche für den Sessionplan akzeptiert. Häufig kommen Sessionanbieter zu Euch und fragen, ob ihre Session nicht noch verschoben werden kann, damit sie nicht parallel zu einer bestimmten anderen Session liegt. Hier ist das größte Kuddelmuddel-Potential einer Sessionplanung, also Vorsicht!

Checkliste: Das Planungsteam bei der Sessionplanung

Auch wenn das Planungsteam bei der Sessionplanung eher im Hintergrund arbeitet, so ist es doch genauso wichtig wie die Moderation. Deswegen kommen hier noch einige Tipps, die insbesondere für größere Barcamps relevant werden können:

- ☐ Nehmt Euch vorab Zeit, um ausführlich den Ablauf durchzusprechen und einen Probedurchlauf zu machen.
- ☐ Wenn eine Sessionplanung reibungslos voran geht und nur wenige Minuten später ein ausgedruckter Sessionplan vorliegt, dann ist das häufig ein magischer Moment. Aber im Zweifelsfalle gilt: Sorgfalt vor Geschwindigkeit! Was nützt die schnellste Planung, wenn Ihr Fehler erst dann entdeckt, wenn der Plan schon auf 100 Kopien im Haus verteilt ist.
- ☐ Achtet darauf, dass Euch die Sessionanbieter nicht »weglaufen«. Bittet sie, solange bei Euch zu bleiben, bis ihr definitiv grünes Licht geben könnt, dass alles lesbar, machbar und zugeordnet ist.
- ☐ Manchmal bilden sich bei der Sessionplanung Schlangen vor dem Planungstisch. Hier gilt die Maxime von Douglas Adams: Keine Panik! Sorgfalt geht vor Eile.
- ☐ Bei einem größeren Plenum könnt Ihr Euch ein Mikrofon an die Planungsstation geben lassen. Das wird selten gebraucht, aber kann hilfreich sein. Ein typischer Fall ist die Durchsage: »Kann bitte die Person mit folgendem Sessiontitel noch einmal zu uns kommen? Wir können die Handschrift im Feld ›Namen‹ nicht lesen und die Person ist zu schnell verschwunden.«

Organisatorische Hinweise zur Sessionplanung gibt es im Anhang in der → *Checkliste Sessionplanung*.

Zusatzmaterial: Checkliste Sessionplanung

> **Tipp: Internetzugang für Sessionplanungen**
>
> Wenn Ihr für die Sessionplanung einen funktionierenden Internetzugang braucht, verlasst Euch nicht auf das Netz, das alle Teilnehmenden auch nutzen. Hier kann es exakt zu dem Zeitpunkt zu Engpässen kommen, zu denen Ihr das Netz am dringendsten braucht. Nutzt für Eure(n) Planungsrechner einen eigenen Zugang, beispielsweise über den mobilen Hotspot eines Smartphones.

Teil III: 10 weitere Formate für P2P-Fortbildungen

- Vorbemerkungen — 142
- Karussell-Fortbildung — 143
- Hackathon & Booksprint — 148
- Newsletter & Wissensblog — 156
- Speed-Geeking & Date-an-Expert — 162
- Lightning Talks & Pecha Kucha — 168
- Stammtische & Meetups — 175
- Marktplatz & Ausstellung — 182
- MOOCs & Learning Circles — 188
- Offene Küchen-Sprechstunde — 197
- Twitter & Blogs — 204

Vorbemerkungen

In diesem Teil des Buches werden zehn weitere Formate vorgestellt, mit denen Menschen voneinander und miteinander lernen können. Am Anfang steht jeweils ein »Steckbrief« mit den wichtigsten Eckdaten. Jedes der Formate lässt sich individuell anpassen, sodass die Angaben hier als Anhaltspunkte aber nicht als Einschränkungen verstanden werden sollten.

Es wird viel mit Beispielen auf verschiedenen Ebenen gearbeitet:
- »Beispiele für das Setting« – also für Struktur und Größe.
- »Beispiele für Themen« – also für die Inhalte.
- »Beispiele für Formen eines Treffens« – also für die Ausgestaltung konkreter Termine.

Karussell-Fortbildung – »Jeder ist reihum dran.«

Steckbrief

Reichweite	✓ Team ✓ inhouse ☐ regional ☐ überregional
Größe	✓ 3 bis 9 Personen ✓ 10 bis 29 Personen ✓ 30 bis 250 Personen
Rhythmus	☐ täglich/mehrmals pro Woche ✓ wöchentlich/monatlich ☐ halbjährlich/jährlich ☐ einmalig/punktuell
Dauer	✓ 5 bis 20 Minuten ✓ 20 bis 60 Minuten ☐ mehrere Stunden ☐ mehrere Tage
Voraussetzungen	✓ regelmäßiger Termin ✓ ein*e Koordinator*in ✓ feste Gruppe mit gemeinsamen Interessen
Besonders geeignet	✓ verschiedene Themen ✓ aufeinander aufbauende Themen
ähnlich zu	✓ MikroSchiLf ✓ kollegiale Beratung ✓ Referatsunterricht

Kurzbeschreibung

Es gibt regelmäßige Termine mit festem Team. Am Anfang steht ein gemeinsamer Themenrahmen, der beliebig weit oder eng gefasst werden kann. Wichtig ist, dass der Rahmen ein gemeinsamer Nenner der beteiligten Personen und ihrer Interessen ist.

Jeder Termin wird von einem Mitglied des Teams gestaltet, wobei nach dem Rotationsprinzip durchgewechselt wird. Die für einen konkreten Termin zuständige Person wählt das Thema für diesen Termin selbst und bereitet auch die Form eigenständig vor. So kann ein buntes Bild an Themen und Arbeitsformen entstehen.

Eine Koordinatorin kümmert sich darum, dass ein Plan mit Themen und zuständigen Personen steht. Falls die Themen aufeinander aufbauen, braucht es hier rechtzeitige Koordination. Ein Plan kann beispielsweise beim ersten oder zweiten Treffen gemeinsam erstellt werden.

Die Ausgestaltung des konkreten Termins liegt dann bei der zuständigen Person. Die Form kann vom frontalen Input bis zum moderierten Erfahrungsaustausch reichen. Eine Dokumentation ist sinnvoll.

Beispiele für Setting, Themen und Formen

Beispiele für das Setting:
- Ein Team mit 12 Personen trifft sich 1x pro Woche, z.B. immer mittwochs um 14.30 Uhr. Dann ist eine Person im Schnitt alle 12 Wochen für die Vorbereitung zuständig. Das macht also ca. 1x pro Quartal.
- Ein Team mit 24 Personen trifft sich 1x pro Monat, z.B. immer im Anschluss an einen Konferenztermin. Jeder Termin wird von einem Tandem aus zwei Personen vorbereitet, das dann ca. 1x pro Jahr aktiv werden muss.

Beispiele für Themen:
- Beispiel für ein engeres Thema: »Unterrichtsmaterialien konkret« – Kurzvorstellung von Lehr-Lern-Materialien in einem Fach und eigenen Erfahrungen damit.
- Beispiel für ein sehr weites Thema: »Was ich diese Woche gelernt habe …« – Bericht von einer Erfahrung, einem Text, einer Einsicht o.ä. der berichtenden Person.
- Beispiel für ein diskussionsfreudiges Thema: »Eine Werbung, die mir gefällt« – Ein Werbevideo wird gezeigt und Gefallen und Nicht-Gefallen dazu diskutiert.

Beispiele für Formen eines Treffens:
- 30 Minuten Input, danach Fragen und Diskussion.
- 10 Minuten Input, danach Erfahrungsaustausch entlang einiger Leitfragen.
- 5 Minuten Einführung, dann interaktive Übung mit verteilten Rollen, anschließend Reflexion.

Geeignete Themen

Das Format bietet sich für Themenbereiche an …
- in denen viele unterschiedliche Themen/Aspekte vorhanden sind,
- die man gut in kurzer Zeit abhandeln kann,
- in denen die einzelnen Themen nicht aufeinander aufbauen, also jeweils für sich vorbereitet werden können,
- zu denen in der Gruppe verteilt Expertise vorhanden ist, also jedes Mitglied zumindest zu einem Aspekt etwas beisteuern kann,
- in denen Themen wahlweise für Inputs als auch für Erfahrungsaustausch geeignet sind.

Variationen und Tipps

> **Tipp: Fester Rahmen!**
>
> Gerade wenn die Ausgestaltung der einzelnen Termine sehr unterschiedlich sein kann, hilft ein fester Rahmen als verbindliche Struktur. Es empfiehlt sich, den Plan mit Personen und Zuständigkeiten gleich für das nächste Halbjahr aufzustellen und feste Termine mit einem festen Raum zu vereinbaren. Durch das stabile Gerüst entsteht Sicherheit und Verbindlichkeit für die einzelnen Termine.

Variation 1: Themenwunsch

Ergänzend zur freien Themenwahl kann zu Beginn auch ein Pool von möglichen Themen erstellt werden. Alle Mitglieder können dafür Themenwünsche (offen oder anonym) einbringen. Andere Mitglieder können dann je ein Thema »adoptieren« und sich um die Umsetzung kümmern. Hierbei ist es wichtig, dass der Themenwunsch möglichst konkret beschrieben wird, damit wünschende Person und adoptierende Person möglichst ähnliche Vorstellungen vom Thema haben. Denkbar ist auch, dass diese beiden Personen das Thema gemeinsam vorbereiten.

Variation 2: Themenvergabe

Alternativ zur freien Themenwahl können auch festgelegte Themen innerhalb der Gruppe vergeben werden (»Referatsmodell«).

Variation 3: Eigenständig oder angedockt

Wenn das Thema eine längere Dauer erfordert, sollte der Termin eigenständig stattfinden. Falls es pro Termin nur 5 bis 30 Minuten braucht, kann das Format stattdessen an bestehende Termine angedockt werden. Voraussetzung ist, dass die Gruppe gemeinsam feste Termine hat, beispielsweise Teamtreffen oder Bereichskonferenzen.

> **Achtung: Themen-Umwidmung**
>
> In Einzelfällen kann es zu einer missbräuchlichen Umnutzung des Termins für andere Zwecke kommen. Wenn ein Team eng zusammenarbeitet und die konkreten Themen kurzfristig festgelegt werden, dann gibt es eine gewisse Verführung, den gemeinsamen Termin für dringende gemeinsame To-dos »umzuwidmen«. Letztlich ist das eine Frage davon, wie eng oder weit der Themenrahmen der Reihe definiert wurde.

Ursprung und Verbreitung

Das Format existiert in verschiedenen Bildungsbereichen. Es hat keinen festgelegten Namen. Hier einige Varianten:
- Karussell-Fortbildung
- RotationsSchiLf (SchiLF = schulinterne Lehrer-Fortbildung)
- Mittwochsbildung
- 55 Minuten mehr Wissen

Ergänzend bietet es sich an, den thematischen Rahmen im Titel zu verankern, also beispielsweise »Rotations-Fortbildung digitale Medien«, »Mittwochsbildung Barrierefreiheit« oder »55 Minuten mehr Wissen über Marktsegmente«.

Weiterführende Hinweise

Ein Themenplan kann beispielsweise die folgenden Elemente umfassen:

Thema: (Hier steht der gemeinsame Themenrahmen.)

Mitwirkende: (Hier stehen die Namen aller Beteiligten.)

Ort und Zeit: Großer Konferenzraum, jeden Mittwoch, 14.30 bis 15.25 Uhr.

Vereinbarungen: Konkrete Termine können nicht abgesagt, aber untereinander getauscht werden. Alle Teammitglieder verpflichten sich, an mindestens 10 von 12 Terminen teilzunehmen. Zu jedem Termin wird eine Dokumentation im gemeinsamen Dateiverzeichnis abgelegt.

Koordination: Frau Kümmererin, kuemmererin@beispieladresse.de

Termin	Thema	Person	Material/ Dokumentation

Hackathon & Booksprint – »Die gemeinsame Hauruck-Aktion«

Steckbrief

Reichweite	✓ Team ✓ inhouse ✓ regional ✓ überregional
Größe	✓ 3 bis 9 Personen ✓ 10 bis 29 Personen ✓ 30 bis 250 Personen
Rhythmus	☐ täglich/mehrmals pro Woche ☐ wöchentlich/monatlich ☐ halbjährlich/jährlich ✓ einmalig/punktuell
Dauer	☐ 5 bis 20 Minuten ☐ 20 bis 60 Minuten ☐ mehrere Stunden ✓ mehrere Tage
Voraussetzungen	✓ ein größeres Projekt, das sich in einem gemeinsam zu erstellenden Arbeitsprodukt umsetzen lässt ✓ ein motiviertes Team ✓ Expertise zum Thema / zum Projekt ✓ einen gemeinsamen Arbeitsraum (vor Ort und/oder digital)
Besonders geeignet	✓ gemeinsame Arbeit an einem Thema ✓ Erarbeitung von Materialien ✓ Learning-by-doing und Doing-by-learning
ähnlich zu	✓ Edit-a-thon ✓ Schreibwerkstatt ✓ Materialwerkstatt

Kurzbeschreibung

Bei einem Hackathon oder einem Booksprint setzt sich eine Gruppe von interessierten und motivierten Menschen für mindestens einen Tag zusammen und erarbeitet in einer Hauruck-Aktion ein gemeinsames Werk. Das können zum Beispiel Konzept und Materialien für ein neues Projekt sein, eine Rundum-Überarbeitung von Unterrichtsmaterialien, die Übersetzung eines Buchs oder anderes. Das kann für eine überschaubare Gruppe ein größeres gemeinsames Vorhaben (z.B. die Homepage der Institution) sein oder bei mehreren kleinen Teams parallele Projekte (z.B. Unterrichtsmaterialien).

Beispiele für Setting, Themen und Formen

Beispiele für das Setting:
- Die Größenordnung ist skalierbar: Von einem kleinem Team mit 5 Personen, das sich bereits kennt, über eine Projektgruppe mit 30 Personen, die durch ein gemeinsames Interesse verbunden sind, bis hin zu einer großes Gruppe von mehr als 100 Teilnehmenden, die an verschiedenen Orten sitzen und über das Internet verbunden miteinander arbeiten.
- Die Dauer ist von Thema und Zielsetzung abhängig. Es sollte mindestens ein voller Tag sein, typisch ist ein Wochenende.
- Auch bei Thema und Arbeitsform sind unterschiedliche Ansätze denkbar, von einem großen gemeinsamen Produkt über parallele Arbeitsgruppen mit ähnlichen Themen bis zu individuell arbeitenden Personen mit je eigenem Thema.

Beispiele für Themen:
- Ausarbeitung von Konzepten und Materialien für das neue Projekt.
- Erstellung von fächerübergreifenden Unterrichtsmaterialien.
- Überarbeitung und Ausbau einer Website.
- Übersetzung eines Buchs unter freier Lizenz.
- Erarbeitung eines Medienkonzeptes für die Organisation, verstärkt durch externe Moderation und fachliche Inputs.

Beispiele für Formen eines Treffens:
Die Form ist von Thema und Zielsetzung abhängig.
- Hat man ein gemeinsames Produkt (Beispiel Medienkonzept) braucht es die kollaborative Arbeit der ganzen Gruppe. Andere Arbeiten (Beispiel Fortbildungsunterlagen) können unabhängig voneinander in kleinen Teams oder sogar einzeln stattfinden.
- Eine wichtige Eigenschaft von Hackathons besteht darin, dass Teams sich aus verschiedenen Professionen zusammensetzen. Es müssen nicht alle über hohe thematische Kompetenz verfügen. In der Regel gibt es eine Vielzahl verschiedener Tätigkeiten (Beispiel Fortbildungsunterlagen: Ideen sammeln, Korrekturlesen, Testen, Layout, Illustrationen usw.), die in einem Team aufgeteilt werden können.

Der Ablauf eines typischen Hackathons umfasst die folgenden Schritte:
1) Vorbereitungsphase, inklusive inhaltliche Eingrenzung des Themas, sodass alle wissen, worauf sie sich einlassen und wirklich dazu arbeiten wollen.
2) Gemeinsames Einrichten des Ortes (Raum, Atmosphäre, Verpflegung, Technik …).
3) Gegenseitiges Kennenlernen.
4) Einführende Präsentation(en).
5) Sammlung von Ideen und To-dos.
6) Zusammensetzung von Projektteams, Festlegen von Zuständigkeiten.
7) Die eigentliche Arbeitsphase (zeitlich der umfassendste Punkt dieser Liste).
8) Ggf. Zwischenpräsentation, ggf. weitere Absprachen und Austausch zwischen den Beteiligten.
9) Vorbereitung der Abschlusspräsentation.
10) Gemeinsame Abschlusspräsentation, Feier der Ergebnisse.
11) Nachbereitung, Verbreitung der Ergebnisse.

Geeignete Themen

- Zentral für das Thema bei einem Hackathon ist, dass am Ende ein fertiges Produkt, also ein Werk steht. Entsprechend sind Projekte geeignet, in denen gemeinsam Materialien aller Art konzipiert, erdacht, erarbeitet, überarbeitet oder hergestellt werden.
- Der Aufwand ist hoch: zum einen zeitlich, zum anderen weil jede*r sich sehr aktiv einbringen muss. Ein Hackathon bedeutet: Lernen durch Arbeiten. Daher fordert das Format von den Teilnehmenden hohe Motivation.
- Besonders geeignet sind Hackathons für Arbeiten, die »ohnehin« gemacht werden müssen und gemeinsam in einem Team besser, schneller, vielfältiger oder einfach netter zu erledigen sind. In diesem Fall hat der Hackathon den Vorteil, dass alle Beteiligten als »Nebenwirkung« miteinander und voneinander lernen können anstatt im stillen Kämmerlein als Einzelkämpfer zu arbeiten.

Variationen und Tipps

Variation 1: Wettbewerb

Viele Hackathons, in denen mehrere Teams parallel arbeiten, bauen kompetitive Elemente in das Vorgehen ein, sodass am Ende beispielsweise eine Jury über die präsentierten Ergebnisse abstimmt. Bei kommerziellen Hackathons kann das ein Preisgeld sein. In anderen Projekten geht es eher um den spielerischen Charakter, über den Motivation und Teamgeist gefördert oder bestimmt Aspekte hervorhoben werden. In diesem Fall können zum Beispiel Preise für »größten Teamgeist«, für »kreativste Herangehensweise« oder für »schönste Gestaltung« vergeben werden.

Variation 2: Verbindung mit Inputphasen

Ein Hackathon verbindet Arbeiten und Lernen anhand eines konkreten Produktes. Die Methode lässt sich stärker didaktisieren, indem Phasen von Input und Austausch in den Hackathon eingebaut werden. Das kann zum Beispiel die gemeinsame Erschließung neuer Themenfelder oder der Austausch von Erfahrungen sein, abhängig vom Thema des gemeinsamen Werks. Tendenziell ist zwar eine gewisse Expertise zum Thema notwendig, allerdings kann das gemeinsame Arbeiten auch darin bestehen, dass sich das Team gemeinsam Grundlagen erarbeitet und in Form eines Produktes umsetzt. Am oben genannten Beispiel der Überarbeitung der Homepage können das Crashkurse in Sachen Website-Erstellen, verständliches Texten oder Urheberrecht sein. Für die Input, ggf. auch für die Prozessgestaltung kann man sich externe Kompetenz dazu holen.

Variation 3: Zwei Welten treffen aufeinander

Für innovative Ergebnisse arbeiten die meisten Hackathons mit interdisziplinären Teams. Das lässt sich noch weiter auf die Spitze treiben, indem die Gesamtgruppe der Teilnehmenden aus verschiedenen Welten stammt. Ein Beispiel ist der Kultur-Hackathon »Coding Da Vinci«, bei dem einerseits Programmierer und Designer von Apps, andererseits Vertreter von Kulturinstitutionen zusammenkommen.

In diesem Fall ist das Kennenlernen der »anderen Welt« Teil des Konzeptes. Man muss einen entsprechenden Aufwand dazu einplanen. Dafür können alle neue Perspektiven, Arbeitsebenen und Menschen kennenlernen.

Variation 4: Nachtschicht

Bei Hackathons in der Computerwelt ist es durchaus nicht unüblich, dass die Teilnehmenden am Veranstaltungsort essen und schlafen. Während das bei einem Projekt in einem Unternehmen oder in einer Schule wohl sehr außergewöhnlich wäre, kann das bei einem Projekt von/für Jugendlichen eine Überlegung wert sein. Es steigert den Event-Charakter und die Ernsthaftigkeit des Vorhabens.

Tipp: Gute Atmosphäre!

Die wichtigste Nebensache für einen Hackathon ist der Raum. Wer mehrere Tage am Stück an einem Ort arbeiten will, sollte Aufwand für eine gute Gestaltung des Ortes einplanen. Dazu gehört eine angenehme Atmosphäre, die Ausstattung mit Steckdosen und WLAN, Obst und Keksen, Kaffee und Kaltgetränken. Man kann die Zuständigkeiten für solche Dinge unter den Beteiligten verteilen und so Teamgefühl und Verbindlichkeit stärken. Bei längeren Arbeitszeiten können gemeinsame Aktivitäten wie Essen und anschließende Spaziergänge o.ä. sinnvoll sein.

Auf jeden Fall sollte man ausreichend Zeit für die Präsentation der Produkte einplanen. Optimalerweise lädt man dafür interessierte Gäste ein und plant eine kleine Feier der Ergebnisse. Das steigert die Motivation während und die Wertschätzung nach der Arbeit.

Tipp: Die Lizenz mitdenken!

Bei einem solchen Projekt steht ein kollaboratives Produkt am Ende. Unabhängig davon, ob das ein Buch, einige Arbeitsblätter, ein Konzeptpapier oder ein Stück Software ist – auf jeden Fall kann es urheberrechtlichen Schutz beanspruchen. Formal bedeutet das: Für die weitere Nutzung muss stets die Einwilligung aller beteiligten Personen eingeholt werden. Im Alltag ist das wenig praktikabel. Daher empfiehlt es sich, dass sich alle Beteiligten schon vor Beginn der Arbeit auf eine gemeinsame Lizenzierung einigen. Denkbar ist z.B. eine freie Lizenz von Creative Commons, womit das Material zu Open Educational Resources (OER) wird und alle Menschen es später weiternutzen können. (Mehr zum Thema OER findet sich im → Exkurs: Open Educational Resources (OER) und das OERcamp, S. 7 ff.)

Achtung: Realistische Ziele!

Projektgruppen laufen bisweilen Gefahr, die eigenen Ziele zu hoch zu stecken. Es kann nicht nur frustrierend sein, wenn am Ende des Hackathons das Produkt nicht fertig ist. Unter Umständen ist ein halbfertiges Werk auch gar nicht zu gebrauchen. Daher sollten die Ziele unbedingt im realistischen Rahmen bleiben. Für ambitionierte Gruppen kann eine Möglichkeit darin bestehen, dass sie sich ein Mindestziel (das MUSS zum Ende fertig sein) und ein Bonusziel (das SOLLTE zum Ende fertig sein) setzt.

Achtung: Fast fertig ist nicht fertig.

Die Erfahrung zeigt eine weitere Gefahr: Viele Produkte, die zum Abschluss eines Hackathons zu 95 Prozent fertig sind, werden danach nie ganz finalisiert. Daher sollte bei der Projektplanung schon bedacht werden, welche Arbeiten noch nach Ende des Hackathons notwendig sind und wer diese wann erledigen wird.

Ursprung und Verbreitung

»Hackathon« ist eine Kombination von »Hacken« und »Marathon« und stammt ursprünglich aus der Programmiererszene (wo »Hacken« in erster Linie als das Erstellen von Computerprogrammen und nicht als Computerkriminalität verstanden wird). Das Ziel solcher Veranstaltungen ist das

Erstellen von funktionierender Software. Dafür braucht es nicht nur Programmierer, sondern auch Personen für Projektmanagement, Design, Tests, Fachleute zum Inhalt und andere. In diesem Umfeld entstanden auch erste Booksprints, bei denen es um die Übersetzung oder das Schreiben von Anleitungen für die Computerwelt ging.

Das Format wurde in der Wikipedia-Community zum »Edit-a-thon« weiterentwickelt, auch »Schreibwerkstatt« oder »Editier-Marathon« genannt. Hier treffen sich Menschen, um ein bestimmtes Thema oder die Perspektive unterrepräsentierter Gruppen in Wikipedia auszuarbeiten.

Im Bildungsbereich haben in den letzten Jahren einige Booksprints von sich reden gemacht, bei den Schulbücher, Lesebücher und Lehrbücher erarbeitet oder übersetzt wurden. Einige Beispiele finden sich unten.

Weiterführende Hinweise

Das »Handbuch Jugend-Hackathons« stammt aus dem oben erwähnten Projekt »Jugend hackt«. Auf gut 50 Seiten geben die Projektinitiatorinnen eine allgemeine Einführung, jugendspezifische Anpassungen des Formats, Checklisten etc. Das komplette Handbuch ist als PDF-Datei kostenlos und unter freier Lizenz verfügbar. handbuch.jugendhackt.de/

Fallbeispiele

Im September 2012 erstellte eine Gruppe in Finnland an einem Wochenende in einem »schoolbook sprint« ein komplettes Mathematik-Schulbuch. Die Gruppe bestand aus ca. 30 Lehrer*innen, Studierenden und Wissenschaftler*innen. Das Buch umfasst gut 100 Seiten und wurde unter einer CC BY-Lizenz veröffentlicht. www.youtube.com/watch?v=ThbUiky4AKA

Das umfangreiche »Lehrbuch für Lernen und Lehren mit Technologien« (L3T) wurde 2013 komplett überarbeitet. Insgesamt beteiligten sich 268 Personen an dem kollaborativen Projekt, das 7 Tage umfasste. Das Besondere: Die Personen waren an acht Standorten von Hamburg bis Graz verteilt und arbeiteten über das Internet zusammen. l3t.eu/2.0/das-ist-los-bei-l3t-2-0

Im Projekt »edulabs« der Open Knowledge Foundation Deutschland e.V. wurde das Format der »edusprints« entwickelt und erprobt. Dabei ging es um Sammlung, Dokumentation und Erstellung konkreter Bildungsmaterialien. Das Vorgehen ist anschaulich dokumentiert worden: edulabs.de/blog/Qualitaet-von-freien-Bildungsmaterialien

Das Projekt Global Digital Library hat das Ziel, Lesetexte unter freier Lizenz in möglichst viele Sprachen zu übersetzen. In einem zweistündigen Workshop im Herbst 2017 haben 26 Personen 2 Bücher in 13 verschiedene Sprachen übersetzt. christergundersen.com/2017/03/04/26-educators-translated-2-books-into-13-different-languages-in-just-2-hours/

Newsletter & Wissensblog – »Wissen mit Kolleg*innen teilen«

Steckbrief

Reichweite	☐ Team ✓ inhouse ☐ regional ✓ überregional
Größe	☐ 3 bis 9 Personen ✓ 10 bis 29 Personen ✓ 30 bis 250 Personen
Rhythmus	☐ täglich/mehrmals pro Woche ✓ wöchentlich/monatlich ☐ halbjährlich/jährlich ☐ einmalig/punktuell
Dauer	✓ 5 bis 20 Minuten ☐ 20 bis 60 Minuten ☐ mehrere Stunden ☐ mehrere Tage
Voraussetzungen	✓ langer Atem und Motivation bei mindestens einer Person ✓ interessiertes Kollegium (oder zumindest eine größere Gruppe) ✓ Thema mit langfristiger Relevanz
Besonders geeignet	✓ kurze und einfache Informationsformate wie Tipps, Tricks, Hinweise, Termine, kurze Erfahrungsberichte etc. (unidirektionale Kommunikation) ✓ Themen, zu denen weitere Informationen online zu finden sind (Verlinkung als Teil)
ähnlich zu	✓ Rundbrief

Kurzbeschreibung

Zu einem Themenbereich, in dem die ganze Organisation (oder ein Team) sich weiterentwickeln will, werden regelmäßig Informationen per E-Mail an alle Beteiligten verschickt. Ein Redaktionsteam aus Mitgliedern der Organisation stellt ein solches Update regelmäßig zusammen und verschickt es über einen E-Mail-Newsletter.

Beispiele für Setting, Themen und Formen

Beispiele für das Setting:

Für konkrete Umsetzungen lassen sich Themen und Formen (s.u.) beliebig miteinander kombinieren, sodass zum Beispiel folgende Settings entstehen können.
- In einem Newsletter »Digitale Werkzeuge für die Lehre« kann pro Monat ein Tool vorgestellt werden. Ein solcher Newsletter kann von einer engagierten Kollegin im Alleingang oder in einem kleinen Team betrieben werden.
- Ein Blog mit Newsletterfunktion sammelt verschiedene Aspekte zum Leitbild »Demokratische Führung«, dem sich ein Unternehmen verschrieben hat. Dafür kann jede*r Inhalte, die in verschiedene Rubriken sortiert werden, beisteuern.

Beispiele für Themen:
- Digitale Werkzeuge und Dienste für die Lehre
- Interessante Websites rund um inklusives Lernen und Leben
- Gesundheitsförderung am Arbeitsplatz – Tipps, Tricks und Erfahrungen
- Methodenvielfalt im Unterricht – eine Sammlung von Methoden

Beispiele für Formen:
- Ein Newsletter kann von einer Person alleine oder von einem Team bespielt werden. Auch kollektive Formen sind denkbar – siehe unten.
- Newsletter und/oder Blog können nur an einen interessierten Kreis oder an das ganze Team gehen – alternativ können sie auch weltöffentlich bereitstehen.
- Ein Newsletter kann nur einen einzige Punkt umfassen (»ein Tipp pro Monat«) oder viele Elemente, aufgeteilt und Rubriken wie »Leseempfehlung«, »Termine«, »Materialien«, »Erfahrungen« etc.
- Der zeitliche Aufwand sollte bei den Absendern in (wenigen!) Stunden, bei den Empfänger*innen in Minuten pro Monat messbar sein.

Geeignete Themen

Prinzipiell sind alle Themen denkbar, die eine größere Gruppe oder ein Team über längere Zeit interessieren. Ideal ist ein Thema, bei dem viele kompakte Informationen verteilt werden können, gebündelt oder eine Neuigkeit nach der anderen. Das Themenfeld sollte zumindest so gut erschlossen sein, dass einzelne Ausschnitte daraus (Tipps und Tricks, Lese- und Terminempfehlungen etc.) in großem Umfang bereitstehen und auch mittelfristig Interesse finden. Durch die digitale Form bieten sich ganz besonders »digitale Themen« an, da durch die Verlinkung direkt auf Fundstellen, Texte, Werkzeuge im Internet verwiesen werden kann.

Weniger geeignet ist dieses unidirektionale Format für den Austausch untereinander, für die gemeinsame Weiterentwicklung halbfertiger Ideen o.ä.

Variationen und Tipps

Variation 1: Einzelkämpfer oder Team

Das Format hat den Vorteil, dass auch eine einzelne Person es initiieren und vorantreiben kann, auch wenn noch nicht die ganze Organisation im Boot ist. Noch größer ist das Potential, wenn ein Team oder gar alle Beteiligten eigene Beiträge liefern. Je größer die Gruppe der Aktiven wird, desto weniger Aufwand ist es für den Einzelnen. Allerdings nimmt dann unter Umständen der Aufwand für die Koordination zu.

Variation 2: Aushang auf Papier

Der Newsletter kann zusätzlich an zentraler Stelle in Papierform ausgehängt werden. Der Aufwand dafür hält sich in Grenzen. Dafür hat der Newsletter eine zusätzliche Sichtbarkeit und kann an einem Schwarzen Brett auch als Gesprächsanlass unter Kolleg*innen dienen.

Variation 3: Blog

In dieser Variante werden dieselben Inhalte in einem Blog wie z.B. WordPress erstellt. Eine Funktion der Software ermöglicht es, dass alle neuen Beiträge per E-Mail verschickt werden. Wenn man also einmalig alle Empfängeradressen eingibt, so hat man alle Funktionen des Newsletters abgedeckt.

Zusätzlich sind die Inhalte nun an zentraler Stelle zu finden und mit Kategorien und Schlagworten zu sortieren. Der Blog kann wahlweise öffentlich oder nur mit Passwort zugänglich sein. Optional sind auch nur bestimmte Beiträge mit einem Passwort verdeckt.

Variation 4: Soziale Belohnung, sozialer Druck

Wer auf ein motiviertes Team aufbauen und aus Newsletter-plus-Blog eine breit aufgestellte tatsächliche Peer-to-Peer-Methode machen möchte, kann eine weitere Funktion einbauen. Im Blog kann über ein zusätzliches Software-Plugin eine Liste der Autor*innen angezeigt werden, die nach der Anzahl ihrer Beiträge geordnet ist. Diese Liste kann eine zusätzliche Motivation für mehr Beiträge bieten. Das lässt sich noch auf die Spitze treiben, wenn die Software automatisch einmal pro Woche oder Monat eine E-Mail an die Personen schickt, die auf der Liste auf den letzten Plätzen zu finden sind. Diese Personen mit den wenigsten Beiträgen erhalten in dieser automatisierten Nachricht eine freundliche Erinnerung, dass/wie sie selbst Beiträge schreiben können. Achtung: Dieses Verfahren ist in sozialer Hinsicht nur möglich, wenn alle Beteiligten es für sinnvoll und wünschenswert halten.

> **Tipp: Klein anfangen!**
>
> Es spricht nichts dagegen, zu Beginn in kleinem Maßstab zu denken. Beispielsweise kann man pro Monat einfach nur einen einzelnen Tipp verschicken, der dafür für möglichst viele Adressaten hilfreich sein sollte. Es ist besser, klein anzufangen und mit der Zeit zu wachsen.

> **Tipp: Gastbeiträge, Coaching und Support**
>
> In der Praxis sind es häufig erst einmal einzelne Personen, die sich dieses Format zutrauen. Um ein kleines Team von Redakteur*innen aufzubauen, braucht es etwas Geduld und langen Atem. Dafür kann es hilfreich sein, potentiellen Co-Autor*innen Unterstützung anzubieten. So können im ersten Schritt einzelne, kurze »Gastbeiträge« bei interessierten Kolleg*innen angefragt werden. Wenn im nächsten Schritt Kolleg*innen regelmäßig schreiben wollen, so wäre es prinzipiell nicht schwierig, dass sie das eigenständig machen. Allerdings wird diese Hürde oft als hoch empfunden. Es lohnt sich, zunächst Coaching und Support für neue Autor*innen anzubieten und ihnen stufenweise über diese Hürde zu helfen.

> **Tipp: Trau den Newbies!**
>
> Häufig sind Kolleg*innen, die vom Thema noch wenig wissen (»Newbies«) sehr zurückhaltend, wenn man sie nach eigenen Beiträgen fragt. Dabei kann gerade ihre Perspektive eine große Bereicherung darstellen! Ihre Beiträge bringen oft grundsätzliche Elemente ein, die fortgeschrittene Kolleg*innen für banal oder selbstverständlich halten würden. Aber gerade diese Punkte sind es, die wahrscheinlich für einen Großteil der Zielgruppe hilfreich sein können. Abgesehen davon ist das Wissen in einem Themengebiet häufig so zerstreut verteilt, dass auch die Fortgeschrittenen häufig von den Beiträgen von Einsteiger*innen lernen können.

Ursprung und Verbreitung

Ein Newsletter ist nicht zu verwechseln mit einer Mailingliste. Während bei einer Mailingliste alle Beteiligten eine E-Mail an alle anderen Mitglieder der Liste schicken können, kann beim Newsletter nur eine Person (oder eine Gruppe) Nachrichten an alle senden. In der WhatsApp-Welt entspricht ein Newsletter der »Broadcast-Liste«, während eine Mailingliste eine »Gruppe« wäre.

Weiterführende Hinweise

Es gibt verschiedene Wege, einen Newsletter und/oder einen Blog anzubieten. Häufig sind entsprechende Funktionen in Lernmanagementsystemen enthalten, die in vielen Bildungsorganisationen vorhanden sind. Daneben gibt es eine Reihe von kommerziellen Anbietern (wie Google) und nicht-kommerziellen Anbietern (wie Hochschulen oder Dachorganisationen).

Wenn man ein Blog mit eingebautem E-Mail-Versand sucht, findet man einen klaren Platzhirschen unter den Anbietern: die freie Software WordPress. Sie kann wahlweise auf eigenen Servern installiert oder bei Dienstleistern wie z.B. wordpress.com gemietet werden.

Wer statt E-Mail lieber WhatsApp nutzen möchte, kann dafür die WhatsApp-Funktion »Broadcast-Liste« nutzen. Sie funktioniert wie beim Newsletter so, dass ein Absender dieselbe Nachricht an eine Vielzahl von Empfängern schicken kann, ohne dass diese eine Gruppe bilden müssen. Die Bordmittel von WhatsApp erlauben maximal 256 Empfänger (Stand Dez. 2018), darüber hinaus braucht es spezialisierte Anbieter.

Ein Fallbeispiel

Es gibt wenige Vorbilder, deren Arbeit man von außen (also öffentlich) sehen kann. Eine Ausnahme ist der Lehrer André Hermes, der als Medienberater in unregelmäßigen Abständen einen Newsletter zum Lehren mit digitalen Medien veröffentlicht. Er hat für die Veröffentlichung ein öffentliches Evernote-Notizbuch gewählt: www.evernote.com/pub/medienberater/ffentlichenewsletterdesmedienberaters

Ein anderes Beispiel ist die »EduMail für zeitgemäße Bildung« von Nele Hirsch. Der Newsletter beschreibt empfehlenswerten Tools, Best Practice-Beispiele, Tutorials und Debatten-Beiträge rund um zeitgemäße Bildung. Er ist gedacht »als Inspiration und Unterstützung für Lehrende von der Kita bis zur Weiterbildung« und wird alle 14 Tage verschickt. edumail.ebildungslabor.de/

Speed-Geeking & Date-an-Expert – »Lernen wie beim Speed-Dating«

Steckbrief

Reichweite	☐ Team ✓ inhouse ✓ regional ✓ überregional
Größe	☐ 3 bis 9 Personen ☐ 10 bis 29 Personen ✓ 30 bis 250 Personen
Rhythmus	☐ täglich/mehrmals pro Woche ☐ wöchentlich/monatlich ☐ halbjährlich/jährlich ✓ einmalig/punktuell
Dauer	☐ 5 bis 20 Minuten ✓ 20 bis 60 Minuten ✓ mehrere Stunden ☐ mehrere Tage
Voraussetzungen	✓ großer Raum (oder mehrere Räume nebeneinander) ✓ Koordinator*in mit einem Gong ✓ Expertise bei min. einem Siebtel der Gruppe
Besonders geeignet	✓ unterschiedliche Themen eines größeren Themenbereichs ✓ kompaktes Kennenlernen von vielen Themen ✓ Vorbereitung auf eine vertiefende Phase ✓ Nachbereitung einer vertiefenden Phase
ähnlich zu	✓ Stationenlernen ✓ Marktplatz/Ausstellung

Kurzbeschreibung

Beim Speed-Geeking werden in kurzer Zeit viele parallele Kurzpräsentationen gehalten. Dabei teilt sich die Gesamtgruppe zunächst in Kleingruppen mit jeweils ca. 6 Personen auf. Zusätzlich gibt es so viele präsentierende Personen, wie Kleingruppen vorhanden sind. Die Präsentierenden sind an Stationen im Kreis angeordnet. Alle 5 Minuten wandert jede Gruppe zur nächsten Präsentation weiter. Auf diese Weise können beispielsweise in knapp einer Stunde 10 verschiedene Präsentationen für 60 Personen gehalten werden.

Beispiele für Setting, Themen und Formen

Beispiele für das Setting:

- Die Gruppengröße sollte 6 Personen nicht überschreiten. Entsprechend muss es so viele Stationen und Präsentationen geben, wie die Gesamtzahl der Gruppe geteilt durch 6 ergibt.
- Eine Präsentation sollte ca. 4 Minuten für den Input plus 1 Minute für kurze Rückfragen umfassen. Je nach Raumgröße und Disziplin der Gruppe kann zusätzlich 1 Minute Wechselzeit zwischen den Stationen eingeplant werden.
- Die folgende Tabelle zeigt Rechenbeispiele. Je nach Zielsetzung und Größe kann eine Pause eingeplant werden.

Personenzahl insgesamt	Stationen/ Präsentationen	Gesamtdauer in Minuten
30	5	25
60	10	50
90	15	75

- Es braucht einen möglichst großen Raum, an dessen Rändern Tischinseln platziert sind. Alternativ können ein Flur oder mehrere nebeneinander gelegene Räume geeignet sein.
- Eine Koordinatorin gibt eine Einführung und organisiert die Aufteilung in Gruppen. Dann signalisiert sie mit einem Gong den Start und jeweils nach 5 Minuten den anstehenden Wechsel zur nächsten Station.

Beispiele für Themen:

- Die Phantasie für Schulausflüge oder Exkursionen soll angeregt werden. Dafür präsentieren 10 Kolleg*innen jeweils ein Beispiel aus der eigenen Erfahrung.
- Studierende wollen die größeren Anbieter von Praktikumsplätzen in der Region kennenlernen. 12 Präsentationen von früheren Praktikanten im

Speed-Geeking-Verfahren bieten einen ersten Einstieg. Anschließend gibt es einen offenen Marktplatz, bei dem man sich an Stationen eigener Wahl vertiefend informieren kann.
- An jeder Station können Trainer*innen eine Website mit Lernmaterialien/Lehrvideos/Web-Werkzeugen etc. kennenlernen. Die Präsentationen werden von je einem Kollegen übernommen.

Beispiele für Formen eines Treffens:
- Die Präsentierenden können je nach Thema frei sprechen oder einen Laptopbildschirm, ein Plakat oder einen anderen Gegenstand ins Zentrum stellen.
- Die Speed-Geeking-Methode lässt sich gut mit anschließenden Workshops verbinden. Bei einer ganztägigen Fortbildung präsentieren die Anbieter*innen von Workshops ihre Themen vorab in einer Speed-Geeking-Runde. So bekommen alle Teilnehmenden eine Idee von allen Themen der Workshops. Gegebenenfalls kann die Auswahl der Workshops auf den Zeitpunkt nach dem Speed-Geeking gelegt werden.
- Auch das umgekehrte Vorgehen ist möglich. Bei Tagungen mit parallelen Arbeitsgruppen gibt es abschließend häufig den Programmpunkt »Berichte aus Workshops«, bei denen im Plenum, zu jedem Workshop ein kurzer Bericht stattfindet. Diese Berichte lassen sich im Speed-Geeking in der gleichen Zeit, aber mit deutlich höherer Intensität vorstellen. Dieses Verfahren lässt sich mit bekannten Formaten wie dem Gallery Walk verbinden. In diesem Fall hängt an jeder Station ein Plakat mit den Ergebnissen aus dem Workshop, das von einem Teilnehmer des Workshops erläutert wird.

Geeignete Themen

- Ein nicht zu unterschätzender Nebeneffekt betrifft die Kleingruppe, die ja für die Gesamtdauer des Speed-Geeking zusammenbleibt. Auf diese Weise wird auch das gegenseitige Kennenlernen unterstützt.
- Durch die kurze Zeit müssen die Präsentationen sehr prägnant sein, also den Kern einer Sache beschreiben. Das Thema muss also für sich stehen können. Man beachte, dass die Reihenfolge der Präsentationen für jede

Gruppe anders ist, sodass die Themen nicht aufeinander aufbauen können.
- Speed-Geeking eignet sich gut, um einen ersten Überblick über eine größere Anzahl von Themen zu bekommen. Besonders gut passt die Methode, wenn die Teilnehmenden zunächst viele Themen kennenlernen wollen, um anschließend auf dieser Grundlage einzelne Punkte zu vertiefen.

Variationen und Tipps

Tipp: Einbindung in größeren Kontext

Spätestens wenn die Anzahl der Präsentationen zweistellig wird, kann dem einzelnen Teilnehmenden der Kopf schwirren. Die Methode Speed-Geeking ist dann besonders sinnvoll, wenn sie in einen größeren Kontext eingebunden wird. Das kann beispielsweise die erste Einführung in verschiedene Aspekte sein, die anschließend über parallele Workshops, Arbeitsgruppen o.ä. vertieft werden.

Achtung: Nicht alle rotieren!

Bei diesem Format muss bedacht werden, dass die präsentierenden Personen selbst nicht rotieren. Sie halten immer wieder denselben Kurzvortrag und bekommen aufgrund der Kürze auch wenig Rückmeldung. Bei sehr vielen Wiederholungen empfiehlt es sich, die Präsentierenden im »Schichtdienst« arbeiten zu lassen.

Variation 1: Input plus Austausch

In diesem Setting ist nur jede zweite Station mit einer präsentierenden Person besetzt. Diese Variante kann aus der Not heraus gewählt werden, wenn es nur halb so viele Präsentationen wie notwendig gibt. Aus der Not lässt sich aber eine Tugend machen, indem man die Auseinandersetzung mit dem Thema vertieft. Dafür wechselt jede Gruppe alle 5 Minuten zwischen »Präsentationsmodus« und »Austauschmodus«. Zunächst hört sie für 5 Minuten eine Präsentation. Anschließend zieht sie an eine nächste Station weiter, an der keine Präsentation folgt, sondern für 5 Minuten Eindrücke und Einschätzungen zum Thema der vorherigen Präsentation ausgetauscht werden. Im oben genannten Beispiel mit den Zielen von Schulausflügen / Exkursionen kann das zum Beispiel ein Flipchart sein, an dem Pro- und

Contra-Punkte zum gerade kennengelernten Ziel festgehalten werden. Das räumliche Setting bleibt also in dieser Variation gleich, nur dass jede zweite Station nicht mit einer präsentierenden Person besetzt ist.

Variation 2: Kombination mit einer Pause (bei Großgruppen)

Wenn die Gesamtgruppe zu groß ist, um alle Kleingruppen gleichzeitig einer Präsentation (und ggf. wie in Variation 1 einer Austauschphase) zuzuordnen, lässt sich das Speed-Geeking auch mit einer Kaffeepause verbinden. In diesem Fall wird eine zusätzliche Station namens »Pause« in den Ablauf eingebaut, die entsprechend mehr Zeit beansprucht. Alternativ kann die Gesamtgruppe auch in zwei Hälften aufgeteilt werden, von denen eine Hälfte zuerst Pause, dann Speed-Geeking hat, die andere Hälfte umgekehrt.

Hierbei ist zu beachten, dass die Präsentierenden in beiden Varianten keine Pause haben. Ferner muss beim Rotationsverfahren mit eingebauter Pause den Gruppen durch exakte Zeitangaben (auf Papier oder durch die Moderation) Orientierung gegeben werden.

Variation 3: »Date-an-expert«

Der Aufbau bleibt gleich, der Präsentationsmodus ändert sich. Hier interviewen die Kleingruppen an jeder Station die Person dort. Dafür muss vorab klar sein, welches Thema an welcher Station behandelt wird. Diese Variante lässt sich besonders gut mit Variation 1 verbinden, sodass vor jedem Interview eine Phase für die Vorbereitung der Fragen existiert. Der Name »Date-an-expert« soll nicht darüber hinwegtäuschen, dass die Experten im Sinne eines P2P-Formats aus dem Kreise der Teilnehmenden kommen können.

Variation 4: »Speed-Dating« zum Kennenlernen

In dieser Variante gibt es kein Thema. Stattdessen steht das Kennenlernen in der Gruppe im Vordergrund. Dafür muss es halb so viele Stationen wie Personen geben. Diese »Stationen« können einfach Plätze an einem langen Tisch sein, an dem man sich gegenüber sitzt. Immer beim Ton der Glocke rücken alle Personen auf der einen Seite des Tisches einen Stuhl weiter (»Zipper«- oder »Reißverschluss«-Verfahren). Alternativ können beide Stuhlreihen einen doppelten Kreis bilden (»Kugellager«-Verfahren). Auf diesem Weg kann zum Beispiel bei insgesamt 30 Minuten und einem Wechsel nach je 3 Minuten jede Person mit 10 anderen Personen ins Gespräch kommen.

Ursprung und Verbreitung

»Speed-Geeking« als Begriff setzt sich aus »Speed-« und »Geeks« zusammen. Das »Speed-« verweist auf die hohe Geschwindigkeit und deutet auf die Verwandtschaft zum »Speed-Dating« hin. Als einen »Geek« bezeichnet man Personen mit sehr intensivem Interesse an einem spezifischen Themenfeld, insbesondere im Computerbereich. Das Format stammt der Überlieferung nach von Veranstaltungen aus der amerikanischen Hackerszene, bei denen auf diese Weise schnell und komprimiert Informationen vorgetragen wurden.

Verwandte Formate sind Kurzpräsentationen wie Ignite Talks oder Pecha Kucha (s.u.) einerseits, andererseits auch Rotationsverfahren wie Stationenlernen, Gallery Walk oder Marktplatz. Als Variationen des Speed-Geekings gibt es beispielsweise »Date-an-expert« oder »Speed-Dating«, siehe oben.

Weiterführende Hinweise

- Automatischer → *Stationen-/Kleingruppen-Rechner* für Gruppengrößen und Zeitdauer.
- → *Marktplatz-Plan*, auf dem man beliebig viele Stationen eintragen und verschieben kann.

Zusatzmaterial: Stationen-/Kleingruppen-Rechner und Marktplatz-Plan

Ein Fallbeispiel

- Bei einer hausinternen Fortbildung geben 10 Kolleg*innen parallel Workshops, von denen zwei frei gewählt werden können. Damit dennoch alle Teilnehmenden eine Idee von allen Workshop-Themen haben und eine gute Grundlage für die Wahl des Workshops, werden alle Workshops vorab mittels Speed-Geeking vorgestellt.
- Die Bundeszentrale für politische Bildung (bpb) hat das Format »SpeedLab« in einer Reihe von Veranstaltungen angewandt. Unter anderem wurden auf diesem Weg bei der OER-Konferenz 2013 Best-Practice-Beispiele aus verschiedenen Ländern vorgestellt. Eine Dokumentation findet sich via www.wikimedia.de/wiki/OERde13/Programm#SpeedLab_.22Experiences.22

Lightning Talks & Pecha Kucha – »Kurzvorträge mit Unterhaltungswert«

Steckbrief

Reichweite	☐ Team ✓ inhouse ✓ regional ✓ überregional
Größe	☐ 3 bis 9 Personen ☐ 10 bis 29 Personen ✓ 30 bis 250 Personen
Rhythmus	☐ täglich/mehrmals pro Woche ☐ wöchentlich/monatlich ☐ halbjährlich/jährlich ✓ einmalig/punktuell
Dauer	✓ 5 bis 20 Minuten ✓ 20 bis 60 Minuten ☐ mehrere Stunden ☐ mehrere Tage
Voraussetzungen	✓ klassisches Vortragssetting ✓ Visualisierungstechnik ✓ gewisser Aufwand für die Vorbereitung beim Vortragenden ✓ einzelne Akteure mit Expertise
Besonders geeignet	✓ unterschiedliche Themen eines größeren Themenbereichs ✓ kompaktes Kennenlernen von vielen Themen ✓ Vorbereitung auf eine vertiefende Phase ✓ Nachbereitung einer vertiefenden Phase
ähnlich zu	✓ Elevator Pitch ✓ Science Slam

Kurzbeschreibung

Der mündliche Vortrag, mit oder ohne visuelle Unterstützung, ist eine Urform des Voneinander-Lernens. In diesem Kapitel werden einige Varianten von Kurzvorträgen vorgestellt, die das Format beleben können: Lightning Talks, Pecha Kucha und Ignite Talks.

Der gemeinsame Nenner der verschiedenen Varianten: Die Vorträge sind auf wenige Minuten begrenzt. Dafür werden mehrere Kurzvorträge direkt nacheinander gehalten. Durch die Kürze müssen die Vortragenden sich auf das Wesentliche konzentrieren. Die Zuhörenden können in kurzer Zeit verschiedene Themen kennenlernen. Diskussionen oder Fragen und Antworten sind innerhalb des Formats nicht vorgesehen, können aber natürlich durch andere Methoden ergänzt werden.

Beispiele für Setting, Themen und Formen

Beispiele für das Setting:
- Die erste Stellschraube für diese Format: Kombiniert man mehrere kurze Inputs zu einem Termin? Oder nimmt man nur einen einzigen kurzen Beitrag? Entscheidet man sich für die zweite Option, dann ist es sinnvoll, den 5-minütigen Beitrag mit anderen Terminen zu koppeln, also z.B. als obligatorischen Baustein an einen regelmäßigen Termin anzudocken. So können Konferenzen oder Treffen einer Arbeitsgruppe durch einen kurzen Input bereichert werden.
- Die zweite Weichenstellung: Handelt es sich um eine Veranstaltung in der eigenen Organisation (inhouse), oder geht es um einen größeren Rahmen, bei dem sich Akteure aus verschiedenen Häusern treffen? Für beides eignen sich die im Folgenden beschrieben Methoden. Auch öffentliche Veranstaltungen, zu denen offen eingeladen wird, sind denkbar, beispielsweise in Kombination mit dem Format → »Stammtische & Meetup« (S. 175 ff.).

Beispiele für Themen:
- Acht Personen, die das gleiche Fach unterrichten, stellen reihum Praxiserfahrungen vor, z.B. in Englisch mit der Lektüre eines Buches, in

Deutsch als Zweitsprache mit Sprachübungen, im Sportunterricht mit einer Aufwärmübung, in Mathe mit einer App für Übungen.
- An einer Hochschule können Promovierende und andere Forschende je einen Aspekt aus ihrer aktuellen Arbeit vorstellen.
- Für Beispiele zu kompakten Themen, die reihum von je einem Mitglied der Gruppe vorgestellt werden können, vgl. die Beispiele im Abschnitt → »Newsletter & Wissensblog« (S. 156 ff.) dieses Buches.

Beispiele für Formen eines Treffens:
- Bei inhouse-Konferenzen kann das Format genutzt werden, um einen kurzen thematischen Einblick zu bekommen, wenn ein*e Kolleg*in von einer externen Fortbildung berichtet.
- An einem Fortbildungstag können mit Kurzvorträgen die Themen von parallelen Workshops für das gesamte Team kompakt präsentiert werden. Die Gastgeber*innen der Workshops bekommen die zusätzliche Aufgabe, einen Kurzvortrag zu halten.
- Bei größeren Tagungen können unterhaltsame Kurzvorträge ein kurzweiliges Abendprogramm bieten.
- Das Format kann um einen Wettbewerbscharakter ergänzt werden.

Geeignete Themen

- Generell sind alle Themen denkbar, von denen sich ein Aspekt kompakt und ohne größeren Zusammenhang in wenigen Minuten darstellen lässt.
- Typisch für Lightning Talks ist es z.B., dass ein Thema dort für eine große Gruppe angerissen wird, um Interessierte für eine Vertiefung im kleinen Kreis zu finden. Beispielsweise werden Projektvorhaben vorgestellt, bei denen noch Mitmacher*innen und Gleichgesinnte gesucht werden.
- Sinnvoll können mehrere Kurzvorträge am Stück auch dann sein, wenn mehrere Optionen für ein Oberthema vorgestellt werden, z.B. Buchempfehlungen, Ausflugsziele, Praktikumsplätze, Methoden, Materialien etc.
- Wenn ein Kurzvortrag als Ergänzung von regelmäßigen Terminen etabliert wird, so eignet sich alles, was als kompakte Episoden einer Reihe dargestellt wird, zum Beispiel eine Rubrik »Gut zu wissen« oder »Tipps und Tricks«.

Variationen und Tipps

Variation 1: Pecha Kucha

Das Format »Pecha Kucha« (sprich: »petscha kutscha«) gibt vor, dass es genau 20 Präsentationsfolien gibt, die jeweils nach genau 20 Sekunden weitergeschaltet werden. Ein Vortrag dauert entsprechend insgesamt 20x20 Sekunden, also 6:40 Minuten. Als Name wird daher oft auch »Pecha Kucha 20x20« verwendet. Das Format ist anspruchsvoll und verlangt von den Vortragenden eine gewisse Übung, damit das Tempo des gesprochenen Worts und das automatische Umblättern der Folien zueinander passen.

Variation 2: Ignite Talks

Bei den »Ignite Talks« ist es ähnlich. Hier werden die Folien automatisch alle 15 Sekunden weitergeschaltet, sodass 20 Folien genau 5 Minuten umfassen. Das Motto ist »Enlighten us, but make it quick«, also »Erleuchte uns, aber fasse dich kurz«. Die Website www.ignitetalks.io dokumentiert Videos von mehr als 1.000 Ignite Talks in zahlreichen Ländern. Auch hier ist Vorsicht geboten: Ein Ignite Talks braucht spezielle Vorbereitung und Übung.

Variation 3: Nerd-Nite

Beim Format der »Nerd-Nite« gibt es drei Vorträge mit je 15 Minuten Dauer. Es gibt zwei Besonderheiten. Erstens: Der Veranstaltungsort ist eine Kneipe, eine Bar o.ä., sodass die Veranstaltung öffentlich ist. (Daher stammt auch das Motto der Nerd-Nites: »It's like Discovery Channel … with beer.«) Zweitens: Das Thema ist »nerdig«, soll heißen: Die Vortragenden haben sehr spezifisches Wissen, das sie allgemeinverständlich aufbereiten.

> **Tipp: Vorlage für Folien**
>
> Es gibt zahlreiche Vorlagen für Präsentationsfolien in allen Dateiformaten. Eine Google Suche nach »Pecha Kucha« und »Vorlage« oder »Template« und dem dazugehörigen Präsentationsprogramm (z.B. »PowerPoint« oder »Prezi« oder »Keynote«) führt schnell zum Ziel.

> **Tipp: Unsicherheiten abbauen**
>
> Das kurze Format, ggf. noch mit harten Vorgaben für die Visualisierung, stellt hohe Ansprüche an die Vortragenden. Als Gastgeber*in kann man die Vortragenden in Sachen Wertschätzung und Sicherheit unterstützen. In der Vorbereitung kann man Unsicherheit abbauen, indem die Vortragenden Informationen zum Setting vor Ort bekommen, beispielsweise Fotos vom Veranstaltungsraum und genaue Informationen zu Ablauf und Technik. Vor Ort kann eine souveräne Moderation dazu beitragen, dass der Ablauf unterhaltsam und die Atmosphäre wertschätzend ist.

> **Tipp: Folien einsammeln!**
>
> Schon bei einem einstündigen Vortrag ist es für alle Beteiligten nervig, wenn die ersten Minuten dafür genutzt werden, die richtige Präsentation vom richtigen Rechner auf den richtigen Beamer zu bekommen. Bei Formaten wie Lightning Talks, Pecha Kucha etc. kann die Dynamik vollkommen verloren gehen, wenn die Hälfte der Zeit für technische Umbauten verloren geht. Daher ist es unbedingt zu empfehlen, dass ein*e Koordinator*in die Präsentationen vorher einsammelt und zusammenstellt.

> **Achtung: TED-Talks sind kein Vorbild!**
>
> Bisweilen werden bei Formaten mit kurzen Vorträgen die TED-Talks als Vorbild genannt. Bei TED-Talks handelt es sich um 18-minütige Vorträge, die besonders interessant und unterhaltsam gestaltet werden sollen und mit hoher Professionalität als Video inszeniert und als Web Video verbreitet werden. Ein solches »Hochglanz«-Format ist kein gutes Vorbild für eine P2P-Fortbildung.

Ursprung und Verbreitung

Der Begriff »Lightning Talk« (also »Blitz« und »Vortrag«) lässt sich zuerst im Jahr 2000 auf einer Konferenz von Programmierern finden. In Deutschland sind Lightning Talks auf dem jährlichen »Congress« des Chaos Computer Clubs seit 2004 im Programm zu finden. 2016 waren es nicht weniger als 72 Stück.

»Pecha Kucha« (lautmalerisches Japanisch für ein Stimmengewirr) wurde 2003 von zwei Architekten für eine Veranstaltung in Tokio erfunden. Das Format hat sich seitdem rund um die Welt verbreitet. In hunderten von Städten finden sogenannte »Pecha Kucha Nights (PKN)« statt, an denen ca. 8 bis 14 Präsentationen gehalten werden. Dabei kann es ein gesetztes Oberthema geben, es kann aber auch nur das gemeinsame Treffen als Klammer dienen.

Die »Ignite Talks« (»Zündung« und »Vortrag«) wurden erstmals 2006 in Seattle veranstaltet und für 10 Jahre von einem Computerverlag gesponsert. Nach dessen Rückzug Ende 2015 ist es deutlich ruhiger um die Ignite-Events geworden.

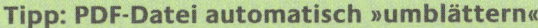

Weiterführende Hinweise

- In den Zusatzmaterialien findet sich als Vorlage ein → *Briefing für Lightning Talks*, wie wir es für Konferenzen verwenden.

    Zusatzmaterial: Briefing für Lightning Talks

- Der Lehrer André Hermes hat PowerPoint-Folien nach dem Pecha Kucha-Modus erarbeitet, in der die Pecha Kucha-Form vorgestellt wird. Sie sind frei und offen verfügbar: bildungsmaterialspende.de/material/pecha-kucha-zur-einf%C3%BChrung-von-pecha-kucha

> **Tipp: PDF-Datei automatisch »umblättern«**
>
> Noch eine kleine Anleitung: Pecha Kucha-Folien müssen so eingestellt sein, dass sie nach 20 Sekunden automatisch weiterschalten. Bei PowerPoint kann das im Menü »Übergänge« eingestellt werden. Auch PDF-Dateien bieten diese Möglichkeit, wenn das verbreitete Programm Adobe Reader genutzt wird. Die Einstellung dafür ist allerdings etwas versteckt: Man muss zunächst den Punkt »Einstellungen« aufrufen, dann den Unterpunkt »Vollbild«. Dort findet sich eine Option »Automatisch blättern nach ___ Sekunden«.) Damit das für alle weiteren PDF-Dateien gilt, muss ganz oben der Haken vor »Nur aktuelles Dokument« entfernt werden.

Ein Fallbeispiel

Im Rahmen des OER-Festivals 2017 wurden insgesamt 31 Lightning Talks zu Themen rund um Open Education gehalten. Alle Beiträge wurden auch auf Video aufgezeichnet und veröffentlicht, was die Reichweite vervielfacht hat. Die Kurzvorträge konnten von den Mitwirkenden am OER-Festival zusätzlich zu anderen Programmteilen (Workshops, Vorträgen, Diskussionen) angeboten werden, quasi als Kurzfassung. open-educational-resources.de/der-uebersicht-die-lightning-talks-bei-oerde17-inklusive-der-praesentationen/

Große Beliebtheit haben in den letzten Jahren die Science-Slams in Deutschland oder international die FameLabs gewonnen. Hier buhlen (Nachwuchs-)Wissenschaftler*innen um die Gunst des Publikums bzw. einer Jury. Beim Science-Slam sind 10 Minuten als Dauer vorgegeben, beim FameLab sind es nur 3 Minuten. Beim FameLab ist bemerkenswert, dass Präsentationsfolien nicht vorgesehen sind, dass aber jeder Gegenstand, der selbst mit auf die Bühne gebracht werden kann, erlaubt ist.

Im Internet finden sich ungezählte Videos von Kurzvorträgen. Wenn man zusammen mit einem Suchbegriff den »Lightning Talk« oder »Pecha Kucha« eingibt, findet man zahlreiche Beispiele. (Allerdings gilt auch hier die Einschränkung, die oben zu TED-Talks genannt wurde: Vortragsvideos als Beispiele sind eine ambivalente Angelegenheit. Wenn das Beispiel-Video »zu Hochglanz« ist, sind die Vortragen in Sachen Professionalität möglicherweise eher verunsichert.)

Stammtische & Meetups – »Treffen mit Gleichgesinnten«

Steckbrief

Reichweite	☐ Team ☐ inhouse ✓ regional ☐ überregional
Größe	☐ 3 bis 9 Personen ✓ 10 bis 29 Personen ✓ 30 bis 250 Personen
Rhythmus	☐ täglich/mehrmals pro Woche ✓ wöchentlich/monatlich ✓ halbjährlich/jährlich ☐ einmalig/punktuell
Dauer	☐ 5 bis 20 Minuten ☐ 20 bis 60 Minuten ✓ mehrere Stunden ☐ mehrere Tage
Voraussetzungen	✓ eine lose Community mit mittelfristig gemeinsamem Interesse an einem Thema ✓ einen gemeinsamen Raum ✓ einen Termin alle paar Wochen/Monate ✓ ggf. Vortragstechnik
Besonders geeignet	✓ Austausch von Praktiker*innen ✓ Kennenlernen von anderen Akteuren mit ähnlichem Interesse, Netzwerken ✓ Input und Diskussion eines Themas ✓ Themen, zu denen es für einen Austausch auf anderem Weg (z.B. im eigenen Team) nicht ausreichend viele Gleichgesinnte gibt
ähnlich zu	✓ Selbsthilfegruppe ✓ Literarischer Salon

Kurzbeschreibung

Der Kern dieser Gruppe von Formaten, ob sie »Stammtisch«, »Meetup« oder nach bestimmten Getränken (s.u.) benannt sind, ist ein informelles Treffen von Menschen in einer Region mit ähnlichen Interessen, i.d.R. ohne gemeinsame Institution. Diese Treffen finden häufig an informellen Orten wie Cafés oder Kneipen statt, öffentlich und offen für alle. Es gibt einmalige oder wiederkehrende Treffen, beispielsweise 1x pro Monat oder 1x pro Quartal.

Bei Stammtischen steht eher eine allgemeine Eigenschaft (gemeinsamer Arbeitskontext o.ä.) im Vordergrund, während bei Meetups eher ein spezifisches Interesse die gemeinsame Klammer bildet. Die Grenzen sind fließend. Optional gibt es bei solchen Treffen einen Input zu Beginn.

Beispiele für Setting, Themen und Formen

Beispiele für Settings:
- Bei Stammtischen zu Sprachen und Ländern lernen die Teilnehmenden durch viele informelle Gespräche, ohne besondere Didaktisierung der Treffen.
- Häufig gibt es ein oder mehrere Kurzvorträge als Ausgangspunkt des Treffens. Der Hauptteil des Treffens besteht aber im Austausch der Teilnehmenden untereinander.
- Meetups werden meist über das Internet organisiert. Häufig treffen sich hier Menschen, die sich vorab lose im Internet kannten.
- Wenn Stammtische über Jahre hinweg regelmäßig stattfinden, können sie zu einem Kristallisationspunkt einer losen Community werden.

Beispiele für Themen und Formen:
- Der »#EduMuc Stammtisch« fand erstmals im Frühjahr 2017 im Münchener Büro von Google statt. Dort sollen sich laut Selbstbeschreibung Lehrer, »Startups und Bildungsinteressierte zum Austausch über digitale Bildung an einem Ort« treffen. Bei den ersten Ausgaben gab es jeweils zwei oder drei je 20-minütige Kurzvorträge.
- »Schwule Lehrer Hamburg« ist ein monatliches Treffen in Hamburg, das (mit einer längeren Unterbrechung) seit Anfang der 1980er Jahre existiert und von den Akteuren selbst organisiert wird.

- Das Hamburger Landesinstitut für Lehrerbildung und Schulentwicklung hat 2017 ein »MedienMeetup« initiiert, ein »informelles Zusammenkommen Hamburger Lehrkräfte, die sich für den Unterricht mit digitalen Medien interessieren«. Bei den Treffen sollen »der kollegiale Austausch und die Präsentation & Dokumentation gelungener Unterrichtsbeispiele aus den Schulen« im Mittelpunkt stehen.
- Beim »Café Scientifique« präsentieren Wissenschaftler*innen ihre Arbeit in allgemeinverständlicher Weise – aber nicht in einer Hochschule, sondern in einem Café oder ein Bar. Solche Veranstaltungen werden von verschiedensten Menschen rund um die Welt organisiert. Die Website cafescientifique.org verzeichnet Standort auf allen Kontinenten.
- Beim »Café Philosophique« treffen sich philosophisch interessierte Menschen. Das Thema wird aus dem Kreis der Anwesenden vorgeschlagen. Ein Moderator oder eine Moderatorin strukturiert die zweistündigen Diskussionen. Das Konzept wurde vom Philosophen Marc Sautet in Paris initiiert und findet inzwischen in über 150 Orten weltweit statt, z.B. in Düsseldorf.

Geeignete Themen

Die Liste oben zeigt, dass das Format Stammtische & Meetups prinzipiell für alle Themen geeignet ist. Mehr als das Thema ist für die Akzeptanz entscheidend, ob die potentiellen Teilnehmenden einen Bedarf nach Austausch und Lernen haben, der in ihrem sonstigen Umfeld nicht ausreichend befriedigt wird.

Variationen und Tipps

> **Tipp: Online finden, physisch treffen**
>
> Mit www.meetup.com gibt es eine Website, über die Meetups angekündigt, organisiert und von Interessierten gefunden werden können. Dort finden sich vor allem Gruppen zu digitalen Themen und zum Sprachenlernen, aber beispielsweise auch zu Themen wie Basteln, Ernährung oder Meditation. Der Dienst existiert bereits seit 2002, ist im deutschsprachigen Bereich aber vergleichsweise unbekannt. Auch Soziale Netzwerke wie Facebook, Xing oder LinkedIn bieten entsprechende Funktionen für selbstorganisierte Treffen an.

Variation 1: Sprachenlernen

Eine besondere und verbreitete Form von Stammtischen sind solche, die dem Sprachenlernen dienen. Hier treffen sich Menschen, die gemeinsam Interesse an einer Sprache und den mit ihr verbundenen Ländern/Kulturen haben. Häufig findet man in diesem Kontext auch Sprachtandems, also zwei Personen mit unterschiedlicher Muttersprache, die sich gegenseitig die jeweils eigene Sprache beibringen.

Variation 2: Raus gehen

Beim Wort »Stammtisch« denkt man zuerst an schummrige Kneipen. Aber solche Treffen können durchaus auch mit Bewegung und frischer Luft verbunden sein. Meetups gibt es zum Beispiel auch zu Themen wie Fotografieren, Jogging oder Pokémon Go. Auch wenn hier das Wort »Lernen« selten im Titel steht, so geht es immer um einen Austausch in informellen Lerngruppen oder wissenschaftlicher formuliert: um individuelle Lernprozesse im Kontext einer Community of Practice. (Eine Besonderheit des Spiels von Pokémon Go besteht darin, dass es keine lange Spielanleitung gibt, so dass die Spieler*innen ihre Kenntnisse über den Austausch untereinander entwickeln.)

Variation 3: »I wanted to do that…Just not alone!«

Bei Meetups sind das Kennenlernen von anderen Menschen und das Etwas-zusammen-machen häufig genauso wichtig wie das Thema des Treffens. In besonders radikaler Form findet sich das in einigen Gruppen wieder, die zunächst nur über einen Ort und das Interesse am Treffen definiert sind. Bei meetup.com gibt es beispielsweise Gruppen namens »I wanted to do that … Just not alone!« In Großstädten finden sich darüber Menschen für Aktivitäten wie »Creative and Business Professionals After Work Networking Party«, »Salsa and Bachata« oder auch »Tarot«. Die Gruppen in New York hat 20.000 Mitglieder, in Zürich sind es gut 1.100. (Offenbar funktioniert das Konzept auch in kleineren Orten. Culver City, ein Vorort von Los Angeles, verzeichnet knapp 39.000 Einwohner. Die entsprechende Meetup-Gruppe hat über 16.000 Mitglieder.)

Ursprung und Verbreitung

Meetups

»Meetup« (oder »meet-up«) steht als englischer Begriff für das Treffen (meet) von Menschen, die (nur) durch gemeinsame Interessen und einen gemeinsamen geographischen Ort miteinander verbunden sind. Das Format ist in den 00er Jahren entstanden, als sich Menschen über digitale Themen austauschen wollten, die sich über das Internet und insbesondere über Twitter (»Tweetup«) vernetzten. Bis heute existiert in zahlreichen Städten das Format »Web Montag«, bei dem es explizit um das Netzwerken und Voneinander-Lernen rund um digitale Technologien geht.

Linux User Groups (LUG)

Im Computerbereich sind die Linux User Groups (LUG) ein prototypisches Beispiel für eine weltweite Vernetzung über regionale Treffen von Menschen mit hohem Interesse an einer Sache, zu der sie im direkten Umfeld nur wenige Interessierte finden. Regelmäßige Treffen finden häufig als »Linux-Stammtisch« statt. Die Grafik unten zeigt exemplarisch eine Liste solcher Gruppen in Bayern. Die Website lugslist.com führt solche Listen für über 50 Länder weltweit.

Bayern

Aichach	Linux-Usergroup Aichach
Altdorf	GNU/Linux User Group Altdorf (GLUGA)
Amberg	amTuxTisch
Ansbach	LUGAN
Augsburg	Linux-Usergroup Augsburg
Bamberg	GLUGBA
Bayreuth	Linux-Usergroup Bayreuth
Erding	Linux-Usergroup Erding
Freising	Linux-Usergroup Freising
Grafing	Linux-Usergroup Grafing
Ingolstadt	Linux-Usergroup Ingolstadt e.V.
Kempten	Linux-Usergroup Allgäu
Landshut	Linux-Usergroup Landshut
Mitterteich	Linux-Usergroup Mitterteich
München	Münchner Linux-Usergroup
Nürnberg	Linux-Usergroup Nürnberg
Ottobrunn	LUGOTT
Rosenheim	Linux-Usergroup Rosenheim
Schwabach	Linux User Schwabach
Schweinfurt	Linux-Usergroup Schweinfurt
Traunstein	Linux-Usergroup Traunstein
Waldkraiburg	Linux-Usergroup Waldkraiburg
Würzburg	Linux-Usergroup Würzburg

Linux User Groups in Bayern
| Screenshot von lugslist.com/ctry/germany.php?lg=de

Von Bildungsbier bis Bildungsbrunch

Die Wurzeln solcher Treffen, die mit dem Namen eines Getränkes (oder einer Mahlzeit) verbunden sind, lassen sich bis zum 12.02.2011 in Hamburg zurückverfolgen. Der Wuppertaler Lehrer und Blogger Felix Schaumburg war zu Besuch in Hamburg und hatte via Twitter in einer Kneipe zu einem »Bildungsbier« eingeladen. Das Format wurde mehrmals wiederholt und kann auf bildungsbier.de nachverfolgt werden. In den Folgejahren gab es ähnliche Veranstaltungen an anderen Orten, z.B. *Bildungskölsch* in Köln oder *Bildungsäppler* in Frankfurt.

Das Format wurde auch an vielen anderen Orten ins Leben gerufen. So trafen sich an Digitalisierung Interessierte beispielsweise bei Bildungsfrühstücken von Berlin bis Mittelfranken.

Tweet von Björn Nölte am 1.11.2018
twitter.com/Noelte030/status/
1058012337930678273

Einladung zum Bildungsfrühstück in Nürnberg von Anne Weiß (CC0)

Weiterführende Hinweise

Wie immer kann man viel lernen, indem man sich anschaut, wie andere Menschen vor einem das Problem angegangen sind. Dafür kann man zum Beispiel in den Ankündigungen auf meetup.com stöbern. Die Website ist zwar im deutschsprachigen Bereich weniger verbreitet als Facebook oder Xing. Sie ist dennoch eine hilfreiche Anlaufstelle für Anregungen, weil hier auch vergangene Events einfach zu finden sind. Sehr gut dokumentiert sind im deutschsprachigen Bereich die »Web Montage« unter www.webmontag.de.

Das Junior Science Café Handbuch richtet sich an Schüler*innen (und ihre Lehrer*innen), die eine entsprechende Veranstaltung in ihrer Schule organisieren wollen.

Ein Fallbeispiel

In Hamburg hat der bloggende Lehrer Micha Busch zusammen mit dem *betahaus* das Bildungs-Meetup *eduDrinks Hamburg* ins Leben gerufen. Bei den Veranstaltungen, die bisher drei- oder viermal im Jahr stattfanden, treffen sich Lehrer*innen, Mitarbeiter*innen von Stiftungen, Initiativen und Unternehmen, Akteure aus Politik und Hochschule, Sozial- und SonderpädagogInnen. Bei den bisherigen Ausgaben gab es ganz unterschiedliche Formate: sowohl kurze Fachvorträge wie z.B. auch Buchvorstellungen mit Videoschaltung zu den Autoren in Boston, sowohl ein Gespräch mit dem örtlichen Schulsenator als auch einen Marktplatz, auf dem sich verschiedene Initiativen vorstellten. Der gemeinsame Nenner der 40 bis 80 Personen, die dafür zusammenkamen, war das Interesse am Themenfeld digitale Medien in der Bildung und an Gesprächen dazu.

Marktplatz & Ausstellung – »Stöbern, Entdecken, Austauschen«

Steckbrief

Reichweite	☐ Team ✓ inhouse ✓ regional ✓ überregional
Größe	☐ 3 bis 9 Personen ✓ 10 bis 29 Personen ✓ 30 bis 250 Personen
Rhythmus	☐ täglich/mehrmals pro Woche ☐ wöchentlich/monatlich ☐ halbjährlich/jährlich ✓ einmalig/punktuell
Dauer	☐ 5 bis 20 Minuten ✓ 20 bis 60 Minuten ✓ mehrere Stunden ☐ mehrere Tage
Voraussetzungen	✓ ausreichend Anbieter*innen von Marktplatzständen bzw. Exponate für eine Ausstellung ✓ ein großer Raum (oder mehrere Räume direkt nebeneinander) ✓ ausreichend Teilnehmende (ca. 3 bis 6 pro Stand/Exponat) ✓ Mobiliar, z.B. Stehtische, Pinnwände etc.
Besonders geeignet	✓ kompaktes Kennenlernen von vielen Aspekten eines Themas ✓ Vorbereitung auf eine vertiefende Phase ✓ Nachbereitung einer vertiefenden Phase
ähnlich zu	✓ Speed-Geeking ✓ Messe

Kurzbeschreibung

Bei den Methoden »Marktplatz« bzw. »Ausstellung« handelt es sich um eine Gruppe von ähnlichen Formaten, bei denen es zu einem Oberthema mehrere Marktstände bzw. Ausstellungsexponate gibt. Die Teilnehmenden sind Besucher*innen eines Marktplatzes bzw. einer Ausstellung und suchen nach individuellen Interessen verschiedene Stationen auf, wo sie sich über jeweils einen Aspekt des Themas informieren können.

Während bei Marktplatz-Methoden eher Personen die »Anlaufstationen« eines Standes bilden, sind es bei Ausstellungen eher Gegenstände wie Plakate oder andere Exponate. Es gibt viele Mischformen und Kombinationen, z.B. Personen mit Plakaten.

Beispiele für Setting, Themen und Formen

Beispiele für das Setting:
- Um einen Überblick über die verschiedenen Aktivitäten und Projekte eines Bereichs zu bekommen, werden diese in einer Poster Ausstellung vorgestellt.
- Im Rahmen einer Tagung werden nach einer Arbeitsgruppen-Phase die Gruppenergebnisse auf einem Marktplatz diskutiert.
- Auf einem Marktplatz findet man verschiedene Möglichkeiten für eigene Aktivitäten, sodass jede*r Teilnehmer*in eigene Favoriten finden und auswählen kann.

Beispiele für Themen:
- Am Rande einer Konferenz zum Thema e-learning gibt es Marktplatzstände mit verschiedenen Anbietern von Dienstleistungen und Produkten.
- Zum Abschluss einer Projektwoche in der Schule werden die Ergebnisse an Ständen präsentiert.

Beispiele für Formen:
- Eine Ausstellung kann nicht nur aus Postern und Plakaten bestehen, die abstrakte Informationen visualisieren sollen. Es können auch Gegenstän-

de sein, beispielsweise Bücher oder Smartphone-Apps oder selbst gebaute Modelle neuer Lern- und Arbeitsräume.
- Stände eines Marktplatzes können auch als Fokuspunkte für Gespräche dienen, ohne dass hier ein fertiger Inhalt präsentiert werden muss. Auf diese Weise dient der Marktplatz dem Netzwerken und dem Austausch untereinander.
- Einige Varianten sehen auch einen festen Ablauf mit zeitlicher Taktung vor, zu dem der Stand gewechselt werden muss.

Geeignete Themen

Das Format ist immer dann geeignet, wenn Inhalte *vorgestellt* werden, die andere *kennenlernen* sollen. Markt und Ausstellungen sind besonders beliebt zur Dokumentation und Diskussion von parallel erarbeiteten Ergebnissen. Sie können aber auch am Anfang stehen, bei dem sich viele Menschen einen Überblick über ein breites Themenfeld verschaffen wollen. Die unterschiedlichen Punkte dürfen dabei aber nicht *aufeinander* aufbauen, sondern müssen *nebeneinander* stehen können. Darüber hinaus sind solche Formate gut geeignet, um Treffpunkte und Anlässe zu bieten, zu denen man Menschen mit ähnlichen Interessen finden kann.

Variationen und Tipps

Variation 1: Taktung

Das Format lässt sich auch mit starker Strukturierung anwenden. Dafür lassen sich Themenzuschnitte, Zusammensetzung der Gruppen und die zeitliche Taktung auf dem Marktplatz festlegen. Wenn sich eine größere Gruppe (sagen wir 24 Personen) ein Thema neu erschließen will, kann man das Thema in verschiedene Unterthemen aufteilen, die jeweils von einer Arbeitsgruppe bearbeitet werden. Als Ergebnis erstellt jede Gruppe ein Plakat. Für den Marktplatz teilen sich die Gruppen neu auf, sodass in den neuen Gruppen jeweils ein Mitglied aus jeder vorherigen Gruppe vertreten ist. Wenn es also vorab 6 Arbeitsgruppen zu 6 Unterthemen gab, so werden nun 4 Gruppen mit je 6 Personen gebildet. Der Marktplatz wird in 6 Phasen zu 15 Minuten aufgeteilt. In jeder Phase wird ein Plakat besucht, erklärt und diskutiert. Durch die Aufteilung gibt es zu jedem Marktplatzstand immer eine Person pro Gruppe, die das Plakat dort erläutern kann.

Variation 2: Kombination mit Pausen

Bei Tagungen und Konferenzen werden Markt-/Ausstellungsformate häufig mit Pausen und Randzeiten kombiniert. Damit in solchen Zeiten die Stände ausreichend Wahrnehmung erhalten, können zentrale Elemente eingebaut werden. Beispielsweise kann ein moderierender »Marktplatz-Lotse« zu Beginn für alle Anwesenden eine kurze Ansage machen, was wo zu finden ist und mit welchen Fragen man den Marktplatz aufsuchen kann.

Variation 3: Arbeitsauftrag

Zur Strukturierung können zentrale Fragen oder Aufgaben dienen, zu denen der Markt/die Ausstellung Antworten liefern soll. Das kann ein zentraler Arbeitsauftrag für alle Beteiligten sein, aber auch individuell formuliert werden. In letzterem Fall gibt es zu Beginn eine kurze Phase, in der jede*r für sich drei Fragen formulieren soll, denen er/sie auf dem Markt nachgehen möchte. Auf einem Schreibblock (oder einem digitalen Äquivalent) können diese Fragen schriftlich fixiert werden. Auch Antworten können schriftlich gesammelt werden.

Entsprechende Fragen müssen nicht immer konkret sein. Gerade beim Marktplatz geht es häufig eher um Exploration eines Themenfeldes als um konkrete Antworten. Denkbare Frage können in diesem Fall in etwa lauten: »Wo gibt es Verbindungen zu meinen bisherigen Aktivitäten? Welche?« oder »Was hat mich überrascht? Warum?«

> **Achtung: Schichtdienst am Stand**
>
> In organisatorischer Hinsicht muss beachtet werden, dass Teilnehmende nicht gleichzeitig etwas an ihrem Stand präsentieren UND sich an anderen Ständen informieren können. Wenn die Stände dennoch kontinuierlich besetzt sein sollen, braucht es entsprechende Verabredungen. Das ist einfach, wenn pro Stand mehrere Personen dabei sind. Diese müssen dann einfach einen »Schichtdienst« verabreden. Im kooperativen Lernen gibt es z.B. für 4er-Gruppen das »One stay, three stray«-Vorgehen, bei dem eine Person am Stand bleibt (»one stay«) und die anderen drei ziehen los (»three stray«). Jedes Mitglied der Gruppe bleibt also für ein vorab zugeteiltes Viertel der Zeit am Stand.

> Dieses Vorgehen ist nicht möglich, wenn es nur eine Person pro Stand gibt. In diesem Fall empfiehlt es sich, ein Schild am Stand, das über Anwesenheitszeiten informiert, z.B.: »Bin von 14.10 bis 14.30 Uhr wieder da.«

Tipp: Marktplatz-Plan
Bei größeren Marktplätzen kann zur Orientierung »Was ist wo« ein Marktplatz-Plan hilfreich sein, auf dem alle Stände verzeichnet sind. Das gilt umso mehr, wenn es mehrere Phasen gibt, zu denen unterschiedliche Stände besetzt sind.

Ursprung und Verbreitung

Die Stationen-Methoden sind unter einer ganzen Reihe von Begriffen und in vielen Variationen bekannt, beispielsweise Markt der Möglichkeiten, Marktplatz, Ausstellung, Vernissage, Galerierundgang, Gallery Walk, Museumsgang, Informations-Parcours etc.

Weiterführende Hinweise

- Für festgelegte Gruppengrößen und feste Verweildauern pro Stand: automatischer → *Stationen-/Kleingruppen-Rechner* für Gruppengrößen und Zeitdauer.
- → *Marktplatz-Plan*, auf dem man beliebig viele Stationen eintragen und verschieben kann.

Zusatzmaterial: Stationen-/Kleingruppen-Rechner und Marktplatz-Plan

Ein Fallbeispiel

130 Lehrkräfte aus verschiedenen Schulen haben im Laufe der vergangenen Monate an 20 verschiedenen Schulen hospitiert. Nun treffen sie sich für einen Transfer-Workshop, um ihre Erfahrungen zu reflektieren und zu planen, wie sie Veränderungen in ihren eigenen Schulen etablieren können. Zu Beginn arbeiten sie in Kleingruppen zusammen, sortiert nach den besuchten Schulen. Ihre Ergebnisse dokumentieren sie auf einer Pinnwand pro Kleingruppe, auf der vier Leitfragen vorgegeben sind. In der anschließenden

Phase werden die 20 Pinnwände in einem großen Raum zu 20 Marktplatzständen. Die Kleingruppen verabreden, wer in der nächsten Phase wann die Standbetreuung übernehmen wird.

Anschließend folgt eine ausführliche Marktplatzphase über 2 Stunden, worin individuelle Pausenzeiten integriert sind. Kaffeestation und Marktplatzstände liegen räumlich direkt nebeneinander, sodass sich Gespräche und Kaffee kombinieren lassen. Die Teilnehmenden können individuell Marktplatzstände aufsuchen, wobei ein Marktplatz-Plan mit einer kurzen Legende zu den einzelnen Schulen Orientierung bietet. Zusätzlich sind die Stände nach Schultypen sortiert, sodass sich automatisch Kolleg*innen von gleichen Schultypen treffen. Es gibt einen allgemeinen Arbeitsauftrag: »Stöbern Sie über den Marktplatz. Gleichen Sie die Erfahrungen und Interessen, von denen Sie an den Ständen erfahren, mit Ihren eigenen Erfahrungen und Interessen ab.«

MOOCs & Learning Circles – »Onlinekurse gemeinsam bewältigen«

Steckbrief

Reichweite	✓ Team ✓ inhouse ✓ regional ✓ überregional
Größe	✓ 3 bis 9 Personen ☐ 10 bis 29 Personen ☐ 30 bis 250 Personen
Rhythmus	☐ täglich/mehrmals pro Woche ✓ wöchentlich/monatlich ☐ halbjährlich/jährlich ☐ einmalig/punktuell
Dauer	☐ 5 bis 20 Minuten ☐ 20 bis 60 Minuten ✓ mehrere Stunden ☐ mehrere Tage
Voraussetzungen	✓ ein offener Online-Kurs über mehrere Wochen ✓ eine Gruppe von 4 bis 9 motivierten Co-Lernenden, die an diesem Kurs teilnehmen ✓ ein wöchentlicher Termin mit 90–120 Minuten für die Dauer des MOOCs ✓ ein fester Raum mit gutem Internetzugang für wöchentlichen Treffen
Besonders geeignet	✓ kleine Gruppen von Teilnehmenden an einem Online-Kurs
ähnlich zu	✓ Lerngruppe ✓ Buchclub/Lesegesellschaft

Kurzbeschreibung

MOOCs sind Online-Kurse, die sich i.d.R. offen und kostenlos an alle Interessierten richten. Es gibt sie zu allen möglichen Themenfeldern (siehe Beispiele unten), überwiegend in Englisch, Französisch und Spanisch, aber bisweilen auch in deutscher Sprache. Diese Kurse gehen in den allermeisten Fällen von einem individuellen Lernenden aus, der isoliert vor dem Onlineangebot sitzt und mit anderen Lernenden maximal – wenn es gut läuft – in einem Diskussionsforum in Kontakt kommt. Das ist sicher für viele Zwecke ausreichend. Ein deutlich größeres Potential ergibt sich aber, wenn man einen MOOC mit einem Peer-to-Peer-Format »in real life«, also von Angesicht zu Angesicht verbindet. Hier kommt das Konzept der Learning Circles ins Spiel.

Learning Circles sind Lerngruppen für Menschen, die an einem kostenlosen Onlinekurs teilnehmen und sich an einem Tisch mit Menschen von Angesicht zu Angesicht austauschen wollen. Das Konzept sieht für Koordination und Moderation die Rolle des »facilitators« vor. Dafür braucht es keine pädagogische Ausbildung, vielmehr kann diese Rolle von Jedermann/Jederfrau übernommen werden. Im Handbuch für Learning Circles steht der zentrale Satz: »We won't have a teacher – we'll be teaching each other!« (»Wir werden keine Lehrer haben – wir werden gegenseitig voneinander lernen!«)

Beispiele für Setting, Themen und Formen

Beispiele für das Setting:
- In einer Schule treffen sich jeden Mittwoch vier Kolleginnen, die den Kurs »Soziale Medien & Schule: für wen, wieso, wozu?« belegen. In ihren Treffen reflektieren sie die Kursinhalte vor dem Hintergrund der eigenen Schule.
- Die örtliche Volkshochschule ist Gastgeberin von mehreren Learning Circles zu einem Onlinekurs »Bewerbungen schreiben leicht gemacht«. Bei den Treffen bearbeiten die Teilnehmenden parallel die aktuellen Aufgaben aus dem Kurs. Abschließend stellen sie sich gegenseitig ihre Ergebnisse vor und geben einander Feedback.
- In einem Café treffen sich morgens vor der Arbeit fünf Bekannte aus pädagogischen und künstlerischen Berufen. Sie alle nehmen am Kurs »Art & Inquiry: Museum Teaching Strategies For Your Classroom« teil,

der vom Museum of Modern Art (MoMA) angeboten wird. Die Diskussionen drehen sich häufig um grundsätzliche Fragen, aber es werden auch Verständnisfragen geklärt. Für die Gruppe ist ein deutschsprachiger Austausch zu dem englischsprachigen Kurs wichtig.
- Ein Unternehmen ermutigt seine Mitarbeiter, an dem MOOC »Fit für die digitale Arbeitswelt« teilzunehmen. Dafür bekommen sie pro Woche 90 Minuten Arbeitszeit zur Verfügung gestellt. 60 Minuten zusätzlich gibt es für alle, die die Inhalte zusätzlich mit Kollegen in einem Learning Circle vertiefen.

Beispiele für Themen:

Es folgt eine Liste einiger Online-Kurse, die in den letzten Jahren stattgefunden haben. Einige davon werden regelmäßig neu aufgelegt. Fast alle Angebote sind im Archivmodus verfügbar.
- Soziale Medien & Schule: für wen, wieso, wozu?
- Krankheiten bestimmen mit dem Internet – Grenzen und Gefahren
- 25 Jahre Deutsche Einheit
- Aha-Erlebnisse aus der Experimentalphysik
- Schule im Aufbruch: Meine Schule transformieren – ein Reiseführer
- Blockchain: Hype oder Innovation?
- Force and Motion: Pedagogical Content Knowledge for Teaching Physics
- Art & Inquiry: Museum Teaching Strategies For Your Classroom

Für aktuelle Kurse gibt es mehrere gute Ablaufstellen:
- oncampus.de an der Technischen Hochschule Lübeck und
- iMooX.at von der Uni Graz und der TU Graz sind zwei deutschsprachige Angebote.
- open.hpi.de gehört zum Potsdamer Hasso-Plattner-Institut und bietet Online-Kurse aus dem Bereich Informationstechnologie (IT).
- class-central.com ist ein MOOC-Katalog der großen globalen Anbieter. Alleine in der Kategorie »Education & Training« finden sich 700 Kurse, die meisten davon auf Englisch.
- fobizz.com biete Onlinekurse speziell rund um digitale Themen für Lehrkräfte.

Beispiele für Formen:

Das Handbuch der Learning Circles beinhaltet eine Sammlung von »Recipe Cards«, also Schritt-für-Schritt-Anleitungen für die 90 bis 120 Minuten eines Treffens. Darin finden sich beispielsweise folgende Vorschläge:
- Einführung in die Plattform des Onlinekurses am Beamer.
- Formulierung von individuellen Zielsetzungen der Teilnehmenden.
- Gegenseitiges Feedback zu Aufgaben, die Teilnehmende im Kurs bearbeitet haben.
- Eigene Erfahrungen teilen: Anlaufstellen, Geschichten und Ideen zum Kursthema.
- Offene Runde für Fragen und Antworten rund um den Kurs.

Geeignete Themen

Das Format eignet sich prinzipiell für alle Themen, die in Form von Onlinekursen angeboten werden. Die Eingrenzungen sind eher praktischer Natur, da die Voraussetzung einer Gruppe zunächst einmal die Existenz eines entsprechenden Onlinekurses ist.

Eine nicht zu unterschätzende Eigenschaft von Onlinekursen und Learning Circles sind die »indirekten« Lernfelder. Die Teilnehmenden lernen meist nicht nur etwas zum Kursthema, sondern auch auf der Meta-Eben zum online Arbeiten und zum selbständigen Lernen. Die Kurswerkzeuge bedienen, selbständig recherchieren, sich Ziele setzen und individuell verfolgen, gegenseitig Feedback geben etc. – all das sind Aufgaben, zu denen die notwendigen Kompetenzen nicht als selbstverständlich vorausgesetzt und die gemeinsam entwickelt werden können.

Variationen und Tipps

Variation 1: Das Learning Circle Modell

Das Learning Circle Modell schlägt vier Schritte vor, die bei jedem Treffen durchlaufen werden:
1) Ankommen (Check-In): 10 Minuten für einen Rückblick auf die vergangene Woche und einen Ausblick auf die aktuellen Ziele.

2) Aktivität (Activity): 10 bis 15 Minuten, in denen mit verschiedenen Methoden das Gruppengefühl, das Selbstvertrauen und Verbindungen zwischen Kurs und eigenem Leben gestärkt werden.
3) Kursarbeiten (Coursework): der Hauptteil, in dem an den Inhalten des Kurses gearbeitet wird.
4) Feedback (Plus/Delta): 5 Minuten Rückmeldungen der Lernenden, was diese Woche gut lief und welche Verbesserungen sie sich für die kommende Woche wünschen.

Der Facilitator begleitet die Treffen zusätzlich durch eine Erinnerungs-Mail vor und einer Nachbereitungs-Mail nach den Treffen.

Variation 2: Buchclub

Die Methode lässt sich abwandeln, sodass sie nicht nur auf Onlinekurse passt, sondern auch für andere Lerngelegenheiten, die sonst einzeln bearbeitet werden. Beispielsweise kann ein Learning Circle auch als Begleitung für die Lektüre eines Buchs genutzt werden. Die Zielsetzungen bleiben gleich: Learning Circles fördern das Lernen über den Austausch untereinander und können die Verbindlichkeit erhöhen. (»Jede*r muss das Kapitel lesen, bevor wir uns im Learning Circle dazu austauschen.«)

Variation 3: Videoclub

Wenn man das Konzept noch weiter öffnet, kann der Learning Circle nur durch ein gemeinsames Thema verbunden sein und sich seine Quellen selbst auswählen. Denkbar wäre eine Gruppe, die sich gemeinsam eine Playlist von Vortragsvideos, Artikeln etc. zusammenstellt, die sie Woche für Woche sehen/lesen und besprechen.

Das Lesekabinett. Öl auf Leinwand, 1843 von Johann Peter Hasenclever
| Abbildung gemeinfrei via commons.wikimedia.org/wiki/File:Johann_Peter_Hasenclever_Lesekabinett_1843.jpg

Exkurs: Lesezirkel und Schullehrerkonferenzgesellschaften

Ein vergleichbares Konzept gab es schon im 18. und 19. Jahrhundert. Damals gründeten Privatleute in vielen Städten Lesegesellschaften, Lesezirkel und Lesekabinette, in denen Menschen (Männer, um präzise zu sein) gemeinsam lasen und über die Inhalte diskutierten. Mit den wirklich sogenannten »Schullehrerkonferenzgesellschaften« gab es bereits Anfang des 19. Jahrhunderts ein Peer-to-Peer-Fortbildungsformat speziell für Lehrer. Der liberale preußische Schulverwaltungsbeamte Bernhard Christoph Ludwig Natorp konzipierte Schullehrerkonferenzgesellschaften als Ort des pädagogischen Austauschs.

Achtung: Nicht zum Lehrer werden!

Das Konzept sieht explizit vor, dass der Facilitator für die Umgebung zuständig ist, in der Lernprozesse stattfinden und dass er nicht (!) Experte für das Thema des Onlinekurses ist. Weil diese Person aber für die meisten Teilnehmenden zum ersten Ansprechpartner zu diesem Onlinekurs wird, besteht die Gefahr, dass ihm die Rolle des thematischen Experten zugeschrieben wird. Dieser Gefahr muss sich ein Facilitator bewusst sein. Bei inhaltlichen Fragen ist es sinnvoll, die Frage an die Gruppe weiterzugeben und gemeinsam nach Antworten bzw. nach Anlaufstellen für Antworten zu suchen.

> **Tipp: Materialien und Vorlagen**
> Durch eine ausführliche Erprobung der Methode in den USA liegen umfassende Materialien als Anleitungen und Vorlagen vor. Teile der Materialien wurden bereits in Deutsche übersetzt (siehe unten).

Ursprung und Verbreitung

Große, offene Onlinekurse (Massive Open Online Courses – MOOCs) wurden ab 2008 erst im englischsprachigen und in der Folge auch im deutschsprachigen Raum verbreitet. Eine zentrale Eigenschaft – das individuelle Lernen ohne feste Zeiten und ohne einen festen Ort – ist gleichzeitig Vorteil wie auch Nachteil von MOOCs. Dadurch brauchen Lernende starke Motivation und hohe Disziplin, während gleichzeitig der Austausch mit anderen Lernenden nur eingeschränkt möglich ist.

An diesen Schwachstellen setzt das Konzept der Learning Circles an, das 2015 von der Peer 2 Peer University zusammen mit der Chicago Public Library entwickelt wurde. Auch im deutschsprachigen Raum gab es parallel erste Versuche, Onlinekurse mit Lerngruppen vor Ort zu kombinieren. Ein Beispiel ist unten beschrieben.

Weiterführende Hinweise

- Das Konzept der Learning Circles wurde von der Peer 2 Peer University entwickelt. Ein ausführliches »Facilitator Handbuch«, zahlreiche Methodenvorschläge, Kopiervorlagen und sogar eine eigene Software zur Organisation sind online, offen und frei verfügbar – allerdings komplett auf Englisch: www.p2pu.org/en/handbook/.
- An der Stadtbibliothek Köln wurde eine kompakte Variante als Moderationsleitfaden ins Deutsche übersetzt und erprobt. Der Begriff »Learning Circles« wird dabei als »Lernteams« übersetzt. www.stadt-koeln.de/leben-in-koeln/stadtbibliothek/bildungsangebote/lernteams-eine-neue-lern-methode-der-stadtbibliothek

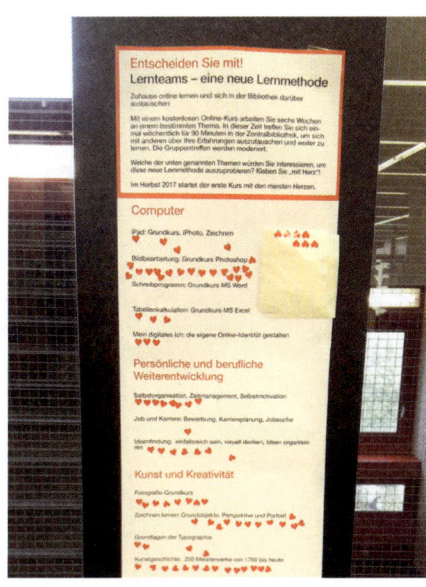

Herzen kleben zur Auswahl eines Lernteams in der Stadtbibliothek Köln | Foto von Bettina Scheurer (CC BY 4.0)

Ein Fallbeispiel

In Deutschland fand 2015 der »ichMOOC« statt – mit 1.633 Anmeldungen der größte Volkshochschulkurs aller Zeiten. Zum Thema »Mein Digitales Ich« gab es Inputs in Form von Onlinevideos und Diskussionen in Form von Diskussionsforen und einer Facebook Gruppe. Zusätzlich wurden von Volkshochschulen in 37 Städten sogenannte »MOOCbars« angeboten. Im wöchentlichen Rhythmus konnten sich dort Teilnehmende treffen, gemeinsam einen Input anschauen und diskutieren.

2015 haben die Peer to Peer University und die Chicago Public Library das Konzept der Learning Circles erprobt. Die Learning Circles fanden in 17 öffentlichen Bibliotheken, vorwiegend in den USA, statt. Die Rolle der »facilitators« wurde i.d.R. von Bibliothekar*innen übernommen. Die Bibliotheken boten auch Computer und Internetzugang. Das Angebot richtete sich vor allem an Erwachsene mit wenig Erfahrung mit digitalen Werkzeugen und Online-Lernen. Learning Circles wurden mit verschiedene Onlinekursen erprobt, unter anderem zu Themen wie Webdesign, Bewerbungsschreiben oder die Vorbereitung auf die staatliche Prüfung zur Krankenschwester.

Erklärtes Ziel des Konzepts war und ist es, der digitalen Spaltung im Bereich Bildung entgegenzuwirken. Die Wissenschaftlerin Cristiane Sommer Damasceno hat die Pilotphase im Rahmen ihrer Doktorarbeit wissenschaftlich begleitet. Ihr Fazit: Learning Circles können neue Wege für erwachsene Lernende eröffnen, in dem sie die digitale Spaltung abmildern, eine unterstützende Lernumgebung anbieten, intellektuelle Autonomie stimulieren und den Austausch von Kompetenzen zwischen Anfänger*innen begünstigen.*

---

* Damasceno, C. S. (2017). Massive Courses Meet Local Communities: An Ethnography of Open Education Learning Circles (Doctoral dissertation, North Carolina State University). https://repository.lib.ncsu.edu/handle/1840.20/33714

Offene Küchen-Sprechstunde –
»Sag mal, du kennst dich doch aus …«

Steckbrief

Reichweite	☐ Team ✓ inhouse ☐ regional ☐ überregional
Größe	☐ 3 bis 9 Personen ✓ 10 bis 29 Personen ☐ 30 bis 250 Personen
Rhythmus	☐ täglich/mehrmals pro Woche ✓ wöchentlich/monatlich ☐ halbjährlich/jährlich ☐ einmalig/punktuell
Dauer	☐ 5 bis 20 Minuten ✓ 20 bis 60 Minuten ☐ mehrere Stunden ☐ mehrere Tage
Voraussetzungen	✓ ein regelmäßiger Termin ✓ ein Ort zum Sitzen für eine kleine Gruppe ✓ eine Gruppe, in der viele Menschen mit einem Themenfeld zu tun haben ✓ min. eine Person mit Expertise in diesem Themenfeld
Besonders geeignet	✓ Ratschläge und Beratschlagungen ✓ einfache Fragen und Feedback ✓ die Mühen der Ebene, also die Phase nach einem Auftakt
ähnlich zu	✓ Speed-Dating und Date-an-Expert, nur kompakter und regelmäßig ✓ Stammtisch und Meetup, nur kleiner und inhouse

Kurzbeschreibung

Es braucht einen regelmäßigen Termin, beispielsweise jeden Mittwoch von 14 bis 15 Uhr, sowie einen festen Ort, beispielsweise die Kaffeeecke einer Büroküche. Dort können dann Menschen, die an einem Thema arbeiten oder Interesse daran haben, auf Menschen mit besonderer Expertise zu diesem Thema treffen. Sie können Fragen stellen, sich über Ideen austauschen, Feedback einholen und diskutieren.

Es handelt sich um eine offene Sprechstunde, zu der man ohne Anmeldung erscheinen kann. Die Hürde soll möglichst niedrig sein, auch und gerade für vermeintlich »dumme Fragen«. Das Format verbindet die Idee eines Beauftragten für ein Thema mit einem Coaching-Ansatz, will aber das Angebot vor allem einfach und niedrigschwellig anlegen.

Beispiele für Setting, Themen und Formen

Beispiele für das Setting:
- Der Name »Küchen-Sprechstunde« könnte als Angebot für Hobbyköche missverstanden werden. Tatsächlich geht es aber bei »Küche« einfach nur um einen einfachen Ort, der für alle Mitarbeiter zugänglich ist, beispielsweise eine Büroküche oder Kaffeeecke.
- Andere Orte sind, je nach der Organisation und ihrer Räumlichkeiten, beispielsweise eine Ecke in der Mensa, im Lehrerzimmer oder einer Cafeteria. Es sollte bewusst ein freundlicher und informeller Ort sein, also kein Besprechungsraum o.ä., damit der niedrigschwellige Charakter gewahrt bleibt.
- Wichtig ist, dass der Termin bekannt gemacht wird und im Bewusstsein bleibt. Dafür helfen nicht nur Aushänge und Anküdigungen. Damit die Möglichkeit der Sprechstunde präsent bleibt, kann beispielsweise der Ansprechpartner in monatlichen Team-Sitzungen einen festen Platz auf der Agenda haben, wo er drei Minuten von aktuellen Themen berichtet und damit Neugier weckt.
- Ein typischer Praxisbericht dazu lautet in etwa so: »Ich war schon länger Beauftragter für dieses Thema, und eigentlich wussten alle, dass sie mich jederzeit ansprechen können – nicht nur eine Stunde pro Woche. Aber seit es die Sprechstunde gibt, kommen deutlich mehr Menschen zu mir.«

Beispiele für Themen:
- Smartphone-Sprechstunde – Fragen rund ums Smartphone.
- Moodle-Küche – Austausch zur Lernplattform in der Kaffeeküche.
- GTD-Mittwoch – Sprechstunde zur Getting Things Done-Methode.
- Sharepoint-Café – offene Fragestunde für Newbies und Profis.

Beispiele für Formen:
- Es gibt eine Stunde als regelmäßigen Termin jede Woche / jede zweite Woche / einmal im Monat.
- Der offizielle Beauftragte für ein Thema ist hier ansprechbar. Auch ohne offizielle Beauftragung ist das denkbar. Entscheidend ist die fachliche Expertise. So kann beispielsweise eine Smartphone-Sprechstunde in einer Schule von Schülerinnen, in einem Betrieb von Azubis übernommen werden.
- Eine Sprechstunde kann auch zum Treffpunkt für eine kleine oder große Community werden, in der man sich untereinander austauscht.

Geeignete Themen

Die Küchen-Sprechstunde kann eine Vielzahl von Themen abdecken. Entscheidend ist, dass das Thema viele Menschen in der Organisation auf mittlere Sicht beschäftigt und dass einzelne Aspekte des Themas innerhalb von je 5 bis 20 Minuten besprochen werden können. Das Thema darf nicht so brennend sein, dass die Beschäftigung mit einer Frage nicht auch eine oder zwei Wochen warten kann. Umgekehrt sollte das Thema auch in einem Jahr noch relevant sein.

Wichtig ist, dass zum Thema bei mindestens einer Person Expertise vorhanden ist, sodass es eine kompetente Ansprechperson gibt. Es ist ein guter Gradmesser, wenn diese Person von Kollegen oft wie folgt angesprochen wird: »Sag mal, du kennst dich doch aus mit … Da hätte ich mal eine Frage …«

Im besten Fall hat diese Person nicht nur Fachwissen, sondern ist auch gut darin zu sagen: »Lass uns das mal zusammen anschauen.« Auf diesem Wege können auch Antworten auf neue Fragen gefunden werden und die Lernenden lernen nebenbei Recherchemöglichkeiten und Lösungsstrategien kennen.

Variationen und Tipps

Variation 1: Lauschen und Co-Working

Im Gegensatz zu einer ärztlichen Sprechstunde ist in diesem Format nicht vorgesehen, dass alle vor der Tür des Experten warten und einzeln hereingerufen werden. Im Gegenteil: eine offene Tür und das zufällige »Mitkriegen«, was andere Kollegen beschäftigt, ist hilfreich für Lernen und Austausch.

Denkbar ist auch, dass Menschen in einer Sprechstunde nicht nur eine Frage klären, sondern konkret an einer Sache weiterarbeiten. Hier ist die Grenze zu Formaten wie Hackathon und Booksprint fließend.

Variation 2: Von der Anlaufstelle zum Treffpunkt

Das Format kann Geburtsstätte einer Community of Interest sein. Bei besonders hohem Interesse wird aus einer Sprechstunde eine kleine Community, die aus einer Anlaufstelle einen Treffpunkt macht, an dem der Austausch nicht nur mit einem Experten, sondern auch untereinander stattfindet.

Eine solche Community lässt sich der Erfahrung nach nicht forcieren. Man kann nur die Bedingungen für ihr Entstehen erleichtern. Dabei sollte auch die Bedeutung von Kleinstgruppen mit nur zwei, drei oder vier Mitgliedern nicht unterschätzt werden. Wenn diese Personen eine solche Möglichkeit nutzen, dann ist das für sie ein entscheidender Fortschritt zum vorherigen Status, nämlich gar keine anderen Personen für den Austausch im direkten Umfeld zu haben.

Variation 3: Sprechstunde mit Voranmeldung

Es ist eine zwiespältige Entscheidung, wenn man aus einer offenen Sprechstunde eine Sprechstunde mit Voranmeldung macht. In der Regel wird damit die Hürde für Interessierte erhöht. Andererseits kann eine Terminvergabe sinnvoll sein, wenn es um vertrauliche Themen geht oder eine konzentrierte Auseinandersetzung in einem Eins-zu-Eins-Setting notwendig ist.

Variation 4: Experten-Rotation

Es ist denkbar, dass die Rolle des Experten nicht nur durch eine Person übernommen wird. Wenn mehrere Personen sich die Aufgabe teilen, kann die Gruppe in einem kleinen Dienstplan festlegen, wer zu welchem Termin die Sprechstunde übernimmt.

Variation 5: Nicht nur offen, sondern öffentlich

Die Fallbeispiele unten zeigen, dass das Format der Sprechstunde auch über die Grenzen einer Organisation hinaus eingesetzt werden kann.

Tipp: Langer Atem

Die Offene Sprechstunde ist ein Angebot, Fragen dann zu klären, wenn sie sich in der Praxis stellen, also nicht »auf Vorrat« zu lernen. Dieser Moment wird bei den Lernenden nicht unbedingt der gleiche Zeitpunkt sein, zu dem ein solches Angebot eingerichtet wird. Es kann also gut sein, dass eine Sprechstunde gerade zu Beginn nicht stark besucht wird. Dennoch kann sich ein langer Atem lohnen. Wenn das Thema die Organisation wirklich beschäftigt und die Existenz der Sprechstunde regelmäßig ins Bewusstsein gerufen wird, dann kann die Nachfrage auch nach einer schleppenden Anlaufphase noch groß werden. Vielleicht kommt am Anfang sogar keiner oder nur einzelne Personen. (Für diesen Fall sollte die gastgebende Person sich etwas Arbeit oder ein Buch mitbringen).

Falls eine Sprechstunde mangels Zuspruchs eingestellt werden soll, lohnt sich der Versuch eines letzten Aufrufs. So kann beispielsweise die Ankündigung explizit auf den Modus »Achtung, nur noch drei Sprechstunden!« umgestellt werden. Bisweilen macht die Aussicht auf ein baldiges Ende vielen Kollegen Beine – und unter Umständen kann das angekündigte Ende sogar zu einem erfolgreichen Wiederbelebungsversuch werden.

Achtung: Augenhöhe statt Belehrungen

Das wichtigste Ziel dieses Formats ist es, einen niedrigschwelligen Zugang zu bieten. Daher müssen Formalisierungen und psychologische Hürden vermieden werden. Dazu gehört die Auswahl des Ortes, aber auch die Ausgestaltung der Expertenrolle. Der Experte soll nicht als unfehlbare Autorität auftreten (wie es z.B. manche Ärzte tun). Vielmehr geht es um Gespräche auf Augenhöhe und die Förderung der Bereitschaft, sich weiter mit einem Thema auseinanderzusetzen.

Ursprung und Verbreitung

Das Format hat vermutlich keinen gemeinsamen Ursprung, sondern wurden an Tausenden Orten unabhängig voneinander entwickelt. Der hier gewählte Name »Küchen-Sprechstunde« leitet sich davon ab, dass die Namensgebung häufig über den Treffpunkt erfolgt, beispielsweise bei der »Moodle-Küche«, siehe unten.

Weiterführende Hinweise

Nichts. Es braucht nur einen Raum mit Tisch und Stühlen, am besten auch mit Kaffee.

Zwei Fallbeispiele

Wikipedia-Sprechstunde

Eine öffentliche Variante für eine offene Sprechstunde ist die Wikipedia-Sprechstunde in Hamburg, siehe Abbildung unten.

Die Sprechstunde ist kein Kurs, sondern ein offenes Format, in dem erfahrene Wikipedia-Autorinnen und -Autoren jedermann für Fragen rund um Wikipedia zur Verfügung stehen, Tipps und Hilfestellung für interessierte Neuautoren geben usw. Die Veranstaltung ist öffentlich und richtet sich an alle Interessierten. Eine Anmeldung ist nicht erforderlich. Der Eintritt ist frei.

Einladung zur Wikipedia-Sprechstunde Screenshot von der Seite de.wikipedia.org/wiki/Wikipedia:Kontor_Hamburg/Sprechstunde | Text unter der Lizenz CC BY-SA 3.0 (de.wikipedia.org/wiki/Wikipedia:Lizenzbestimmungen_Commons_Attribution-ShareAlike_3.0_Unported) | Foto von Gnom unter der Lizenz CC BY-SA 4.0 (creativecommons.org/licenses/by-sa/4.0)] via Wikimedia Commons (commons.wikimedia.org/wiki/File:Studenten_editieren_im_Wikipedia-Kontor_Hamburg.jpg)

Frag Moritz!

In Freiburg haben die Medienpädagoginnen Irene Schumacher und Irene L. Bär beobachtet, dass ihr Bekannter Moritz Bross häufig mit »Du kennst dich doch mit digitalen Medien aus, oder? Kann ich dich mal was fragen?« angesprochen wurde. Sie haben dieses Interesse institutionalisiert und daraus das regelmäßige Angebot: »Frag Moritz!« gemacht. In diesem Fall wurde aus der Fragestunde ein Termin mit Schwerpunkten und einem Input zu Beginn. Mehr dazu erfährt man Telefon-Interview zu »Frag Moritz« und auf der Homepage fragmoritz.de.

Twitter & Blogs – »Öffentlicher Erfahrungsaustausch«

Steckbrief

Reichweite	☐ Team ☐ inhouse ☐ regional ✓ überregional
Größe	☐ 3 bis 9 Personen ☐ 10 bis 29 Personen ✓ 30 bis 250 Personen ✓ unbegrenzt
Rhythmus	✓ täglich/mehrmals pro Woche ✓ wöchentlich/monatlich ☐ halbjährlich/jährlich ☐ einmalig/punktuell
Dauer	✓ 5 bis 20 Minuten ✓ 20 bis 60 Minuten ✓ mehrere Stunden ☐ mehrere Tage
Voraussetzungen	✓ für den Einstieg: ein Twitter-Account ✓ für Fortgeschrittene: ein eigenes Blog ✓ Mut zur Öffentlichkeit ✓ Offenheit, eigenes Wissen und Unwissen zu zeigen
Besonders geeignet	✓ stille Beobachter*innen ✓ interessierte Nachfrager*innen ✓ notorische Besserwisser*innen ✓ freundliche Tipp-Geber*innen ✓ eifrige Link-Empfehler*innen
ähnlich zu	✓ Lerntagebuch ✓ Kaffeepausen-Gespräche ✓ Meetup-Anbahnungen

Kurzbeschreibung

Das Lernen mit Twitter oder Blogs ist so einfach wie radikal: Man teilt die eigenen Fragen, Gesuche und Probleme einerseits sowie Antworten, Erfahrungen und Tipps andererseits nicht mit einem ausgesuchten Kreis, sondern weltöffentlich im Internet. In den letzten Jahren hat sich dieses Lernen in offenen Communities vom Nischenphänomen in den Mainstream bewegt.

Viele Pädagoginnen und Personalentwickler, Dozentinnen und Trainer, Profis und Einsteiger nutzen Social Media für den Austausch und co-konstruktive Lernprozesse. Was nach einem unüberschaubaren Feld klingt, beginnt klein und konkret. So starten viele Lernende zunächst passiv und lesen, was andere auf Twitter schreiben. Nach den ersten Entdeckungen folgen dann häufig die ersten aktiven Schritte.

Typisch für Twitter sind die enorme Themenvielfalt, die hohe Subjektivität und ein Schwerpunkt auf »kurzen« Formaten wie Tipps und Tricks, Empfehlungen und Hinweisen. Das Lernen erfolgt häufig über Anregungen, die mit (unausgesprochen) Satzanfängen wie »Das solltet ihr euch einmal anschauen …« oder »Kennt ihr schon …« beginnen. (Auf Twitter wird selten gesiezt.) Menschen, die neu auf Twitter sind, berichten häufig von einer Fülle von Anregungen, die für sie neu und manchmal auch etwas überfordernd ist.

Inzwischen gibt es für viele Bereiche auch strukturierte Diskurse, ähnlich wie Chats auf Twitter. Für längere Beiträge bieten sich Blogs an.

> **Exkurs: Geheimsprache Twitter – die wichtigsten Begriffe**
>
> Nachrichten auf Twitter lesen sich wegen der Kürze und der hohen Situationsabhängigkeit bisweilen sehr kryptisch. Davon sollte man sich – wie bei einer neuen Sprache – nicht abschrecken lassen. Nach einer Einstiegsphase bekommt man schnell einen Überblick. Die folgende Liste von zentralen Begriffen kann zur Einführung helfen.
> - *Twitter*: der Dienst, der aus kurzen Beiträgen von maximal 280 Zeichen Länge besteht, angeboten von der gleichnamigen Firma.
> - *Tweet*: eine solche Nachricht, bestehend aus Text, häufig Links, manchmal Fotos, selten Videos.
> - *Account*: die eigene Repräsentanz auf Twitter, ein Benutzerkonto mit Twitternamen, kurzer Selbstbeschreibung und den eigenen Tweets.
> - *Follow/Folgen*: die Tweets eines anderen Accounts abonnieren, sodass diese zukünftig für mich angezeigt werden, auch wenn ich nicht danach suche.

- *Follower*: Person A, die Person B folgt (Twitter verlangt keine Gegenseitigkeit. Person B muss also Person A nicht folgen.).
- *Retweeten*: die Nachricht eines Anderen wiederholen und so ins eigene Netzwerk weitertragen.
- *Hashtag*: ein Wort als Schlagwort kennzeichnen und so die Zugehörigkeit zu einem Thema deutlich machen (jeder Hashtag ist anklickbar, sodass man zu einer Auswahl von Nachrichten zu diesem Schlagwort gelangt.).
- *Blog*: ein eigener Platz im Internet, auf dem man eigene Beiträge beliebiger Länge veröffentlicht. (Man sagte ursprünglich »das Blog«. Allerdings hat sich inzwischen auch »der Blog« eingebürgert. Der Duden erlaubt beides.)

Beispiele für Setting, Themen und Formen

Beispiele für das Setting:

- Die häufigste Form ist ein eigenständiger Tweet mit einem Tipp (z.B. eine Leseempfehlung), einem Gedanken (z.B. eine Erkenntnis) oder einer Frage (z.B. nach Erfahrungen von anderen).
- Bisweilen entspinnen sich daraus Diskussionsfäden mit weiteren Beiträgen in Form von Antworten und Kommentaren, Rückfragen und Ergänzungen.
- Gemeinsame Termine sind beliebte Anlässe für zeitnahe Diskussionen, beispielsweise bei einer gerade stattfindenden Konferenz, zum Schulbeginn (oder auch zum aktuellen Tatort im Fernsehen).
- Gemeinsame Anlässe können auf Twitter auch durch Verabredungen entstehen, beispielsweise wenn eine Stunde lang über ein bestimmtes Thema diskutiert werden soll (siehe Beispiel unten).
- Für längere Beiträge eignet sich Twitter nicht, sodass einige Menschen ihr Lernen und ihre Gedanken nicht nur auf Twitter, sondern auch in eigenen Blogs dokumentieren (siehe Beispiel unten).

Beispiele für Themen:

- Erfahrungsaustausch und Tipps zu digitalen Themen, beispielsweise: Anleitungen für Sketchnotes, Apps für Stop-Motion-Filme, Tipps für das To-do-Management, Fragen zum Urheberrecht.
- Kommentare und Zitate zu aktuellen Veranstaltungen, beispielsweise Tagungen und Kongressen, aber auch Fernsehsendungen und Livestreams

- Nicht selten geht es auch um Privates und Persönliches wie Hobbys oder Sport. Bei Twitter finden die Gespräche, die man vor Ort zwischen Besprechungsraum und Kaffeepause sauber aufteilen würde, quasi im gleichen Raum statt.

Beispiele für Formen:
- In einem einzelnen Tweet wird ein Hinweis auf ein interessantes Video, einen lesenswerten Artikel oder eine hilfreiche Methode gegeben, i.d.R. mit einem weiterführenden Link.
- Über einen gemeinsamen Hashtag werden Eindrücke aus dem Alltag, Fragen und Gesuche, Tipps und Tricks geteilt. Beispiele für solche Schlagworte: #twitterlehrerzimmer (Schule), #vhs (Volkshochschule) #krasseherde (Corporate Learning).
- Informationen zu einem mehr oder weniger spezifischen Themenbereiche werden mit einem bestimmten Hashtag kontinuierlich zu geteilt, beispielsweise unter #OERde zu Open Educational Resources.
- Bei Konferenzen oder anderen Events wird begleitend über einen Hashtag diskutiert, beispielsweise unter #rp19 zur re:publica 2019.
- Zu einem vorher angekündigten Zeitpunkt wird für eine Stunde konzertiert zu einem Thema diskutiert, ähnlich zu einem Chat (siehe Beispiel unten).

Geeignete Themen

Die Themenvielfalt auf Twitter und Blogs ist unbegrenzt. Dort werden sowohl sehr allgemeine Fragen als auch exotische Nischenthemen diskutiert. Generell lässt sich sagen, dass Twitter eher für kompakte, eigenständige und aktuelle Inhalte geeignet ist, während für längere, zusammenhängende und zeitlose Beiträge Blogs die bessere Wahl sind.

Ein gerade bei Twitter verbreitetes Phänomen ist es, dass man auf Dinge stößt, von denen man gar nicht wusste, dass man sie gesucht hat. Das liegt zum einen daran, dass der Standard-Modus von Twitter darin besteht, dass man seinen eigenen Informationsfluss über Personen (und nicht etwa Themen) zusammenstellt.

Twitter ist ein schnelles Format, in dem Antworten mitunter innerhalb von Sekunden auftauchen. Die Spontaneität kann hilfreich sein, aber auch

Missverständnisse und Kontroversen fördern. Auch in Blogs sind Diskussionen möglich, indem man entweder 1. einem Kommentar unter einem Blogbeitrag schreibt, 2. eine Erwiderung im eigenen Blog verfasst. Häufig verknüpfen sich Beiträge auf Twitter und in Blogs miteinander.

Variationen und Tipps

Variation 1: Tweets von Veranstaltungen

Das Twittern von Bildungsveranstaltungen wie Kongressen oder Tagungen gehört zu den beliebtesten Formaten auf Twitter. Auf diesem Wege können sich die Teilnehmenden untereinander austauschen, beispielsweise während eines Vortrags. Wenn so etwas gut läuft, dann kann man auf Twitter quasi den Raum denken sehen. Darüber hinaus ist nicht zu unterschätzen, dass über Twitter auch Menschen, die nicht vor Ort anwesend sind, etwas von der Veranstaltung mitbekommen.

Variation 2: Hashtags

Wie oben beschrieben, organisiert man sein eigenes Twitter darüber, dass man Personen folgt. Je spezifischer ein Interesse ist, desto sinnvoller kann es sein, kontinuierlich bestimmte Hashtags im Blick zu behalten. Die Programme und Dienste, über die man Twitter nutzen kann, bieten dafür unterschiedliche Möglichkeiten. (Bemerkenswerterweise haben die von Twitter selbst angebotene App und Website dazu relativ weniger Funktionen, während Programme wie Tweetdeck hier deutlich mehr bieten.)

Variation 3: RSS-Reader

Blogs werden auf verschiedenen Plattformen und mit unterschiedlicher Software angeboten. Wer die Blogs nicht regelmäßig auf Neues hin »abgrasen« oder per E-Mail abonnieren möchte, kann eine Programm aus der Gattung »RSS-Reader« nutzen. Die meisten Blogs bieten einen sogenannten RSS-Feed an, über den man sie abonnieren kann. So werden die Beiträge aller abonnierten Blogs zentral an einem Ort angezeigt.

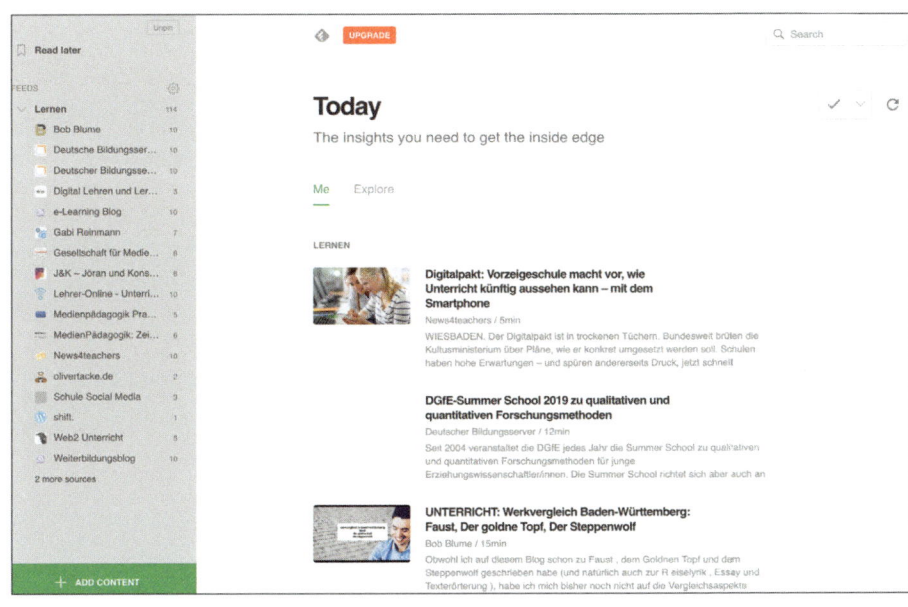

Screenshot vom RSS-Reader | Screenshot nicht unter freier Lizenz

Variation 4: Persönliche Lernnetzwerke (PLN)

Mit dem Begriff »Persönliches Lernnetzwerk (PLN)« wird die Summe der informellen Verbindungen und Knoten bezeichnet, über die ein Mensch für sein Lernen interagiert. Solche Netzwerke gab und gibt es immer, auch wenn man sich nicht explizit über sein PLN Gedanken macht. Über Social Media haben Persönliche Lernnetzwerke an Bedeutung gewonnen, weil die Netzwerke via Social Media zum einen sichtbarer werden und zum anderen deutlich an Reichweite gewinnen können.

Twitter und Blogs sind hervorragend dazu geeignet, das eigene PLN auszubauen. Howard Rheingold ist ein Pionier des Lernens in Online-Communities und Netzwerken. In seinem Buch »Net Smart. How to Thrive Online.« (2012) hat er eine Liste mit Schritten zusammengestellt, die beim Aufbau und Ausbau des eigenen PLN, insbesondere über Twitter und Blogs helfen. Für ein systematisches Vorgehen zum Lernen mit Twitter und Blogs kann diese Liste helfen. Sie ist nicht als Schritt-für-Schritt abzuarbeitendes Prozedere zu verstehen, sondern zeigt einzelne Aspekte, die auch bei fortgeschrittener Nutzung relevant bleiben.*

1) *Explore*: Erkunde durch Stöbern in der Social Media-Landschaft, was dort passiert.
2) *Search*: Suche gezielt nach Themen und den Personen, die sich mit diesen Personen beschäftigen.
3) *Follow*: Folge den Personen, deren Output für dich und dein Lernziel hilfreich sind.
4) *Tune*: Passe dein Netzwerk ständig an, füge neue Personen hinzu und entferne Verbindungen, die nicht mehr hilfreich sind.
5) *Feed*: Teile mit den Menschen in deinem Netzwerk Informationen, die nützlich für sie sein können.
6) *Engage*: Beteilige dich und interagiere mit anderen, indem du ihre Beiträge weiterverbreitest oder kommentierst.
7) *Inquire*: Stelle Fragen, zu denen dein PLN für dich hilfreich sein kann – und zu denen die Antworten auch für dein PLN interessant sein können.
8) *Respond*: Antworte, wenn du gefragt wirst oder wenn du zu anderen Themen etwas beitragen kannst.

Tipp: Passiv einsteigen

Man kann sowohl bei Twitter wie auch in Blogs erst einmal nur beobachten. Dafür braucht es nicht einmal eine Anmeldung. Allerdings kann man auf diesem Wege nur über die Suche und nicht über das Folgen von Twitter lesen, was die Arbeit sehr mühsam macht. Ein typisches Vorgehen besteht darin, sich einen eigenen Account unter Pseudonym anzulegen, Twitter zunächst passiv kennenzulernen und nach einiger Zeit aktiv zu werden und dann gegebenenfalls auch den richtigen Namen offenzulegen.

Tipp: Ablage/Read Later-Liste mitdenken

Ein Ablagesystem / eine Merkliste gehört nicht zu den Grundfunktionen von Twitter oder Blogs. Wer die Dienste für das persönliche Wissensmanagement nutzt, tut gut daran, diese Frage eher früher als später mitzudenken. Ansonsten läuft man Gefahr, auf viele interessante Anregungen zu stoßen, die man später nicht wiederfindet. Für die Arbeit mit Twitter ist es insbesondere eine große Erleichterung,

---

* Ab S. 225 f., Zusammenfassung und Übersetzung aus dem Englischen durch Jöran Muuß-Merholz.

> einen Dienst mit »Read Later«-Funktion zu haben. (Neben dem späteren Wiederfinden ist der psychologische Effekt nicht zu unterschätzen, dass man sich über einen Klick auf »Read Later« von der Flut von Informationen entlastet.)
> Eine Sammlung von möglichen Hilfsmitteln ist auf bildungspunks.de zu finden.

> **Achtung: Twitter und Blogs sind i.d.R. öffentlich**
>
> Für viele Menschen ist die größte Umstellung beim Austausch auf Twitter und in Blogs, dass die Kommunikation komplett öffentlich stattfindet. Die Öffentlichkeit lässt sich in zwei Stufen abmildern: Zum einen kann man unter Pseudonym auftreten. Bei Twitter gibt man seinen richtigen Namen und einen Twitternamen an. Twitter gibt für beides volle Freiheit, sodass man auch so auftreten kann, dass kein Rückschluss auf die Offline-Identität möglich ist. In der Praxis schränkt das die Kommunikation aber natürlich stark ein. Noch stärker lässt sich die Öffentlichkeit einschränken, in dem man bei Twitter die Option »geschützter Account« aktiviert (ähnliches gibt es bei Blogs auch). In diesem Fall sind die Twitter-Nachrichten nicht öffentlich zu sehen, sondern nur für die Personen, die um Freigabe bitten und denen man sie gewährt. Für den Einstieg mag das hilfreich sein. Allerdings vermindert dieser Modus die stärksten Effekte auf Twitter, die gerade darauf abzielen, dass Kommunikation mit Menschen entsteht, die man noch nicht kennt. Es ist möglich, einen Account zunächst geschützt zu betreiben und später auf öffentlich umzustellen.

Ursprung und Verbreitung

Twitter entstand 2006 und war ursprünglich auf SMS-Nachrichten ausgerichtet. (Daher stammt die frühere Zeichenbegrenzung auf 140 Zeichen.) In Deutschland gewann Twitter ab 2009 herum an Beliebtheit, zunächst vor allem bei digital affinen Gruppen.

Blogs gibt es schon länger als Twitter. Auch bei ihnen gibt es große Bandbreite an Themen und Formen. Schon früh wurden Blogs auch zum Lernen genutzt, beispielsweise als öffentliches Lerntagebuch oder zu aktuellen Entwicklungen zu spezifischen Themen.

Schon früh wurden Twitter und Blogs auch genutzt, um Verabredungen für gemeinsames Lernen zu treffen. So entstanden um 2009 herum Tweetups als Treffen in der realen Welt (siehe Meetups und Stammtische). Im Bildungsbereich entstand 2008 aus den Diskussionen zwischen mehreren Blogs das Treffen Educamp (siehe Barcamps), das bis heute zweimal jährlich durchgeführt wird. Mit dem EdchatDE wurde ab 2013 das Format von konzertierten Chats zu Bildungsthemen via Twitter in den deutschsprachigen Mainstream gebracht. Heute existieren zahlreiche Formate zu spezifischen Themen.

Twitter und Blogs sind eng miteinander verbunden. Wenn in Blogs längere Beiträge veröffentlicht werden, spielt Twitter für Hinweise darauf und Diskussionen dazu eine entscheidende Rolle. Umgekehrt werden viele Twitter-Debatten von Menschen zum Anlass genommen, längere Beiträge dazu in ihrem Blog zu veröffentlichen.

Weiterführende Hinweise

Im Netz finden sich zahlreiche Anleitungen für die ersten Schritte auf Twitter oder zum eigenen Blog. Zwei Tipps für erste Anlaufstellen:
- »#dreiwot Drei Wochen Twitter« war der Titel eines Onlinekurses für Lehrende an der Uni Bremen. Die öffentlichen Materialien bieten auch ohne Kurs ein hilfreicher Einstieg.
- Anleitungen und Lernvideos für Twitter, Sammlung von Sonja Klante auf wb-web.de wb-web.de/material/medien/mit-twitter-vertraut-werden.html
- Bloggen für Einsteiger Teil 1 – In 10 Schritten zum eigenen Blog. Blanche Fabri auf wb-web.de wb-web.de/material/medien/bloggen-fur-einsteiger-teil-1.html

Ein Fallbeispiel

#BIBchatDE

Der Bibchat ist ein Beispiel für einen konzertierten Austausch zu einem Themenschwerpunkt für eine verabredete Uhrzeit. In diesem Fall geht um Themen rund um Bibliotheken und Informationseinrichtungen im deutschsprachigen Raum. Immer am ersten Montag des Monats von 20 bis 21 Uhr wird auf Twitter diskutiert. Das jeweilige Thema wird vorab, auch über Twitter, abgestimmt. Für die Moderation, Koordination und Dokumentation gibt es ergänzend zu Twitter-Account @BIBChatDE auch die Website www.bibchat.de. Hier ein exemplarischer Überblick über einige Themen:
- Qualitätsmanagement in Bibliotheken

- Bibliotheken – Nonformale Lernorte zur Förderung von Medienkompetenz?
- Bibliothek der Dinge: Ausleihe vom Kunstwerk bis zur Bohrmaschine – ist die Bibliothek von heute Teil der Sharing-Community?
- OER (Open Educational Resources) in Bibliotheken – Hype oder wichtiges Thema?

Der Hashtag #BIBchatDE kann darüber hinaus von jedermann für thematisch interessante Beiträge zwischen den monatlichen Terminen genutzt werden.

Sketchnoting und #todaysdoodle

Visual Recording und Sketchnoting ist ein Themenbereich, der in den letzten Jahren gerade über Twitter und Blogs große Verbreitung gefunden hat. Unter allgemein Hashtags wie #sketchnoting oder #sketchnotes werden Fragen und Erfahrungen, Tipps und Tricks gesammelt. Auf diesem Wege haben viele Menschen die entsprechenden Kenntnisse und Fähigkeiten autodidaktisch entwickelt.

Bei diesem Thema kommt hinzu, dass über geteilte Bilder eigene Arbeiten gut geteilt und um Feedback gebeten werden kann. Ein empfehlenswerter Hashtag lautet #todaysdoodle (»doodle« = Kritzelei, Zeichnung).

Edupunks Blogparade

»Bildungspunks« ist der Name eines losen Netzwerks von Lehrer*innen, das im April 2017 angetreten ist, um einen Erfahrungs- und Wissensaustausch via Internet zu organisieren. Für jeden Monat wird auf Twitter über ein Schwerpunktthema abgestimmt. Zu diesem Schwerpunkt werden dann einen Monat lang Beiträge gesammelt, die in Blogs das gemeinsame Thema behandeln. Jede*r kann an einem Ort seiner Wahl einen eigenen Beitrag verfassen. Die Links dazu werden auf bildungspunks.de gebündelt. »Beitragsparade« oder »Blogparade« nennt sich dieses Format, über das mit der Zeit ein hilfreicher Wissens- und Praxispool erwächst.

Heusinger, Monika (@M_Heusinger): Datenablage – mobil und unabhängig

Paulsen, Arne (@die_reine_leere): Datenablage – Datenaustausch

Schmidt, Sebastian (@FlippedMathe): Datenverwaltung – NAS + freefilesync

Albers, Franz (@franz_albers): Lehrers Dateimanagement

Hert, Herbert (@evernotetipps): Dateiablage mit 3 Fingertipps (Android)

Bieler, Ines (@seni_bl): Daten-Ablage – Bloß wo und wie?

Moersheim, Georg (@GMoersheim): Wo hab ich's denn bloß hingelegt?

Riecken, Maik (@mccab99): Über Owncloud mit Quellen syncen, die eigentlich nicht syncen können

Bankhofer, Alicia (@aliciabankhofer): Frühlingsputz für meine Daten

Borde, Sarah (@sarah_borde): Meine Datenablage

Beiträge von Pädagog*innen zum Thema Datenablage | Screenshot (Ausschnitt) von bildungspunks. de/daten-ablage-im-internet-auf-usb-evernote-co-sonst-wo-was-bringt-welche-vorteile/

Teil IV: Ergänzende P2P-Methoden

In diesem Teil des Buches geht es um Methoden, mit denen einzelne Elemente einer Veranstaltung gestaltet werden können. Sie wurden bei Barcamps erprobt, lassen sich aber auch bei anderen Veranstaltungsformaten einsetzen. Der gemeinsame Nenner der Methoden ist der gleiche wie im Rest des Buches: Es geht darum, dass die Lernenden untereinander, peer-to-peer im Austausch sind und miteinander und voneinander lernen.

- Welche Methode für welchen Zweck? 216
- Drei Schlagworte (und mehr) auf dem Namensschild 217
- Kennenlern-Bingo 219
- Gesprächsanbahner-Karten 221
- Gallery Walk 222
- Kreative Kühlschrankmagnete 224
- Chaosinterview 226

Welche Methode für welchen Zweck?

Die nachfolgende Tabelle zeigt, wann bzw. für welche Zwecke die Methode bei einer Veranstaltung eingesetzt werden kann.

Methode	Warm-up	Themen-findung	Fazite	Gesprächs-anbahnung	Zwischen-raum	Aktion	Sonstiges
Stationen statt Sessions*				+		++	++
Vorbereitungen von Sessionvorschlägen*	+	++					
Drei Schlagworte (und mehr) auf dem Namensschild	++			++	++		
Kennenlern-Bingo	++			++			
Gesprächsanbahner-Karten				++			
Gallery Walk		+	++	+	+		
Wortwolken als inhaltliche Artefakte				+	+		
Kreative Kühlschrankmagnete						++	
Chaosinterview	+	++	++	++			

* Folgende Methoden wurden bereits in den vorherigen Teilen des Buchs beschrieben und sind dort zu finden:
- → Stationen statt Sessions (S. 126)
- → Vorbereitungen von Sessionvorschlägen (S. 127 f.)

Drei Schlagworte (und mehr) auf dem Namensschild

Namensschilder sind für alle Veranstaltungen hilfreich, aber umso mehr, wenn es um das Lernen voneinander und miteinander geht. Bei Barcamps haben sich neben dem Namen Felder für drei Schlagworte als Standard etabliert. Das Namensschild bietet noch weitere Möglichkeiten, um Menschen untereinander in Kontakt zu bringen.

> **Tipp: Der Name groß und auf beiden Seiten**
>
> Der Name sollte so groß wie irgend möglich auf dem Schild zu lesen sein. Und bei einem Namensschild mit zwei Seiten sollte der Name auf beiden Seiten stehen. Beides klingt banal und wird dennoch immer wieder ignoriert.

Drei Schlagworte und zwei Namen

Ein typisches Namensschild bei einem Barcamp ist ein fester Karton in der Größe DIN A6. Darauf gibt es Platz für den Namen und für drei Schlagworte, mit denen man die eigenen Interessen beschreiben kann. Bei Barcamps, deren Teilnehmende stark auf Twitter aktiv sind, bietet sich ein zusätzliches Feld für den Twitternamen an.

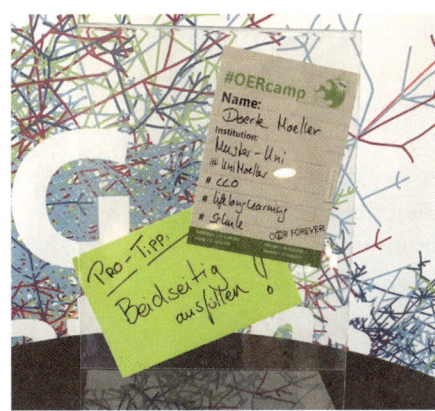

Das Namensschild bei einem OERcamp | Foto von Gabi Fahrenkrog | CC BY 4.0

> **Tipp: Gemeinsame Namensschildbearbeitung**
>
> Die Teilnehmenden schreiben Namen und Schlagworte in der Regel selbst auf das Namensschild. Als Moderator kann man die Quote der vollständig ausgefüllten Schilder deutlich erhöhen, indem man zu Beginn im Plenum anregt: »Wer es noch nicht getan hat, schreibe bitte *jetzt* Namen und Schlagworte auf beide Seiten seines Namensschildes. Dann stellen sich alle anhand des Schildes dem Sitznachbarn vor.«

Kollaboratives Namensschild-Punkte-Quiz

Diese Methode ist relativ aufwändig, sodass sich der Aufwand eher bei mehrtägigen Veranstaltungen lohnt. Sie funktioniert so: Die Teilnehmenden bekommen bei der Ankunft ihr Namensschild, auf dem ihr Name bereits eingetragen ist. Außerdem finden sie darauf viele zusätzlich Symbole in verschiedenen Formen und Farben, deren Sinn zunächst nicht erkennbar ist. Schnell erkennen sie, dass alle Teilnehmenden unterschiedliche Kombinationen von Symbolen haben. Die Aufgabe lautet nun: »Jedes Symbol steht für eine Eigenschaft der Person, zu der das Namensschild gehört. Finde durch Gespräche mit anderen Teilnehmenden heraus, welches Symbol für was steht.«

Die Methode kann als Wettbewerb organisiert werden. Dafür braucht es einen Zettel, auf dem die Symbole vorgedruckt sind und die Teilnehmenden ergänzen, welches Symbol für welche Eigenschaft steht. Die Zettel können zu einem festgelegten Zeitpunkt entweder eingesammelt oder im Plenum jeweils vom Sitznachbarn ausgewertet werden.

Dieses Vorgehen ist nur möglich, wenn man bei der Anmeldung einige Daten zu allen Teilnehmenden abfragen kann und die Namensschilder vorab mit Namen und Eigenschaften bedruckt. Als Eigenschaften empfehlen sich solche, die eindeutig mit Ja oder Nein bzw. mit festen Kategorien zu beantworten sind.

Kennenlern-Bingo

Die für Barcamps typische Vorstellungsrunde besteht darin, dass nacheinander jede*r im Raum aufsteht, den Namen und drei Schlagworte zur Person nennt. Stattdessen oder ergänzend sind anderen Möglichkeiten denkbar. Das Kennenlern-Bingo ist ein Beispiel, dass den Peer-to-Peer-Charakter der Veranstaltung von Anfang an einführt.

Dafür bekommt jeder Teilnehmer eine Bingo-Karte und braucht einen Stift. Auf der Karte gibt es 5x5 Felder. In jedem Feld steht eine Eigenschaft, die auf mindestens eine Handvoll von Personen im Raum zutrifft. Das kann allgemeiner Natur sein, z.B. »… mag keinen Kaffee« oder auf die Veranstaltung zugeschnitten, z.B. »… sieht sich als Profi zum Format Barcamp«. Nun gehen alle Teilnehmenden durcheinander und suchen im Gespräch nach Teilnehmenden, auf die die Eigenschaften zutreffen. Wer zuerst 5 Eigenschaften in einer Reihe als »gefunden« ankreuzen kann, hat ein »Bingo« und ruft das laut aus. Um die Dauer zu verlängern, hilft die Auflage, dass man zwei oder drei »Bingos« finden muss.

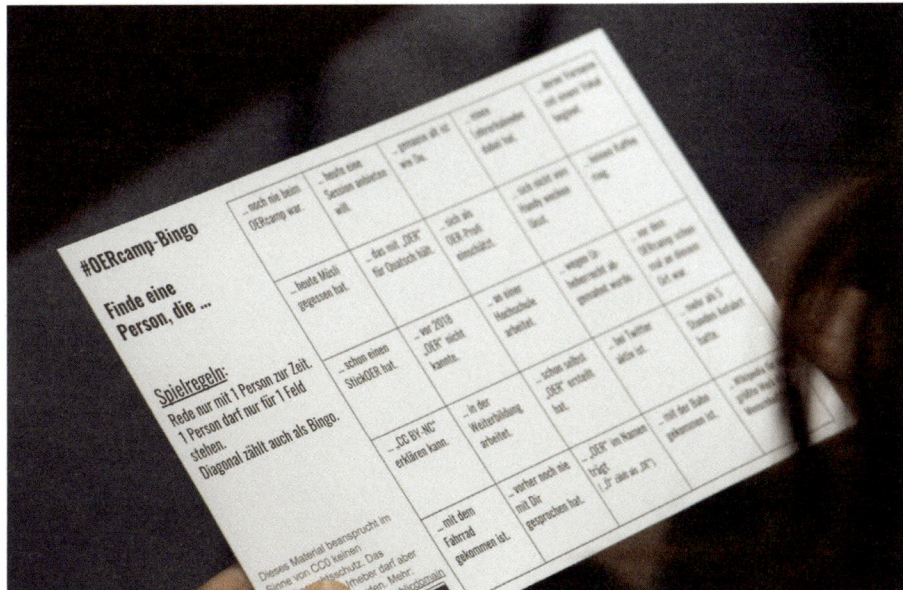

#OERcamp-Kennenlern-Bingo | Foto von Christopher Dies | CC BY 4.0

> **Tipp: Auswertung im Plenum**
>
> Ein wichtiger Teil der Methode ist die Auflösung. Dafür werden im Plenum alle Eigenschaften vorgelesen. Alle, auf die die jeweilige Eigenschaft zutrifft, stehen kurz auf. Auf diese Weise bekommt man schnell einen Überblick über die Zusammensetzung der Gruppe.

Gesprächsanbahner-Karten

Die Gesprächsanbahner-Karten haben das Ziel, Gespräche in den Pausen und Zwischenräumen anzuregen. Dafür bekommen alle Teilnehmende je eine Karte in Form einer Visitenkarte. Es gibt zehn oder zwanzig verschiedene Karten. Auf jeder Karte steht eine Frage, die sich gut als Einstieg in ein Gespräch eignet.

Die Idee der Gesprächsanbahner-Karten wird kurz im Plenum eingeführt, damit sie allen Teilnehmenden bekannt ist. Beispielsweise kann damit kurz ein Gespräch mit einem Sitznachbarn geführt werden, den man noch nicht kennt.

Warst Du schon mal auf einem OERcamp?	Verwirren Dich diese Lizenzen auch so?	Was ist Dein Statement zu OER?
Darf ich Dir meine OER-Sammlung zeigen?	Hättest Du Lust, mit mir gemeinsam OER zu machen?	Machst Du mit mir OER? Bei Dir oder bei mir? Oder online?
Mit Dir kann ich mir echt gut vorstellen, OER zu machen! Du auch?	Was hältst Du von Amazons Plänen, eine eigene OER Plattform anzubieten?	Sind die rechtlichen Risiken, OER-Materialien zu nutzen, größer als die möglichen Chancen?

Gesprächsanbahner-Fragen und Anleitung auf der Rückseite | CC0

Gallery Walk

Der Gallery Walk ist eine verbreitete Methode, um nebeneinander ausgehängte Poster zu sichten und darüber ins Gespräch zu kommen. Bei Barcamps, die über Flipchart-Poster dokumentiert werden, ist ein Gallery Walk ein guter Abschluss am Ende des Tages, um die Ergebnisse zu sichten und zu diskutieren.

Sessionposter-Gallerie beim Inklusionscamp 2015 | Foto von Jöran Muuß-Merholz | CC BY 4.0

Tipp: Wachsende Galerie und Klebezettel

Wenn die Sessiongeberinnen die Plakate nach jedem Sessionslot direkt zur Galerie bringen, wächst die Ergebnisdokumentation im Verlauf des Tages sichtbar und kann bereits genutzt werden. Als Ergänzung können Klebezettel und Stifte neben den Postern bereitgestellt werden, sodass Teilnehmende eigene Gedanken aufschreiben und so die Dokumentation ergänzen können.

Wortwolken als inhaltliche Artefakte

Mit »inhaltlichen Artefakten« sind Gegenstände gemeint, die in den Zwischenräumen eines Barcamps Gedanken und Gespräche anregen können. Ein Beispiel sind Poster mit Wortwolken rund um Begriffe zum Thema der Veranstaltung.

Auch hier lässt sich der Peer-to-Peer-Charakter nutzen: Dafür werden bei der Anmeldung einige Fragen gestellt, die jeweils interessante Antworten in Form eines Worts erlauben. Die Ergebnisse werden in Form einer Wortwolke visualisiert, als Poster gedruckt und bei der Veranstaltung ausgehängt. Selbstverständlich eignen sich die Grafiken der Wortwolken auch zur digitalen Verbreitung.

Wortwolke | CC0

Tipp: Frage nicht vergessen!

Die Ausgangsfrage sollte Teil der Grafik sein, sodass die Antworten Sinn ergeben und weitere Diskussionen angeregt werden.

Kreative Kühlschrankmagnete

Kühlschrankmagnete bestehen aus einem Set von kleinen Platten mit Worten oder Silben, die magnetisch auf einer glatten Oberfläche haften, z.B. auf einer Kühlschranktür. Ein solches Set kann man nach eigenen Vorstellungen produzieren lassen und bei Veranstaltungen einsetzen, um die Teilnehmenden untereinander in den Austausch zu bringen.

Bei den OERcamps in 2018 wurden Kühlschrankmagnete als Methode für das Abendprogramm genutzt. Dafür wurden zentrale Begriffe aus der Debatte rund um OER zusammen mit allgemeinen Wörtern als Magnete produziert. In kleinen Teams wurden dann kreative und kritische, philosophische und provokative Aussagen zusammengesetzt. In diesem Fall wurde das Vorgehen durch einen Wettbewerb stimuliert. Die Teams machten Foto ihrer Ergebnisse und schickten diese an eine Jury, wahlweise per E-Mail oder auf Twitter oder Instagram. Am nächsten Morgen wurden die Ergebnisse in verschiedenen Kategorien vorgestellt und prämiert.

Gemeinsames Nachdenken über Inhalte
| Foto von Christopher Dies |
CC BY 4.0

Die neuen Magneten werden ausgepackt
| Foto von Christopher Dies |
CC BY 4.0

Tipp: Einpacken der Magnete einplanen!

Kühlschrankmagnete werden als zusammenhängende Platte geliefert. Die einzelnen Platten werden dann zu Beginn voneinander gelöst. So hat man am Ende des Abends nicht mehr eine Platte, sondern 100 kleine Einzelteile. Deswegen ist es sinnvoll, den »Abtransport« von Beginn an mitzudenken und kleine Tüten o.ä. zur Verfügung zu stellen.

Chaosinterview

Die Methode Chaosinterview passt sehr gut zum P2P-Charakter des Barcamps und ist sehr gut geeignet, um am Anfang viele Ideen, am Ende viele Fazite, Stimmungen und Vorhaben zusammenzutragen und auszutauschen. Vor diesem Hintergrund wird die Methode besonders ausführlich vorgestellt.

In a nutshell

Das Chaosinterview ist eine vielseitige Methode, um Ideen, Gedanken und Fragen in mittelgroßen und großen Gruppen dezentral zu sammeln. Dabei bekommt jeder Teilnehmer die Rolle eines Reporters, der zu einer bestimmten Frage möglichst viele Antworten von anderen Teilnehmenden einsammelt. Die Methode stimuliert, dass alle Teilnehmenden in Reflexion und Gespräche kommen. Dadurch entsteht viel Stimmengewirr und Bewegung, weswegen von »Chaosinterviews« gesprochen wird.

Die Methode lässt sich bei Workshops mit 10 genauso wie bei Tagungen mit 400 Teilnehmenden einsetzen. Inklusive Einführung und Auswertung sind mindestens 20 Minuten dafür erforderlich.

Ziel und Zweck

Beim Chaosinterview werden innerhalb von kurzer Zeit viele kurze Gespräche zu verschiedenen Aspekten eines Oberthemas geführt. Da dabei alle Teilnehmenden gleichzeitig für dialogische Interviews als Fragende und Antworten unterwegs sind, entsteht sehr viel Interaktion, sehr viel Gespräch und dadurch ein entsprechendes »Chaos«.

Ziel und Zweck der Methode ist es, Fragen zu einem Thema aus verschiedenen Richtungen zu stellen und gleichzeitig viele (und damit vielfältige) Antworten zu sammeln. Auf der kollektiven Ebene kann dabei das Sammeln und Zusammentragen das Hauptziel sein, während die Methode auf der individuellen Ebene zum Reflektieren und zur thematischen »Umschau« anregt.

Das Chaosinterview eignet sich insbesondere gut zum Einstieg oder zum Fazit einer Veranstaltung wie z.B. bei einem Workshop oder einer Tagung.

Ablauf

1) Die Moderatorin führt in die Methode ein.
2) Jede*r Teilnehmer*in bekommt eine Frage zugeteilt. Das muss keine einzigartige Frage sein. So können z.B. für 100 Personen 20 Fragen vorbereitet werden, sodass jede Frage von fünf Personen bearbeitet wird.
3) Die Teilnehmenden bekommen eine bestimmte Zeit, z.B. 10 Minuten, um zu ihrer Frage möglichst viele Antworten von anderen Teilnehmenden zu sammeln. Dabei ergibt sich, dass in einem Interview zwischen zwei Teilnehmenden ja beide Personen je eine Frage haben, also im Interview einmal als fragende, einmal als antwortende Person auftreten. An dieser Stelle entsteht auch das »Chaos«, das der Methode den Namen gibt. Bei 100 Teilnehmenden sind gleichzeitig 50 Interviews im Gange und sehr schnell werden die Gesprächspartner*innen gewechselt. Angenommen, dass man durchschnittlich 10 Gesprächspartner*innen in 15 Minuten treffen kann, so werden innerhalb dieser 15 Minuten insgesamt 1.000 Antworten eingesammelt.
4) Nach Ablauf der Zeit werden die Teilnehmenden zurück ins Plenum gebeten.
5) Anschließend erfolgt eine Auswertung und/oder Dokumentation der Antworten. Dafür sind verschiedene Formen denkbar. Hier einige Beispiele:
   1. Teilnehmende notieren auf einem Schreibblock oben die Frage und darunter »bemerkenswerte« Antworten. So entstehen 100 individuelle Dokumentationen.
   2. Die notierten Antworten können auf Pinnwänden (sortiert nach Fragen) gesammelt und in einem Gallery Walk gesichtet werden.
   3. Die fertigen Notizzettel können abfotografiert/eingescannt und als Gesamtwerk zur Verfügung gestellt werden.
   4. Die Moderatorin kann mit einem Mikrofon als Blitzlicht zu jeder Frage ein oder zwei Antworten einsammeln, die die Teilnehmende für besonders bemerkenswert halten.
   5. Die Antworten zu einer Frage können in Arbeitsgruppen (eine Gruppe pro Frage) als Ausgangspunkt weiterer Arbeiten dienen.

Organisation, weiterführende Hinweise

Zu 1.) Für die Moderation bietet es sich an, schon vorab die späteren Verwendungszwecke der Antworten zu erklären.

Zu 2.) Die Zuteilung der Fragen kann in verschiedenen Formen erfolgen. Einige Beispiele:
- Jede*r Teilnehmer*in sucht sich eine Frage aus einer Liste (ausgedruckt oder per Beamer) aus.
- Es gibt eine nummerierte Liste mit Fragen. Die Teilnehmenden zählen der Reihe nach durch und jeder bekommt die Frage zur eigenen Zahl zugeteilt.
- Es werden auf den Stühlen der Teilnehmenden verschiedene Bonbons oder ähnliches verteilt. Es gibt so viele verschiedene Bonbons wie Fragen. Auf einer Folie werden die Fragen gezeigt und daneben als »Legende« die Bonbons. Also: »Grüner Bonbon steht für die Frage …«, »Gelber Bonbon steht für die Frage …«
- Die Fragen werden in Briefumschlägen unter die Stühle der Teilnehmenden geklebt. Die Moderatorin fordert die Teilnehmenden auf, unter ihren Stühlen nachzuschauen. (Großer Aufwand, großer Überraschungseffekt.)

Zu 3.) Falls die Fragen per Beamer kommuniziert werden, sollten die Teilnehmenden explizit aufgefordert werden, sich die Frage vor dem Start abzuschreiben.

Zu 4.) Für das Zurückrufen in die Plenumsform empfiehlt sich ein lauter Gong, da hier je nach Größenordnung Dutzende oder gar Hunderte von Gesprächen unterbrochen werden müssen.

Zu 5.) Bei der Dokumentation sollte man beachten, dass beim Chaosinterview in erster Linie der Prozess wertvoll ist. Das Chaosinterview kann beispielsweise am Ende von Tagungen eingesetzt werden, um sehr viele kleine Fazite zu ziehen. Wenn man alle Antworten dokumentieren will, kann die Dokumentation sehr umfangreich werden. (Allerdings lässt sich eine Nebenwirkung beobachten: Wenn vorab angekündigt wird, dass die Notizen anschließend für eine Dokumentation ausgehängt/zusammengestellt werden, so arbeiten einige Teilnehmenden mit mehr Ernsthaftigkeit, als wenn sie die Notizen »nur« für sich selbst machen.)

Größenordnung und Stellschrauben

Es gibt verschiedene Stellschrauben, was die Größenordnung der Methode angeht:
- **Die Raumgröße**: Es braucht ausreichend Platz zum Aufstehen und neue Gesprächspartner Finden. Ein Kinosaal ist dabei schlechter geeignet als ein Pausenbereich.
- **Die Zahl der Teilnehmenden**: Die Methode ist schon im kleinen Workshop mit z.B. 10 Teilnehmenden geeignet. Nach oben sind keine Grenzen gesetzt.
- **Die Zahl der Fragen**: Es sollte so viele Fragen geben, dass sich die Gesprächspartner*innen mit derselben Frage nicht zu schnell wiederholen. Bei 10 Minuten Chaosinterview sind 10 Fragen vollkommen ausreichend. Auch hier gibt es nach oben keine Grenze. Es kommt darauf an, was später mit den Antworten geschehen soll.
- **Die zeitliche Dauer bzw. die Anzahl der Antworten**: Für ein Chaosinterview sollten mindestens 10 Minuten eingeplant werden. Auch 20 Minuten funktionieren gut. Denkbar ist, dass zu komplexeren Fragen auch längere Interviews geführt werden, sodass die Gesamtzeit 30 Minuten oder mehr betragen kann. Als Ergänzung zur Dauer kann die Moderatorin den Teilnehmenden auch einen Richtwert geben, wie viele Antworten man einsammeln soll. »So viele Antworten wie möglich«, bietet sich bei einem schnellen Format an. Wenn man sagt: »In 20 Minuten ca. 10 Antworten«, lenkt man die Gespräche auf ca. 1 Minute pro Antwort. (In jedem Interview braucht es ja 1 Zeiteinheit für die Frage der einen und 1 Zeiteinheit für die Frage der anderen Person.)

Variante: Fragen selbst formulieren

Als Variante lässt sich eine Joker-Frage einplanen: Teilnehmenden können eine eigene Frage formulieren, die ihnen näher liegt als die Fragen der vorgegebenen Liste. Denkbar ist auch, dass vor dem Chaosinterview die Fragenliste von den Teilnehmenden selbst zusammengestellt wird.

Materialien

- Jede*r Teilnehmer*in braucht einen Stift.
- Es empfehlen sich feste Schreibunterlagen, beispielsweise ein Schreibblock.
- Wenn eine Fotodokumentation angedacht ist, sollte das Format für die Notizen vorab bedacht werden. 200 weiße DIN A4-Zettel sind beispielsweise leichter einzuscannen und als PDF zusammenzustellen als 200 runde, rote Moderationskarten.
- Die Moderatorin sollte bei der Verwendung von Bonbons oder ähnlichem stets einige davon in Reserve behalten, falls einige Teilnehmende keinen Bonbon bekommen – oder ihren schon gegessen haben.

Beispielfragen

Generell lassen sich zwei Fragengruppen unterscheiden:
1) allgemeine Fragen, die zu verschiedenen Themen funktionieren,
2) themenspezifische Fragen, die auf den Inhalt der Veranstaltung zugeschnitten sind.

Die folgende Liste sammelt 10 allgemeine Fragen (1. bis 10.) und 10 themenspezifische Fragen (11. bis 20.) am Beispiel der Tagung »Learning Cities – Bildung im digitalen Zeitalter als Chance und Herausforderung für Städte und Regionen« der Körber-Stiftung 2018. Die Fragen sind redundant formuliert, da sie ein breites Feld abdecken sollen, aber nicht trennscharf sein müssen.
1) Welchen neuen Gedanken im Hinblick auf Ihren Arbeitsalltag nehmen Sie heute mit?
2) Welche Äußerung oder welcher Gedanke hat Sie bei dieser Tagung verwundert?

3) Welche Frage wurde für Sie heute bei der Tagung beantwortet?
4) Welche neue Frage hat sich für Sie bei dieser Tagung ergeben?
5) An welcher Frage zum Thema möchten Sie gerne weiterarbeiten?
6) Welcher thematische Aspekt bewegt Sie gerade am meisten?
7) Welche Perspektive auf das Thema war für Sie bisher neu oder ist besonders gestärkt worden?
8) Was war bisher Ihr größtes »Aha«-Moment?
9) Haben Sie im Anschluss an die Tagung einen »guten Vorsatz« für Ihre weitere Arbeit?
10) Wer war der interessanteste Mensch, den Sie bei dieser Tagung getroffen haben?
11) Was bedeutet »Learning City« für Sie / für Ihre Stadt?
12) Woran erkennt man eine »Learning City«, wenn man durch die Stadt geht?
13) Welche Ressource ist die wichtigste für Ihre Arbeit in und an einer »Learning City«? Warum?
14) Welche Bildungsangebote Ihrer Stadt wird es in 20 Jahren nicht mehr geben?
15) Welche zwei Bildungsinstitutionen in Ihrer Stadt sollten mehr miteinander reden, als sie es bisher tun?
16) Können Sie ein gutes Beispiel für »Learning Cities« aus Ihrer Stadt beschreiben?
17) Können Sie ein gutes Beispiel für »Learning Cities« aus einer anderen Stadt beschreiben?
18) Welches der bei »Learning Cities« vorgestellten Projekte oder Bausteine daraus würden Sie gern in Ihrer Stadt testen? Was wären optimale Bedingungen dafür?"
19) Welche Zielgruppe möchten Sie in Zukunft bei Ihnen vor Ort stärker ansprechen/einbinden?
20) Welchen Teilnehmenden/Referenten der Tagung »Learning Cities« würden Sie gerne in Ihre eigene Stadt einladen – und warum?

Integration in ein Barcamp

Wir haben diese Methode häufig für den Tagesabschluss von Barcamps eingesetzt. Die Methoden passen gut zusammen, weil bei Barcamps die Teilnehmenden keinen gemeinsamen roten Faden, sondern sehr »zerstückelte« Erfahrungen gemacht haben. Beim Chaosinterview können auf diese Weise viele einzelne rote Fäden miteinander in Verbindung gebracht und vielfältige Erfahrungen und Ideen sichtbar gemacht werden.

Materialien

Es gibt einen → *Foliensatz Chaosinterview* mit einer Anleitung und einer Bonbon-Legende für Fragen.

Zusatzmaterial: Foliensatz Chaosinterview

Teil V: Zusatzmaterialien

Im Laufe unserer Arbeit mit Barcamps und ähnlichen Formaten haben wir eine Reihe von Materialien erstellt und erprobt: Foliensätze und Vorlagen, Anleitungen und Checklisten. Diese Zusatzmaterialien können über die Website zum Buch heruntergeladen werden. Dank einer freien Lizenz können die Materialien nicht nur beliebig verwendet, sondern auch verändert und bei Interesse in eigenen Fassungen neu veröffentlicht werden.

Das folgende Inhaltsverzeichnis zeigt die Materialien in der Übersicht. Sie finden alle Materialien über die Startseite oercamp.de/materialien/. Alternativ gelangen Sie direkt zum Material, wenn Sie an diese Adresse den Kurzlink aus der rechten Spalte der Tabelle anhängen, also z.B. oercamp.de/materialien/sp001.

Bereich	Titel	Beschreibung	Form	Kurzlink
Barcamp & Sessions	Foliensatz Barcamp – Einführung und Sessionplanung	Präsentation auf dem Barcamp für die Einführung und Anleitung zur Sessionplanung	Folien	bs001
Barcamp & Sessions	Die Sessionplanung	Vorarbeiten, Ausstattung und Nachbereitung – die wichtigsten Aufgaben für eine reibungslose Sessionplanung	Checkliste	bs002
Barcamp & Sessions	Sessionplan-Schilder für Pinnwand	Räume und Uhrzeiten für den Sessionplan an der Pinnwand	Vorlage	bs003
Barcamp & Sessions	Sessionplanung mit Google Docs	Anleitung für einen Sessionplan als Tabelle in Google Docs	How To	bs004
Barcamp & Sessions	Vorlage für einen Sessionplan als Google Spreadsheet	Vorlage für einen digitalen Sessionplan mit einer Tabelle in Google Docs	Vorlage	bs005
Barcamp & Sessions	Kopiervorlage für Sessionvorschläge	Vorlage zum Verteilen bei der Sessionplanung	Vorlage	bs006
Barcamp & Sessions	Spickzettel zur Vorstellung der Session	Kopiervorlage, die man bei der Vorstellung der Sessions auf den Boden klebt	Vorlage	bs007
Barcamp & Sessions	Textbaustein Session-Ankündigung	Textbaustein Aufforderung zur Abgabe von Sessionideen zur Veröffentlichung auf Websites	Vorlage	bs008
Barcamp & Sessions	Dokumentation mit Etherpads	Anleitung und Textbausteine für die Dokumentation mit Etherpads	Vorlage	bs009
Barcamp & Sessions	Dokumentationen auf Flipchartpapier	Poster bzw. Druckvorlage für die Sessiondokumentation mit Flipcharts	Vorlage	bs010
Kommunikation	Textbausteine „Was ist Barcamp?"	Textbausteine zur Erklärung des Barcamps-Formats	Vorlage	ko001
Kommunikation	10 Goldene Regeln für ein gutes Barcamp	Argumente „Was spricht aus Teilnehmersicht für ein Barcamp?"	Vorlage	ko002

Bereich	Titel	Beschreibung	Form	Kurzlink
Kommunikation	Die Einladung zum Barcamp	Textvorlage zur Einladung für ein Barcamp	Vorlage	ko003
Kommunikation	Anmeldeformular Online	Felder für eine Online-Anmeldung zum Barcamp	Vorlage	ko004
Kommunikation	E-Mail zur Anmeldebestätigung	Textbeispiel für eine Bestätigungsmail zur Anmeldung	Vorlage	ko005
Kommunikation	Mailings vor dem Barcamp	Wellche Infos werden wann an die Teilnehmenden geschickt?	Checkliste	ko006
Kommunikation	E-Mail mit den letzten Infos	Textbaustein Mailing mit letzten Infos vor dem Barcamp	Vorlage	ko007
Kommunikation	Die häufigsten Fragen – FAQ	Fragen, die sich Teilnehmende am häufigsten zur Veranstaltung stellen	Vorlage	ko008
Kommunikation	Freie Lizenzen für Fotos anregen	Textbaustein mit Argumenten, eigene Fotos unter freier Lizenz zu veröffentlichen	Vorlage	ko009
Kommunikation	E-Mail zur Evaluation	Textvorlage zur Evaluation für Teilnehmende des Barcamps	Vorlage	ko010
Kommunikation	Fragebogen zur Evaluation	Beispielfragebogen um Feedback von den Teilnehmenden einzuholen	Vorlage	ko011
Kommunikation	E-Mail zur Evaluation von No-Show-Anmeldungen	Textvorlage zur Evaluation für nicht erschienene Teilnehmer	Vorlage	ko012
Kommunikation	Fragebogen zur Evaluation von No-Show-Anmeldungen	Textvorlage zur Evaluation für No-Show-Anmeldungen	Vorlage	ko013
Methoden	Chaosinterview – Anleitung als Präsentation	Folien mit Anleitungen und Beispielfragen in verschiedenen Varianten	Folien	me001
Methoden	Lightning Talks – Briefing für Mitwirkende	Briefing-Vorlage Erklärung von Lightning Talks für Mitwirkende: was findet wann wo und wie statt	Vorlage	me002
Methoden	Stationen – Aufbau und Vorbereitung	Aufgaben, die bei der Einrichtung von Stationen anfallen	Checkliste	me003
Methoden	Marktplatz-Plan	Vorlage für einen Plan zum Erstellen eines Marktplatzes	Vorlage	me004
Methoden	Stationen- / Kleingruppen-Rechner	Kalkulation zu Stationen / Kleingruppen, Personen und Zeiten	Vorlage	me005
Organisation	Aufgaben und Arbeitsbereiche	Tabelle mit Aufgaben und Arbeitsbereichen, die bei der Organisation anstehen	Vorlage	or001
Organisation	Finanz-Tabelle	Tabelle mit Posten der Einnahmen und Ausgaben zur Kalkulation der Veranstaltung	Vorlage	or002
Organisation	Fragebogen zur Ortsbegehung	Vorlage zum Ausfüllen beim ersten Rundgang durch den Veranstaltungsort	Vorlage	or003

Bereich	Titel	Beschreibung	Form	Kurzlink
Organisation	Zeitraster	Ein exemplarischer Programmablauf für Teilnehmer	Vorlage	or004
Organisation	Zeit-Rechner	Rechner mit typischem Programmablauf in einer Raum-Zeit-Struktur	Vorlage	or005
Organisation	Tagesablauf mit Arbeitsschritten (Dispo)	Dispo mit allen anstehenden Arbeiten auf dem Barcamp mit Zeitdauer, verantwortlicher Person sowie technischer Ausstattung der Räume	Vorlage	or006
Organisation	Helfer- und Schichtplan	Planungstabelle für die Verteilung der Aufgaben für Team und Helfer aus dem Kreis der Teilnehmenden	Vorlage	or007
Organisation	Catering-Rechner	Rechner zum Kalkulieren von Verpflegung, um Essen für die tatsächlich anwesenden Teilnehmenden bestellen zu können	Vorlage	or008
Organisation	Checkliste Helfer und Personal	Aufgaben und Hinweise für Helfer und Personal	Checkliste	or009
Organisation	Checkliste Namensschilder	Schritte zur Erstellung und Design von Namensschildern	Checkliste	or010
Organisation	Checkliste Registrierung	Checkliste zur Einrichtung und zum Aufbau der Registrierung und Anmeldung auf dem Barcamp	Checkliste	or011
Organisation	Checkliste Sessionräume	Ausstattung und Einrichtung der Sessionräume und worauf es ankommt	Checkliste	or012
Organisation	Raumausstattung	Vorlage zur Ausstattung der Räume	Vorlage	or013
Organisation	Checkliste Verpflegung	Was beim Catering zu beachten ist	Checkliste	or014
Organisation	Checkliste Strom und WLAN	Worauf bei der technischen Grundausstattung eines Barcamps zu achten ist	Checkliste	or015
Organisation	Beispiel Packliste für Barcamp-Gastgeber	Vorlage und Grundausstattung für ein Barcamp	Vorlage	or016
Organisation	Mit der Dropbox Dateien empfangen	Anleitung, wie man für eine Dokumentation Dateien einsammeln kann, über Dropbox-Link, ohne Anmeldung	How To	or017
Organisation	Bürokratische und formale Hinweise und Einverständnisse	Tipps zum Umgang mit Datenschutz und der DSGVO	Vorlage	or018
Organisation	Checkliste Nachbereitung	Nachbereitung eines Barcamps	Checkliste	or019

Lizenzhinweise

Das Gesamtwerk und einzelne Komponenten davon stehen im Sinne von Open Educational Resources (OER) unter freier Lizenz. Diese Lizenz erleichtert das Kopieren, Weitergeben, Verändern und Nutzen.

Formal gesprochen

Das Gesamtwerk und einzelne Komponenten davon stehen im Sinne von Open Educational Resources (OER) unter freien Lizenzen. Das Gesamtwerk und der Text stehen unter der Lizenz CC BY 4.0. Das ist die Abkürzung für *Creative Commons Namensnennung 4.0 International*. Einen Überblick über diese Lizenz finden Sie auf creativecommons.org/licenses/by/4.0/deed.de. Der volle Lizenztext ist unter creativecommons.org/licenses/by/4.0/legalcode.de abrufbar.

Die folgende Namensnennung ist vorgesehen: »Jöran Muuß-Merholz / OERcamp bei Beltz in der Verlagsgruppe Beltz«.

Einzelne Bausteine, z.B. Textabschnitte, Bilder, Grafiken sind Übernahmen von Materialien Dritter. Auch diese stehen unter einer freien Lizenz, deren Abkürzung dort jeweils angegeben ist. Die vollständigen Lizenzen finden Sie über folgenden Links:

Die Lizenztexte zu den Lizenzkürzeln stehen im Web:
- CC0 creativecommons.org/publicdomain/zero/1.0/legalcode
- CC BY 3.0 creativecommons.org/licenses/by/3.0/legalcode
- CC BY 4.0 creativecommons.org/licenses/by/4.0/legalcode
- CC BY-SA 3.0 DE creativecommons.org/licenses/by-sa/3.0/de/legalcode
- CC BY-SA 3.0 creativecommons.org/licenses/by-sa/3.0/legalcode
- CC BY-SA 4.0 creativecommons.org/licenses/by-sa/4.0/legalcode

Für die Verwendung einzelner Komponenten gelten teils gesonderte Bedingungen.

Für das Layout wird keine eigenständige Lizenzierung jenseits des Gesamtwerks angeben. Die wiederholt verwendeten Icons sind ebenfalls unter der Lizenz CC BY frei nutzbar.

Bei Fotos und Abbildungen ist die Lizenz jeweils direkt am Bild angegeben. Einige Abbildungen im Buch zeigen Screenshots von Websites. Sie werden im Sinne des Zitatrechts genutzt oder erfüllen nicht die für einen urheberrechtlichen Schutz notwendige Schöpfungshöhe. Die dort abgebildeten Inhalte sind unter Umständen urheberrechtlich geschützt, und die freie Lizenz erstreckt sich nicht auf sie. Auch die einzelne Darstellung von Logos und andere Darstellungen von Marken sind nicht durch freie Lizenzen abgedeckt.

BELTZ WEITERBILDUNG

Martin Hartmann, Michael Rieger, Rüdiger Funk
Zielgerichtet moderieren
Ein Handbuch für Führungskräfte, Berater und Trainer
2012. 200 Seiten. Gebunden.
ISBN 978-3-407-36514-9

Moderieren heißt, die Kraft der ganzen Gruppe zu nutzen und sie dabei zu begleiten, zielorientiert ein anspruchsvolles Ergebnis zu erarbeiten.
Mit diesem Buch erhalten Sie den idealen Leitfaden für alle Ihre zukünftigen Moderationen.

»Fazit: Ein überzeugendes Buch, das Schritt für Schritt den Weg in moderierte Besprechungen zeigt.« *Training aktuell*

Martin Hartmann / Rüdiger Funk / Horst Nietmann
Präsentieren
Präsentationen: zielgerichtet, adressatenorientiert, nachhaltig
10. Auflage 2018. 224 Seiten. Gebunden.
ISBN 978-3-407-36676-4

Von der Art und Weise einer Präsentation hängt entscheidend ab, ob man überzeugt und verständlich informiert. Die Autoren dieses Buches geben praktische Hilfestellung für die Durchführung guter Präsentationen. Schrittweise erhält der Leser einen Einblick in die verschiedenen Planungs- und Arbeitsphasen der Vorbereitung und Durchführung von Präsentationen.

»Man merkt dem Buch deutlich den Praxisbezug an.« *Süddeutsche Zeitung*

www.beltz.de